KB154517

디지털 포스트휴먼의 조건

디지털 포스트휴먼의 조건
The Condition of Digital Posthuman

지은이	김은주, 김재희, 유인혁, 이광석, 이양숙, 이중원, 이현재, 홍남희
펴낸이	조정환
책임운영	신은주
편집	김정연
디자인	조문영
홍보	김하은
총서 분류	카이로스총서 75 Mens
도서 분류	1. 인문학 2. 사회학 3. 철학 4. 현대철학 5. 문학 6. 문화이론 7. 페미니즘
ISBN	9788961952620 93300
값	18,000원
초판 인쇄	2021년 6월 22일
초판 발행	2021년 6월 29일
종이	화인페이퍼
인쇄	예원프린팅
라미네이팅	금성산업
제본	정원제책
펴낸곳	도서출판 갈무리
등록일	1994. 3. 3.
등록번호	제17-0161호
주소	서울 마포구 동교로18길 9-13
전화/팩스	02-325-1485/070-4275-0674
웹사이트	galmuri.co.kr
이메일	galmuri94@gmail.com

이 저서는 2019년 대한민국 교육부와 한국연구재단의 지원을 받아 수행된 연구이며(NRF-2019S1A5C2A02082683), 서울시립대학교도시인문학총서 27권으로 출판되었습니다.

일러두기

1. 단행본, 전집, 정기간행물, 보고서, 언론사에는 겹낫표(「」)를, 논문, 논설, 기고문, 기사, 텔레비전이나 유튜브 방송의 제목, SNS 포스팅 제목 등에는 홑낫표(「」)를, 단체, 학회, 협회, 연구소, 유튜브 계정, 텔레비전 프로그램 이름, 전시, 공연물에는 가랑이표(〈 〉)를 사용하였다.

2. 저자는 린 랜돌프의 〈사이보그〉와 관련하여 저작권자에게 문의를 시도했으나 홈페이지 시스템 오류 등의 이유로 연락이 되지 않았다. 이후 다방면으로 연락을 취하기 위해 노력했으나 결국 저작권 허가를 받지 못한 채 그림을 싣게 되었다. 저작권과 관련된 사항은 도시인문학연구소(ysue80@uos.ac.kr)로 연락을 부탁한다. (Despite the continuous attempt to contact the copyright holder, we were unable to get access to her contact page because of repeated errors, and also unable to get any notice or permission to use the published image in due time. We apologize for any inadvertent infringement and invite appropriate rights holders to contact the author at ysue80@uos.ac.kr.)

디지털 포스트휴먼은 기존의 포스트휴먼 논의를 넘어서, 디지털 기술에 의한 인간과 비인간의 혼종적 결합의 상황을 진단하려는 용어이다. 이 책에서는 근대를 전제하고 그로부터 벗어나거나 그 영향 이후라는 반응적 방식의 '포스트'post에서 더 나아가, 포스트휴먼의 조건을 디지털 기술이 야기한 매체와 감각의 결합이라는 측면에서 좀 더 긍정적이고 적극적인 방식으로 해명해 보려 한다.

디지털 기술은 매체를 아날로그에서 디지털로의 급진적 변화로 이끌었다. 디지털 매체가 일으킨 가장 큰 변화는 '감각'에 있다. 디지털 매체의 사용은 감각의 매개를 필수적으로 요구할 뿐 아니라, 기존의 수용된 감각과는 다른 방식으로 감각을 작동하게 하며, 감각의 수용과 작용의 영역을 변화시키고 있다. 디지털 매체를 통과하는 감각은 주관과 객관이라는 근대의 이분법을 넘어 세계와의 연결을 도모하며 그 분리의 경계를 흐리면서, 감각을 통과하는 세계 인지를 그 어느 때보다 극대화하고 있다. 디지털 매체는 기존의 인간과 비인간을 구분했던 선을 넘어서 인간과 기계 그리고 인간과 자연이 더불어 형성하는 공감각의 측면을 일으키면서 기존의 소통을 지탱한 의미와 전제 또한 변화시키고 있다. 무엇보다도 인간의 디지털 기기 사용은 인간을 위한 편리의 측면을 넘어서 인간의 존재 양태를 새로운 차원에서 제기한다. 이는 디지털 매체가 인간과 사회를 매개하는 기기를 넘어 인간의 한 부분이 되고 있음을 의미한다. 이 점에서, 디지털 매체 이후의 인간은 그 이전과 근본적으로 다른 존재론적 위상을 지닌다. 디지털 매체는 단순히 중개자intermediary가 아니라 매개자mediator의 역할을 수행한다. 이는 디지털 환경으로 확장되면서 지금까지의 인간과는 다른 차원의 포스트휴먼으로 이행하는 주요한 계기를 마련하는 것이다.

본서는 매체와 감각의 측면에서 디지털 포스트휴먼의 조건 변화를 다음의 세 주제, (1) 디지털 포스트휴먼 신체성, (2) 디지털 혼합현실과 사이보그, (3) 디지털 감각의 변화와 포스트휴먼 윤리로 잡아, 포스트휴먼으로의 존재론적 전환과 윤리적 태도를 탐색하는 시도를 마련해 보았다.

1부 '디지털 포스트휴먼 신체성'에서는 캐서린 헤일스가 지적한 바 있듯, 포스트휴먼을 신체성을 탈각한 존재로서가 아니라, 포스트휴먼적 전회가 일어나는 새로운 물질로서의 신체의 측면에서 포스트휴먼의 존재론적 조건을 탐색한다. 우선 김재희는 「우리는 어떻게 포스트휴먼 주체가 될 수 있는가?」에서 '포스트휴먼'은 어떤 문제에 대한 해답으로 사유되어야 하는가?라는 질문을 제기한다. 김재희에 따르면, 포스트휴먼의 등장 배경은 크게 두 가지다. 하나는 포스트구조주의가 휴머니즘과 인간 주체에 대한 비판적 해체를 시도한 이후, 인간중심적-개체중심적인 자유주의 휴머니즘으로 회귀하지 않는 새로운 주체성의 모색이 긴급하다는 것이고, 다른 하나는 정보기술에 근거한 GNR 혁명이 인간 삶의 형태를 변화시키며 새로운 주체화의 조건으로 급부상했다는 것이다. 어떻게 포스트구조주의의 안티-휴머니즘적인 문제제기와 인간 주체의 해체를 수용하면서, 동시에 사이버네틱스 정보기술과학의 탈-휴먼화 역량을 새로운 휴머니즘을 창출하는 포스트휴먼 주체화의 가능성으로 연결시킬 수 있는가? 김재희는 이러한 문제의식에서 현 단계 포스트휴먼 주체의 모델들을 비판적으로 살펴보고 가능한 대안을 모색한다. '사이보그'는 가장 대중적인 포스트휴먼의 표상인데, 트랜스휴머니즘의 '인간향상' 모델이 탈-신체화의 방향에서 사이보그를 적극 수용한다면, 비판적 포스트휴머니즘은 '체현-분산 시스템' 모델을 통해 그것을 비판적으로 대체하고자 한다. 김재희의 논점은 이 두 모델이 여전히 '인간 개체의 심-신 변형 수준'에서 기술과의 관계를 사유하고 있어서 인간중심적-개체중심적 휴머니즘을 극복하고 새로운 주체성을 생산하는 데 불충분하다는 것이며, 휴머니즘의 한계를 극복할 수 있는 포스트휴먼 주체의 새로운 가능성을 시몽동의 철학이 제공하는 '개체초월적 인간-기계 앙상블'의 방향에서 찾는다. 1부의 두 번째 글인 「포스트휴먼 신체와 공생의 거주하기」에서 김은주는 인본주의의 가정을 해체하면서 신체에서 포스트휴먼적 전회가 일어난다는 사실에 주목하여 포스트휴먼의 신체를 설명한다. 김은주는 들뢰즈의 신체 개념을 통해 포스트휴먼의 신체를 결합과 변이의 정동을 담아내고 지속하면서 변이하는 정동체로 칭하고 분석한다. 정동체 개념은 포스트휴먼의 신체를 경계 설정이 거듭되고 변이하는 신체이자 매체로서 작동하고 존재하는 것으로 제시한다. 정동체로서 포스트휴먼 신체는 다른 신체들과 구분되는 본질적 구별을 지닌 것이 아니라, 세계와 신체의 상호적인 겹침을 이루는 강도들이 이행하는 바를 표시하는 경계면이자 인터페이스이다. 또한 이러한 신체는 자연/문화 이분법을 넘어 환경과 결합하고 적응하며 환경 그 자체가 되는 생명체이다. 이 글의 최종 목적은 정동체로서 포스트휴먼 신체를 이해하면서, 포스트휴먼 신체에서 공생의 거주하기를 사유해보는 것이다.

2부 '디지털 혼합현실과 사이보그'는 포스트휴먼의 구체적인 상으로 제시되는 주요한 문제들을 동시대의 문학과 사회 변화를 통해서 주요하게 살핀다. 이에 관해서 유인혁은 「한국 혼합현실 서사에 나타난 '디지털 사이보그' 표상 연구」를 통해 한국 혼합현실서사에 나타난 디지털 사이보그의 상상력을 점검한다. 혼합현실이란 가상현실과 증강현실의 개념을 아우르는 용어로서, 여러 단계의 가상 연속체를 말한다. 이때 혼합현실 서사는 다양한 가상 연속체를 배경으로 삼는 이야기를 통칭한다. 그리고 디지털 사이보그는 디지털적으로 매개, 확장, 향상된 신체의 표상을 가리키는 것으로, 혼합현실 서사에서 등장하는 기계와 유기체의 잡종으로서의 주체를 말한다. 유인혁은 「달빛조각사」를 중심으로 가상현실 공간과 그 주체로서의 디지털 사이보그의 형상을 점검하고, 「나 혼자만 레벨업」, 「무한 레벨업 in 무림」, 「요리의 신」 등을 중심으로 증강현실 공간과 그 주체로서의 디지털 사이보그의 재현 양상을 점검한다. 이러한 작업을 통해 혼합현실 공간과 그 주체로서의 디지털 사이보그가 모두 현실 사회의 한계를 극복하는 유토피아적 대안으로 나타나고 있음을 확인한다. 이는 혼합현실과 사이보그가 단순히 대중문화의 유력한 요소 중 하나로 환원되는 것이 아니라, 사회 현실에 대한 비판적 상상력을 전개하는 장치로 이해될 수 있다는 것이다. 이양숙의 「자본주의 리얼리즘 시대의 호모데우스와 사이보그 글쓰기」는 윤이형의 단편소설 「캠프 루비에 있었다」를 중심으로 미래 세계에 대한 과학적 상상력을 고찰한다. 이양숙이 「캠프 루비에 있었다」에 주목하는 가장 큰 이유는 기존의 작품에서는 찾아볼 수 없었던 여성 사이보그의 등장 때문이다. 이 글은 '비판적 포스트휴머니즘'을 선도한 도나 해러웨이가 말한 바 있는 사이보그가 주인공이 되는 신화가 필요하다는 주장을 받아들여 이분법에 길들여진 우리에게 부분적 정체성과 모순을 받아들일 수 있는 언어와 상상력을 제공해 주는 사이보그 글쓰기를 사유한다. 이에 따르면 사이보그 글쓰기는 자본주의적 폐해에 염증을 내면서도 더 이상 유토피아를 상상할 수 없는 자본주의 리얼리즘 시대에 다른 세계를 상상할 수 있는 효과적인 매체가 될 수 있다. 이현재는 「디지털 도시화와 사이보그 페미니즘 정치 분석」에서 주요한 네 가지 주장을 도출한다. 첫째로, 디지털 도시화는 우리 사회의 페미니즘 이슈와 경향에 대대적인 변화를 가져왔다. 가령 디지털 매체를 이용한 불법촬영물의 촬영, 유포, 소비에 대한 저항은 전에 없던 강력한 페미니즘의 이슈가 되었다. 둘째로 디지털 도시화 시대에 우리 사회에는 기계와 유기체의 혼종인 사이보그가 탄생했다. 새로운 인간종인 사이보그가 경험하는 자아와 세계는 유기체로만 사는 사람들에게는 생소한 것이었다. 셋째로, 우리 사회의 사이보그-페미니스트는 해러웨이의 예상과 달리 잡종성과 주변성이 아니라 '생물학적 여성' 등 자연적·통일적·단일적 정체성에 기반하여 인정투쟁을 벌이는 경향을 보였다. 이는 페미니스트들이 남성중심적 도시 상상계를 비판하는 가운데 부지불식중에 이 상상계가 만들어 놓은 육체적 실재의 지도를 답습하고 있음을 의미한다. 넷째로 사이보그-페미니스트들이 생물학적 정체성 등 자연적 원본을 강조하게 된 이유는 사이버 공간에서 상처받지 않기 위해서 자신들만의 폐쇄적 장소를 만들어 가는 정치를 펼쳤기 때문이다. 사이보그-페미니스트들에게 남성중심적 문화가 지배하는 사이버 공간은 자유라기보다 제약의 공간이었으며 따라서 그들은 폐쇄적 장소를 만들어 도피하는 가운에 이에 저항했다. 그러나 폐쇄적 장소의 정치는 여성의 정체성을 물화하고 내부의 차이를 삭제할 위험을 안고 있다.

3부 '디지털 감각의 변화와 포스트휴먼 윤리'에서는 포스트휴먼이 기존의 휴먼과 다르고 이를 넘어서는 새로운 존재론적 변화나 장밋빛 밝은 미래의 상을 약속하는 것이 아니기에, 인문학적 성찰을 여전히 요구할 뿐 아니라 구체적인 상황에서 포스트휴먼의 윤리를 도출할 필요성을 요청한다는 것을 지적한다. 이러한 문제의식을 최전선에 제시하는 이중원의 글 「포스트휴먼과 관계의 인문학」은 인간과 기계가 탈경계화된 포스트휴먼 시대에 주목하며 비판의 능력을 지니는 인문학의 의미를 재확인한다. 이중원은 포스트휴먼의 시대를 특히 인간에게만 고유한 것으로 간주됐던 능력들(감성, 이성, 자율성 등)이 인간이 아닌 기계에서도 구현 가능한 시대이자, 그래서 기계가 더 이상 인간에 의해서만 수동적으로 작동하는 객체로서의 도구에 머무는 것이 아니라 (일정 수준이지만) 인간처럼 스스로 생각하고 행동할 수 있는 주체로서의 자율적인 행위자가 될 수 있는 시대로 진단한다. 이러한 시대가 던지는 새로운 질문은 궁극적으로 다음과 같다. 인공지능 시대에 인공지능

(로봇)의 등장은 그동안 인간의 배타적 지위를 중심에 놓고 인문학을 인간중심주의적으로 탐구한 방식에 대한 재귀적 성찰을 지속적으로 요구하는 계기가 되었다. 인공지능 시대에 인간의 존재적 가치와 의미가 진정 무엇인지, 그에 따른 인문학의 역할은 무엇인지, 인공지능 시대의 인문학에 대한 새로운 탐색이 필요하다. 홍남희의 글 「디지털 포스트휴먼 시대의 윤리」는 유튜브, 페이스북 등 소셜 미디어 혹은 '개인' 미디어 환경에서 윤리의 필요성을 도출한다. 홍남희는 콘텐츠 생산의 주체로 의미화되고 있는 개인, 그리고 개인 생산 콘텐츠를 유통하는 플랫폼 환경에서, 개인이 생산해 내는 다양한 혐오 표현, 페이크 뉴스 등을 '디지털 쓰레기'로 개념화하고, 이것의 처리 과정인 '콘텐츠 모더레이션'을 살펴봄으로써 개인의 생산 행위가 공동체, 사회, 미디어 환경 그리고 자연 생태계와 어떤 '네트워크'를 형성하고 있는지 논의한다. 구체적으로 이 글은 기술 발전과 포스트휴먼 논의가 플랫폼 환경에서 어떻게 적용될지 탐색하고, 디지털 쓰레기 개념을 통해 쓰레기의 전지구적 유통과 그것에 담긴 세계 질서가 '디지털 쓰레기'의 처리를 주로 하는 CCMCommercial Content Moderation 노동에도 적용되고 있음을 정리한다. 이 개념은 개인의 행위가 네트워크를

통해 타자, 공동체, 플랫폼, 생태와 연결되어 있음을 드러낸다. 그리고 미국 테크 기업을 중심으로 위계화된 정보 질서와 노동의 위계 역시 드러내기에 유용하다. 이러한 과정을 통해 디지털로 연결된 미디어 환경에서 개인과 플랫폼의 윤리 나아가 공동체 윤리는 어떻게 확보될 수 있을지 고민한다. 이광석의 글 「감염병 재앙 시대 포스트휴먼의 조건」은 1990년대 이래 일군의 철학자와 창작자들이 '포스트미디어'란 미사여구를 동원해 초기 인터넷을 바라보며 내렸던 낙관주의적 경솔함을 수정 비판하는 성찰을 진행한다. 이광석은 동시대를 기술숭배와 자본주의 욕망에 매몰되어 그 바깥을 사유할 시나리오가 부재하는 우울한 '자본주의 리얼리즘'의 현실로 진단한다. 이러한 현실 인식은 첨단 테크놀로지로 매개된 포스트휴먼이 새로운 존재론적 질문과 조건을 던지는 듯 보이나, 사실상 자율적 삶도 호사일 수 있는 새로운 '예속'상황들이 되기도 하는 온라인 격자망으로 둘러싸인 현실 비판에서 근거한다. 이 글은 1990년대 중반 이후 인터넷의 상용화 이래 이용자들이 미디어기술과 관계 맺어왔던 사회적 감각 밀도의 변천 과정을 되짚으면서 혼돈의 세계 속에서 또 다른 대안의 실재로 나아가거나 동시대 자본주의에 균열을 낼 수 있는 사회적 감각을 회복하고 발굴하려는 몸짓이기도 하다.

본서는 인간 조건의 근본적 변화를 야기하는 포스트휴먼으로의 이행을 사유하면서 포스트휴먼의 거주지인 디지털 폴리스를 도시인문학의 관점에서 사유하려는 목적으로 기획되었다. 이러한 본서의 기획은 서울시립대학교 도시인문학 연구소의 '디지털 폴리스의 인문적 비전 : 새로운 공동체의 모색의 1단계 디지털 도시성과 인간조건의 변화' 연구에 따른 것이다. 디지털 폴리스는 기존의 도시와 달리, 디지털 매체로 작동할 뿐 아니라 그 자체로 디지털 매체로 작용하면서 인간, 사물, 정보, 이미지들의 다양한 이동을 야기하며 복잡한 네트워크인 디지털 매체가 되어가는 도시공간이다. 디지털 폴리스에서 기술적 융합과 초연결성의 영향력은 날로 증대한다. 이러한 상황은 변화의 동인인 디지털 기술이 개인과 공동체에 미치는 영향을 이해하고 새로운 도시 공동체를 모색할 수 있는 기반인 도시인문학적 성찰을 무엇보다도 요구한다.

이 책이 출간되기 전인 2020년에 책의 제목과 같은 주제로 서울시립대학교 도시인문학연구소에서 학술대회 '디지털 포스트휴먼의 조건 : 매체와 감각'을 개최한 바가 있다. 코로나19라는 전대미문의 팬데믹 시대에 디지털 포스트휴먼의 상황을 반영하는 Zoom 화상회의방식으로 개최된 학술대회에서 발표한 글들과 포스트휴먼과 관련한 중요한 논문들을 본서에 실었다. 본서의 기획과 출간에 힘써준 〈서울시립대학교 도시인문학연구소〉와 갈무리 출판사에 감사를 드린다.

2021년 봄
여러 필자를 대신해 김은주 씀

1부 디지털 포스트휴먼 신체성

우리는 어떻게
포스트휴먼 주체가 될 수 있는가?
김재희

포스트휴먼 신체와 공생의 거주하기 :
정동체로서 포스트휴먼 신체
김은주

우리는 어떻게
포스트휴먼 주체가 될 수 있는가?

김재희

1. 들어가는 말

깊이 숙고하면서, 조심스럽게, 그러나 대담하게 기술공학을 우리 자신들에 적용함으로써, 우리는 정확하게 더 이상 휴먼이라고 기술될 수 없는 어떤 것이 될 수 있다. 우리는 포스트휴먼이 될 수 있다. (More and Vita-More, 2013, p. 4)

컴퓨터 스크린을 스크롤해 내려가면서 명멸하는 기표들을 응시할 때, 보이지 않는 체현된 실재들에게 당신이 어떤 정체성을 부여하든지 상관없이, 당신은 이미 포스트휴먼이 되었다. (Hayles, 1999, p. 14)

'포스트휴먼'은 어떤 문제에 대한 해답으로 사유되어야 하는가? 포스트휴먼의 등장 배경은 크게 두 가지다. 하나는 구조주의와 포스트구조주의가 전통적 휴머니즘과 휴먼 주체에 대한 비판적 해체를 시도한 이후 새로운 주체성의 모색이 긴급하게 된 상황이고, 다른 하나는 첨단 기술과학이 구체적인 인간 삶의 환경적 조건으로 침투하면서 새로운 주체화의 조건으로 급부상하게 된 것이다.

모래사장에 그려진 얼굴처럼 '인간'이란 것도 곧 지워질 것이라고 주장한 미셸 푸코는 '안티-휴머니즘'의 기본적인 문제틀을 제공했다. 즉 인간 주체는 절대적인 것이 아니며, 특수한 역사적 상황에서 구축된 담론적 힘들의 관계 속에서 단지 '생산된 것'에 지나지 않는다는 것이다. 푸코를 비롯한 포스트구조주의 철학은 '이성적이고 자율적인 주체'가 어떻게 타자의 구성과 배제를 통해 구축되었고 동시에 그 타자에 의해 생산된 효과에 지나지 않는 것인지를 파헤쳤다. 따라서 '합리적이고 자율적인 개인'이라는 자유주의적 휴머니즘의 주체는 더 이상 인간중심주의를 고집하며 자연 안의 특권화된 주체로 자처할 수 없게 되었으며, 사회변혁과 역사를 이끌어가는 실천적 원리로서의 자격도 주장하지 못하게 되었다. '로고스-남근-서구-인간중심주의'에 불과한 것으로 밝혀진 근대의 자유주의 휴머니즘에 대한 비판적 해체는 '인간 주체'의 범주 바깥으로 배제되었던 타자들(인간 종 안에서 인간-이하로 취급되었던 젠더, 인종, 장애인뿐만 아니라, 인간 종 바깥에서 비-인간으로 다루어졌던 다른 생명체들과 기계들)에 대해 전면적인 재-성찰을 제기했고, 이 타자들과 공존-공생-공진화할 수 있는 새로운 주체성의 발명을 촉구했다.

게다가, 오늘날 기술은 더 이상 인간의 통제 아래 야생의 자연을 다루는 단순 도구의 수준에 머무르지 않는다. 인간 신체의 안과 밖에서 인간과 접속되어 있는 기술적 기계들은 인간 자신의 물리생물학적 조건들을 변형시키면서 인간 삶의 근본적인 존재 조건으로 급부상하였다. 특히 정보 기술에 근거한 GNR(유전공학, 나노공학, 로봇공학) 혁명은 자연적인 것(살아있는 것, 유기적인 것)과 인공적인 것(살아있지 않은 것, 기계적인 것)을 하나의 시스템으로 결합시키는 사이보그화 작업을 다양한 분야(의료, 상업, 군사 등)에서 촉진시키고 있다. '인간-기계 복합체'나 '사이보그'의 존재 형태는 더 이상 새로운 것이 아니다. 생물학적 특이성이 무차별화되는 정보 시스템의 일반적 모델 안에서 인간 종의 특권을 상실한 '휴먼'은 그 동안 주목하지 못했던 인간과 기술의 관계를 긴급하게 재고할 필요성을 갖는다. 왜냐하면, 단지 개인의 선택과 책임이라고만은 할 수 없는, 인간의 인간 자신에 의한 탈-휴먼화 과정과 기술 매개의 존재론적 진화가 과연 또 다른 소외와 예속화의 길로 나아갈지, 아니면 새로운 휴머니즘을 창출할 주체화의 길로 들어서게 될지, 기술정치적으로 중요한 실천적 문제를 제기하기 때문이다.

따라서 포스트휴먼이 감당해야 할 문제는 복합적이다.

어떻게 포스트구조주의의 안티-휴머니즘적인 문제제기와 인간 주체의 해체를 수용하면서, 동시에 사이버네틱스 정보기술과학의 탈-휴먼화 역량을 새로운 휴머니즘을 창출하는 포스트휴먼 주체화의 가능성으로 연결시킬 수 있는가? 나는 이러한 문제의식에서 현 단계 포스트휴먼 주체의 모델들을 비판적으로 살펴보고 가능한 대안을 모색해 보고자 한다. '사이보그(사이버네틱스와 유기체의 결합)'는 SF 상상력과 결합된 가장 대중적인 포스트휴먼의 표상이다. 트랜스휴머니즘의 '인간 향상' 모델이 주로 신체 변형의 방향disembodiment에서 사이보그를 적극 수용한다면, 비판적 포스트휴머니즘의 '체현-분산 시스템' 모델은 주로 정신 변형의 방향embodied-distributed cognition에서 그것을 비판적으로 대체하고자 한다. 나는 이 두 모델이 여전히 '인간 개체의 심-신 변형 수준'에서 기술과의 관계를 사유하고 있어서 인간중심적-개체중심적 휴머니즘을 극복하고 새로운 주체성을 생산하는 데 불충분하다고 생각한다. 나는 사이버네틱스를 넘어서, 시스템과 정보, 기술과 인간의 관계에 대해 다시 사유해 보고자 하며, 사이보그 모델로 환원되지 않으면서도 기술과학적 환경이 마련한 조건 속에서 휴머니즘의 한계를 극복할 수 있는 포스트휴먼 주체의 새로운 가능성을 질베르 시몽동Gilbert Simondon의 '개체초월적 인간-기계 앙상블' 모델에서 찾아보고자 한다.

2. 트랜스휴머니즘의 '인간 향상' 모델

막스 모어Max More에 따르면, 트랜스휴머니즘Transhuman-ism은 "생명-향상 원리와 가치들에 의해 인도되는 과학과 기술을 수단으로 현재의 인간 형태와 인간 한계들을 넘어서 인간의 지능적인 생명의 진화를 계속 이어가고 가속화하고자 하는 생명의 철학"이며, "응용된 이성을 통해, 특히 인간의 지적, 물리적, 심리적 능력들을 상당히 향상시키고 노화를 제거하기 위해 기술공학을 폭넓게 사용하게 하고 발전시킴으로써, 인간 조건을 근본적으로 향상시키고자 하는 가능성과 바람을 긍정하는 지적이고 문화적인 운동"이다(More and Vita-More, 2013, p. 3). 트랜스휴머니즘은 '트랜스-휴머니즘'trans-humanism으로서 그 '수단과 목적'에서 계몽적 휴머니즘을 넘어가며, 이 전통적 휴머니즘의 'human'을 넘어서는 '트랜스-휴먼'trans-human으로서의 '트랜스휴먼-이즘'transhuman-ism을 주창한다. "휴머니즘이 인간 본성을 향상시키기 위해서 교육적이고 문화적인 개선에 배타적으로 의존하고자 한다면, 트랜스휴머니스트들은 우리의 생물학적 유전적 유산에 의해 부과되어 있는 한계들을 극복하기 위해 기술공학을 적용하고자 한다. 트랜스휴머니스트들은 인간 본성을 그 자체로 목적으로서, 완전한 것으로서, 우리의 충성을 요구하는 것으로서 간주하지 않는다. 오히려, 그것은 단지 진화론적인 진행에서 하나의 지점일 뿐이고, 우리는 우리 자신의 본성을 우리가 바람직하고 가치 있다고 여기는 방식으로 고치는 걸 배울 수 있다"(같은 책, p. 4).

따라서 트랜스휴머니즘의 '포스트휴먼'은 인간의 물리 생물학적 조건에서 덜 바람직한 측면들과 한계들이 극복된 '더 향상되고 더 진화된 휴먼'을 의미한다. 포스트휴먼은 질병이나 노화를 겪지 않을 수 있고, 더 광범위한 물리적 능력과 형태변형의 자유, 더 큰 인지적 능력과 개선된 정서들을 가질 수 있다. 이 포스트휴먼 주체는 첨단 기술과학을 효과적으로 이용함으로써 '휴먼'의 역량을 확장시키며 '휴먼'의 영구적인 진보를 실현하고자 한다. '트랜스–휴머니즘'임을 강조함에도 불구하고, 트랜스휴머니즘의 철학적 뿌리는 여전히 계몽적 휴머니즘에 있다. 대표적인 트랜스휴머니스트 닉 보스트롬에 따르면, "포스트휴머니즘은 그 뿌리를 합리적 휴머니즘에 둔다"(Bostrom, 2005, p. 2). 즉 초자연적 힘이나 종교적 신념에 의해서가 아니라, 기술공학과 과학적 방법에 의거해서 합리적 판단에 따라 더 나은 미래를 창조하려는 개인의 선택과 책임, 진보에 대한 가능성을 긍정한다. 트랜스휴머니스트들은 기술을 활용하여 자신의 신체를 자유롭게 변형할 수 있는 개인의 자유를 위해서 인간 본성에 관한 낡은 종교적·형이상학적 이해들과 싸우며 '합리성'에 호소한다는 점에서 여전히 '계몽적'이다. 따라서 트랜스휴머니즘이 과연 전통적 휴머니즘을 넘어선다고 할 수 있는지, 나아가 트랜스휴머니즘의 포스트휴먼 주체가 진정 '포스트휴먼'이 감당해야 할 문제들에 대해 적절한 해답을 제시할 수 있는지 의문이다.

우선, 첨단 기술과학에 대한 낙관적 선호는 기술에 대한 도구주의적 이해(인간 향상을 위해 기술을 잘 활용하면 된다)와 기술결정론적 태도(기술과학의 진보가 결국 인간의 진보를 결정한다)를 함축한다. 그러나 인간이 과연 기술 독립적으로 존재하면서 자기 주도적으로 기술을 활용하고 제어할 수 있는 것인지, 도구나 보철물의 수준을 넘어서 기술의 자율성이 야기할 수 있는 예측 불가능한 효과들에 대해 단지 '신중하고' '조심스러운' 태도만으로 대처 가능한 것인지 의문이다. 자연에 대한 인간의 정복과 인간의 자유를 위한 기계들의 노예화를 전제하는 테크노크라시즘의 기술만능주의적 열망이 트랜스휴먼적 사이보그화의 동력은 아닌지 검토해볼 필요가 있다. 명확하게 분리되지 않는 '기술, 자연, 인간'의 복잡한 삼자 관계에 대한 본질적인 성찰이 '인간의 영역'을 넘어선 전체의 관계망 안에서 재고되어야 한다. 트랜스휴머니즘에서 기술과학에 의한 탈-휴먼화 효과는 여전히 포스트구조주의의 안티-휴머니즘에 의해 해체된 휴머니즘의 자장 안에 머물러 있다. 이는 기술에 대한 인간중심적 태도, 개인의 자유를 위한 자연 정복과 기계들의 노예화를 정당화했던 자유주의 휴머니즘을 전제한다.

그다음, 인간 향상 모델은 생물학적 뉴런들을 인지적 기능이 동일한 인공물로 대체할 수 있다는 기능주의적 물리주의를 함축한다. 인지적 기능을 수행하기 위해 타고난 생물학적 신체를 고집할 필요가 없으며, 한스 모라벡 (Moravec, 1990)과 레이 커즈와일(Kurzweil, 2005)이 주장하듯이, 비-생물학적 실체인 컴퓨터 '안'에 마음을 '업로드'하는 것도 가능하다. 따라서 포스트휴먼 주체는 탈-생체화된 사이보그, 또는 자유롭게 신체를 대체할 수 있는, 애니

메이션 〈공각기동대〉의 사이보그들로 표상될 수 있다. 생물학적 신체는 추상적인 정보 코드로 환원될 수 없다며 이들의 데카르트적 이원론을 비판한 캐서린 헤일스Katherine Hayles에 대해 모어는 "이원론과 기능주의를 혼동하고 있다."고 반박한다(More, 2013, p. 7). 하지만 기능주의적 사이보그 모델은, 생물학적 신체의 말소 가능성을 함축하는 '인공적 신체로의 대체가능성'을 주장한다는 점에서, 신체를 과소평가하는 데카르트적 로고스중심주의를 기꺼이 수용하고 있다고 할 수 있다.

마지막으로, 트랜스휴머니즘은 '포스트휴먼이 도달해야 할 절대적 본성이나 최종적 완성태를 상정하지 않으며 영속적인 변화와 개선만을 추구한다'고 주장한다. 그러나 단지 '변화 가능성'만을 주장하는 것이라면, '휴먼'으로부터 '포스트휴먼'으로의 이행에 대해 과연 '향상', '진보', '발전'이라는 말을 쓸 수 있을지 의문이다. 그뿐만 아니라 '휴먼' 안에서 '제거되어야 할 것'과 '향상시켜야 할 것'을 선별할 수 있다는 믿음 자체가 이미 휴먼 또는 포스트휴먼의 지적·정서적·신체적 본질을 상정하고 있는 것은 아닌지 묻고 싶다. 합리적인 것과 비합리적인 것, 정상과 비정상, 건강한 것과 병리적인 것, 좋은 것과 나쁜 것 등의 분리와 선별이 어떤 조건에서 생산되어 어떤 특성이 보편성을 자처하게 되었는지에 대한 안티-휴머니즘의 계보학적 분석과 비판적 반성이 고려되고 있지 않다. 무엇보다, 트랜스휴머니스트들은 "개체로서, 유기체로서, 종으로서 우리의 진보와 가능성들을 구속하는"(같은 책, p. 5) 생물학적, 심리학적, 문화적, 정치적 제한들을 제거하고자 한다. 무한히 연장될 수 있는 수명, 더 많은 지성과 지혜, 정서적·심리적 개선을 위해 '신체에 관한 자기-변형의 자유로운 실현'을 허락받고자 한다. "진정한 트랜스휴머니즘은 우리 각자가 인간 신체를 변화시키고 향상시킬 수 있기를 추구하며, 형태학적 자유를 위해 싸울 수 있기를 추구한다. 신체를 거부하기보다 차라리, 트랜스휴머니스트들은 신체의 형태를 선택하기 원하며 다른 신체들에, 가상 신체들도 포함해서, 거주할 수 있기를 원한다."(같은 책, p. 15) 탈-신체화와 신체 변형의 자유에 대한 트랜스휴머니스트들의 욕망에는 '우리' 중심의 강력한 인간중심주의와 자유주의적 개인주의가 전제되어 있다. 여기에는 안티-휴머니즘이 제기했던 '인간' 자신에 대한 반성, 즉 '합리적이고 자율적인 개체로서의 인간'이 어떤 조건에서 구성되고 생산되었는지에 대한 고려, 따라서 그러한 '인간'의 구축을 가능하게 하면서 동시에 배제되었던 '비-인간'subhuman 또는 non-human 타자들에 대한 고려가 반영되고 있지 않다. 트랜스휴먼이 포스트휴먼이 되기 위해서 씨름해야 하는 것은 기술의 자기 변형적 활용에 반대하는, 소위 '타고난 인간 본성을 훼손해선 안 된다'는 후쿠야마Fukuyama 식의 본질주의-생명윤리주의자들이 아니다. 왜 '휴먼'을 향상시키고, '휴먼의 가치'를 강화시켜야 하는가? 나는 이러한 안티-휴머니즘의 궁극적인 문제 제기에 대해 트랜스휴먼으로서의 포스트휴먼 개체들이 깊이 고민할 필요가 있다고 생각한다.

3. 비판적 포스트휴머니즘의 '체현-분산 시스템' 모델

비판적 포스트휴머니즘은 안티-휴머니즘의 문제의식을 계승하며, '휴먼'과 그 바깥의 '타자(인간 이하로 배제된 젠더와 인종, 다른 생명체, 기계 등)' 사이의 상호 작용 관계에 주목한다. 대표주자 캐서린 헤일스는 사이버네틱스의 역사 속에서 포스트휴먼의 계보를 추적하면서 '우리가 어떻게 포스트휴먼이 되었는지'를 설득력 있게 보여준다 (Hayles, 1999). 이때, 헤일스가 말하는 '포스트휴먼'은 이중적이다. 한편으로는, 탈-인간적이고 탈-신체화된 '사이보그'로서의 포스트휴먼이고, 다른 한편으로는, 신체화된 실재에 근거한 '인간과 지능형 기계의 접합체'로서의 포스트휴먼이다. 전자의 사이보그 포스트휴먼은 전통적인 자유주의적 휴머니즘과 깊이 연루되어 있으며, 포스트휴먼화에 의한 인류의 멸종이라는 묵시록적 공포 아래 자유주의적 휴먼 주체의 몰락을 감추고 있다고 비판된다. 반면, 후자의 포스트휴먼은 사이보그 모델과 자유주의적 휴머니즘의 주체성을 대체하는 것으로서 헤일스가 긍정적으로 제시하는 모델이다. 즉 자유주의적 휴머니즘의 '휴먼'이 타인의 의지로부터 자유로운 개인으로서 자기 능력(의지, 욕망, 인식 등)의 소유자이자 환경 독립적으로 자기–조직화된 닫힌 경계의 자율적 개체를 의미한다면, "포스트휴먼 주체는 혼합물, 이질적 요소들의 집합, 경계가 계속해서 구성되고 재구성되는 물질적–정보적 실재다"(같은 책, p. 3 [헤일스 2013, 25쪽]). 이 포스트휴먼 주체는 코기토의 자율적 의지를 '분산된 인지'distributed cognition로, 정신의 보조시스템인 신체를 '체현된 실재'embodied entity로, 자연을 지배하고 제어하는 인간 주체를 '인간과 지능형 기계의 역동적 제휴'로 대체한다. 헤일스는 포스트휴먼의 대중적 표상인 사이보그 모델이 사이버네틱스의 정보 과학 담론 안에서 어떻게 구성되었는지 그 개념적 근거와 정치적 함축을 드러내 보여주면서, 동시에 이런 사이보그 모델과는 다른 방식으로, 어떻게 우리가 (이미) 현실적이고 긍정적인 포스트휴먼일 수 있는지를, 역시 사이버네틱스와 연동된 현대 과학(분자생물학, 인지과학, 진화심리학 등)의 근거 안에서 찾아내고 있다.

헤일스의 비판적 분석에 따르면, '휴먼의 사이보그화'는 사이버네틱스의 3단계 발전 과정을 거쳐 강화된 탈-신체화에 근거한다.

1단계 사이버네틱스는 사이버네틱스의 기초가 정립되던 메이시 컨퍼런스Macy Conference(1946~1954년)를 중심으로 이루어진다.[1] 사이버네틱스의 혁신적 아이디어는 '피드백 과정을 통해 정보를 순환시키고 제어하는 시스템'이라

---

1. 노버트 위너(Nobert Wiener), 클로드 섀넌(Claoude Shannon), 존 폰 노이만(John von Neumann), 워렌 매쿨럭(Warren McCulloch), 윌리엄 애슈비(William Ashby), 프랭크 프레몬트-스미스(Frank Fremont-Smith) 등이 주축이 되어 "생물학적 시스템 및 사회적 시스템에서의 순환적 인과 및 피드백"이라는 주제로 열린 융복합적 학술모임. 이 연례회의는 물리적 시스템, 생물학적 시스템, 사회적 시스템 모두에 적용될 수 있는 비선형적 인과, 정보의 소통과 제어 등을 핵심으로 삼고, 신경생물학자, 수학자, 공학자, 심리학자, 생태학자, 사회학자, 사회심리학자, 철학자 등이 총망라되어 여러 학문 분야의 융합과 교류를 시도했다. 1948년에 노버트 위너의 『사이버네틱스 또는 동물과 기계의 제어와 커뮤니케이션』(Cybernetics or Control and Communication in the Animal and the Machine)이 출판되면서, 이 새로운 융복합적 연구 분야를 점차 '사이버네틱스로 부르게 되었다.

는 점에서 인간을 포함한 생명체나 기계가 본질적으로 동일하다고 보는 것이다. 생명체와 기계는 엔트로피가 증가하는 열역학적 우주 안에서 국지적이고 일시적이나마 그러한 구조적 시스템에 의해 질서와 조직을 유지하며 우주의 최종적 열사熱死에 저항하는 반反-엔트로피의 지대를 이룬다. 초기 사이버네틱스의 논의 초점은 이러한 시스템의 안정적 유지와 관련된 '항상성'과 무질서의 '제어'에 있었다.

이 단계에서부터 헤일스가 비판적으로 주목한 것은 '탈-물질화된 정보' 개념의 수립과 '항상성' 개념이 함축하는 자유주의적 휴머니즘이었다. 여기서 정보는 물질적 실재성과 구분되는 수학적·논리적 패턴이다. "정보는 현존이 아닌 패턴이며, 메시지를 구성하는 부호화 요소의 확률분포에 의해 정의된다"(Hayles, 1999, p. 25 [헤일스, 2013, 63쪽]). 생명체와 기계가 동일한 '정보 처리 시스템'이 되면서 신체화된 물질성의 차이는 지워지고, 생명체의 신체는 물질적 현존이 아니라 추상적인 정보 패턴이 된다. 이 탈-물질화된 정보 개념이, 마음을 다운로드한 모라벡의 컴퓨터와 〈공각기동대〉의 '인형사'가 모두 신체 없이 정보 패턴만으로도 '살아있는 존재'를 자처할 수 있게 만들어 주었다. 게다가 탈-물질화되고 탈-신체화된 정보 처리 시스템으로서의 인간과 기계는 모두 자유주의적 휴머니즘의 자율적이고 자기-조절적인 주체의 이미지에 부합하는 것이었다. "위너에게 사이버네틱스는 자유주의적 휴머니즘을 전복시키는 것이 아니라 확장시키는 수단이었다."(같은 책, p. 7 [같은 책, 32쪽]). 매체의 질료성보다 수학적·논리적 형식을 강조하는 '탈-물질화된 정보' 개념은 플라톤적 형상중심주의의 반영일뿐만 아니라, 차이의 표식(젠더, 인종, 민족성 등)을 신체성과 더불어 말소시킬 수 있게 함으로써 데카르트적 이성중심주의를 보편화하고 이에 기초한 자유주의 휴머니즘의 주체성을 강화시켰다.

2단계 사이버네틱스(1960~80년)는 폰 푀르스터Heinz von Foerster, 마투라나Humberto Maturana, 바렐라Francisco Varela, 베이트슨Gregory Bateson, 루만Niklas Luhmann 등을 중심으로 시스템의 인식론적 '재귀성'reflexivity과 '자기생성'Autopoiesis을 둘러싸고 전개된다. '재귀성'이란 관찰되는 시스템 바깥에 있다고 여겨졌던 관찰자가 오히려 그 시스템의 일부가 되는 현상으로, 주/객 이분법에 근거한 객관적 인식의 불가능성을 함축한다.[2] 마투라나의 자기생성 이론은 시스템의

---

2. 하이젠베르크의 불확정성 원리와 양자역학이 이런 문제를 단적으로 보여주었다. 인식 대상에 관한 정보를 얻기 위해 인식하는 과정(측정, 관찰 등)

자율성과 개체성이라는 주요 특성을 유지하면서도 재귀성을 벗어날 수 있는 방법론으로 제시되었다. "모든 생명체에게 현실은 오로지 유기체 자신의 조직화에 의해서 결정되는 상호 작용 과정을 통해서만 존재한다. … 신경체계의 내부에서 결정된 작용이 일어날 때 외부세계는 그것을 유발시키는 역할밖에 하지 않는다."(같은 책, p. 136 [같은 책, 249쪽]).
인지의 자기조직성을 강조하면서 과학적 객관주의와 재현적 인식론을 전복시킨 자기생성 시스템이론은 그러나 유기체의 조직적 폐쇄성, 자율성, 개체성을 강조하고 환경의 역할을 약화시키면서 환경과 시스템 사이의 정보 소통을 주목하지 않게 만들었다. 헤일스는 자율적 주체성의 근거가 '자기 소유'에서 '폐쇄성'으로 이동했을 뿐 이 단계에서도 여전히 자유주의적 휴머니즘의 가치가 유지되고 있다고 비판한다.

헤일스는 자기생성 이론의 한계를 지적하고 마투라나와 결별한 바렐라의 행보에 주목하며, '체현된 마음'embodied

---

자체가 인식 대상을 교란시키기 때문에 인식 행위 이전의 객관적 대상에 도달하기 어렵다. 양자역학의 표준해석인 코펜하겐 해석에 따르면, 측정 과정 자체가 측정 장치와 대상계 사이의 물리적 상호작용으로 정의되며, 따라서 측정 과정 없는 대상 그 자체의 성질은 존재하지 않는다고 이해한다.

mind 개념을 통해서 탈-물질화된 정보 개념으로 인해 말소된 물질적 신체성의 회복 가능성을 포착한다. 그녀는 신체body와 체현embodiment, 기록inscription과 체화incorporation를 구분하고, '신체'와 '기록'이 관념적 추상성과 보편적 규범성을 띤다면, '체현'과 '체화'는 구체적인 시공간적 맥락 속에서 물질적으로 실현되는 특수성과 차이를 보존한다고 주장한다. 가령, '신체'가 플라톤적 형상에 해당한다면 '체현'은 구체적인 차이들의 예화다. 따라서 "신체는 아무 저항 없이 정보 속으로 사라질 수 있지만 체현은 특정 상황과 인간이라는 환경에 구속되기 때문에 정보 속으로 사라질 수 없다"(같은 책, pp. 197~198 [같은 책, 354쪽]). '체화' 역시, 추상적 개념을 재현하는 '기록'과 달리, 특정 맥락에서의 직접적 동작과 행동에 의한 표현을 의미한다. 수영을 배우기 위해서는 이론적 앎만으로는 불가능하고 직접 물에 들어가서 몸을 허우적거려 봐야 하듯이, 헤일스는 환경과의 상호작용 속에서 구체적인 삶을 살아가는 생명체의 체현과 체화를 강조하며, 포스트휴먼은 탈-신체화된 사이보그가 아니라 새로운 기술 환경 속에서 휴먼과 다른 방식으로 체현되고 체화된 주체라고 주장한다.

3단계 사이버네틱스(1980년 이후)는 오늘날의 '인공 생명'Artifical Life 연구와 관련된다. 인공 생명 연구는 주로 임의의 환경에 있을 수 있는 생명의 형태를 컴퓨터 프로그램으로 시뮬레이션하여 시간이 흐름에 따라 어떻게 변화하는지 관찰하는 것이다. 자기생성 이론의 약점이었던 창발적 진화의 문제를 컴퓨터 시뮬레이션을 이용해서 해결해 보려는 것이다. 헤일스는 자연 생명체의 행동 특성을 모방한 컴퓨터 시뮬레이션을 또 하나의 생명(실리콘에 기반한 생명 형태)으로 간주하는 인공 생명 연구의 경향에 대해 "유기체의 논리적 형태를 물질적 기반과 분리할 수 있으며, 살아 있다는 특징은 물질적 기반이 아니라 논리적 형태에서 발견될 것이라는 가정"이 전제되어 있다고 지적한다(같은 책, p. 231 [같은 책, 409쪽]). 이는 컴퓨터 시뮬레이션이든 생물학적 신체든 모든 것이 탈-물질화된 정보 패턴이라는 사이버네틱스의 근본 가정이다. 헤일스는 진화심리학적 접근에 의거해서, 지능을 가진 기계의 체현은 인간의 체현과 다르다고 주장한다. 인간의 신체는 컴퓨터에는 없는 진화의 역사에 의해 한계와 가능성이 형성된 물리적 구조이며, 의식은 환경과 상호작용하면서 형성된 이런 체현에 의존하여 창발한 속성이지 감각운동 경험과 독립적인 논리작용이 아니라는 것이다. 따라서 사이보그 모델이 인간 주체성을 의식과 동일시하고, 또 의식을 논리작용으로서의 인지와 동일시하면서, 결국 인간을 컴퓨터와 동일시한다면, 헤일스는 정보 패턴으로 추상화될 수 없는 체현의 구체적 차이성을 고려하면서 인간과 지능형 기계의 동일화는 불가능하다고 주장한다.

사이보그 모델을 옹호하는 한스 모라벡은 단백질에 기반을 둔 생명 형태가 실리콘에 기반을 둔 생명으로 교체될 것이며 인간은 곧 낡은 것이 되리라고 주장한다(Moravec, 1990, pp. 1~5). 그러나 헤일스는 포스트휴먼이 된다는 것이 곧 인간 종의 소멸이자 인간의 컴퓨터화는 아니라고, 포스트휴먼 주체가 반드시 사이보그일 필요는 없다고 주장한다. "포스트휴먼은 특정한 인간 개념의 종말, 개별 작인과 선택을 통해서 자신의 의지를 실행하는 자율적 존재로서 스스로를 개념화할 부와 권력, 여유를 가진 극히 소수의 인간에게만 적용될 수 있는 개념의 종말을 의미한다. 치명적인 것은 포스트휴먼이 아니라 포스트휴먼을 자유주의적 휴머니즘 관점에 접합하는 것이다. '당신'이 컴퓨터에 자신을 다운로드하는 것을 선택해서 기술적 지배를 통해 불멸이라는 궁극적인 특권을 얻는다고 모라벡이 상상할 때 그는 자율적인 자유주의 주체를 버리는 것이 아니라 주체의 특권을 포스트휴먼 영역까지 확장시키는 것이다. 그러나 포스트휴먼은 자유주의 휴머니즘으로 회복될 필요도 없고, 반-인간으로 구성될 필요도 없다."(같은 책, pp. 286~287 [같은 책, 502~503쪽]).

헤일스는 포스트휴먼의 결정적인 특징을 비-생물적 요소의 존재 여부가 아니라 주체성이 구성되는 방식에서 찾는다. 그녀는 탈-신체화된 자율적 의식의 자유주의적 휴머니즘의 주체가 아니라, 체현의 물리적 구조에 의거하여 인간 행위자와 비-인간 행위자가 함께 작동하는 "분산 인지 시스템"distributed cognition system을 포스트휴먼 주체의 모델로 제시한다. 포스트휴먼 주체는, 마치 중국어 방에 앉아 있는 써얼처럼3, 컴퓨터 정보과학기술이 마련한 환경 속에서,

---

3. 써얼(John R. Searle)의 '중국어 방' 사고 실험은 중국어를 전혀 모르는 사람이 방 안에 있으면서, 방문으로 들어오는 중국어로 쓰여진 질문에 대해 미리 주어진 매뉴얼에 따라 답변을 적어 다시 방 밖으로 내보내는 상황을 가정한다. 이때 방 밖에서 중국어로 질문을 보내고 중국어로 된 답변을 받는 사람은 방 안에 있는 사람이 중국어를 잘 알고서 그런 대답을 보낸 것이라고 생각한다. 써얼은 이런 상황이 바로 컴퓨터가 입력된 명령에 적절한 출력 반응을 보이는 것과 같은 상황이며, 이때 컴퓨터는 인간의 언어를 전혀 이해하지 못하고 있지만 우리는 마치 컴퓨터가 인간의 언어를 이해하고서 그런 작동을 한 것처럼 착각한다고 주장한다. 이 글에서는 써얼의 '중국어 방' 상황에 빗대어, 포스트휴먼 주체들은 (정확한 작동 방식은 모르는) 다양한 기계들로 둘러싸인 방 안에서 이 기계들을 통해서 외부 세상과 상호작용하고 있다고 본다.

전자 점화 자동차, 전자레인지, 와이파이로 전송되는 팩스기계, 스마트폰, 사물인터넷, 구글안경 등 수많은 지능형 기계들과 연합된 채 살아간다. 복합적인 컴퓨터 기반시설에 근거하고 있는 인지의 기술적 분산은, 굳이 생물학적 신체의 변형이 포함되지 않더라도, 인간을 충분히 포스트휴먼화한다는 것이다. 여기서 "주체성은 주어지는 것이 아니라 창발적이고, 의식에만 존재하는 것이 아니라 여러 곳에 분산되어 있으며, 혼돈스러운 세상과 동떨어진 지배와 제어의 위치를 갖는 것이 아니라 바로 혼돈스러운 세상에서 나와서 그 세상과 통합된다."(같은 책, p. 291 [같은 책, 509쪽]).

이상에서 살펴보았듯이, 트랜스휴머니즘과 탈-신체화된 사이보그 모델이 자유주의 휴머니즘의 연장선에서 인간중심주의를 포기하지 않았다면, 헤일스의 체현되고 분산된embodied-distributed 포스트휴먼 모델은 사이보그로 환원될 수 없는 '인간-비인간 네트워크' 안에서 주체성을 사유하면서 자유주의 휴머니즘을 '벗어나는 것처럼' 보인다. 그러나 과연 그러한지 의문이다.

우선, '탈물질화된 코기토'로부터 '물질적 체현'으로 주체화의 조건을 이동시키긴 했지만, '체현되고 분산된 주체'는 코기토가 담당했던 주체성의 역할을 신체적 감각운동성으로 전환시켰을 뿐, 여전히 인간 개체의 자기동일성을 그 체현(생체와 지능형 기계의 접속으로 확장된 물질적 체현)으로부터 보장받는다. 오히려 두뇌에 전자 칩을 심고 컴퓨터와 연결된 모라벡의 사이보그야말로 개체 동일성을 유지하던 심신 경계를 해체하고 네트워크 안에서 집단화함으로써 자유주의 휴머니즘이 함축하는 개인주의를 넘어선다고 할 수 있다. 따라서 '물질적-정보적 실재'인 헤일스의 포스트휴먼은, 어떻게 이 '체현되고 분산된 인지'를 수단으로, 자유주의 휴머니즘의 개인주의를 넘어서는 포스트휴먼 주체성을 산출할 수 있는지 궁금하다.

그다음, 포스트휴먼을 인간과 지능형 기계의 역동적 제휴라고 정의할 때, 그 '제휴'가 전제하는 '체현과 정보'의 관계를 좀 더 명확히 할 필요가 있다. '탈물질화된 정보'와 '정보화될 수 없는 체현된 실재' 사이의 차이는 지능형 기계와 인간 생명체를 분리하고, 기계와 인간의 관계를 인간의 시선으로 바라보면서, 결국 '기계를 사용하여 자유를 확장하는 인간'이라는 자유주의 휴머니즘의 고전적인 사이보그 이미지로 되돌아갈 수 있다.

따라서 나는 사이버네틱스의 과학적 시선을 넘어서, 그리고 탈체현-탈신체화Disembodiment와 체현-신체화Embodiment의 대립을 넘어서 포스트휴먼 주체의 생산 조건으로 작동하는 인간과 기술의 관계를 좀 더 근원적인 존재론적 관점에서, 그리고 인간 개체의 시선을 넘어서는 전체론적 시각에서 접근할 필요가 있다고 생각한다. 질베르 시몽동의 개체화론과 기술철학은 이와 관련하여 유용한 개념적 도구들을 제공한다. 시몽동은 개체의 본성을 원자적 실체성이 아닌 준안정적 관계성으로 파악하고, 인간 개체들 사이에 전前개체적preindividual 자연의 공통된 실재성에 근거하는 개체초월적인transindividual 관계의 회복을 강조한다. 그리고 그는 인간과 기술적 대상들의 관계를 존재론적 본질의 차원에서 비-인간중심적으로 재조명하면서, 기계들이 어떻게 인간과 자연, 인간과 인간 사이의 소통과 공명을 가능하게 하는 매개체로서 작동할 수 있는지 보여준다. 포스트휴먼 주체화를 사유하기 위해서 시몽동의 이러한 철학적 시선이 필요한 이유는, 무엇보다 자본과 결탁된 자유주의 휴머니즘이 인간의 파편화와 기술의 도구화를 강화하고 있기 때문이다. 인간중심적-개체중심적-기술도구적인 사이보그 모델이 자유주의 휴머니즘의 자장 안에 머물러 있다면, 이를 극복하려는 포스트휴먼 주체의 가능성은, 시몽동이 보여주고자 한 것처럼, 기술적 대상들과 인간, 모두의 자연스러운 본질이 자본에 의해 왜곡되지 않고 소외 없이 발현될 수 있는 조건 속에서야 실현될 수 있을지 모른다.

4. 사이버네틱스를 넘어서 : 시몽동의 '개체초월적인 인간-기계 앙상블' 모델

시몽동은 '시스템'과 '정보'를 사이버네틱스와 다른 방식으로 정의하고, 개체와 환경(기술적-자연적) 사이의 상호작용과 개체의 준안정성을 강조하며, 기술적 대상들을 매개로, 소통하는 '개체초월적 집단성'을 발굴함으로써 포스트휴먼 주체성의 새로운 가능성을 보여준다.

4.1 시스템의 준안정성metastability

시몽동은 개체보다 개체화 작용에 주목하며, 개체를 독립적 실체가 아니라 주변 환경과 분리될 수 없는 관계적 실재로 이해한다. 인간을 포함한 생명체나 기계는 모두 자기 존재의 기반이 되는 내적·외적 환경 전체와의 관계 속에서 개체화된 시스템인데, 이때 중요한 것은 그 시스템의 항상성, 폐쇄성, 자율성이 아니라, '준안정성'이다. 왜냐하면 개체는 개체화 작용의 산물이면서 또한 새로운 개체화 작용의 매체로서, 시간적으로 또는 위상학적으로, 전체와의 관계 속에서 '변환' 작용을 하기 때문이다. 사이버네틱스의 시스템이 안정과 불안정의 이원 대립 안에서 자연의 엔트로피적 경향(무질서와 해체, 불안정화)에 맞서는 네겐트로피적 경향(질서와 구조의 조직화, 안정화)을 가졌다면, 시몽동의 시스템은 연속적이거나 불연속적인 상태 변화의 준안정성을 강조함으로써 시스템의 변화와 도약 가능성을 개방한다.

시몽동의 개체발생론을 좀 더 들여다보자면, '개체화'in-dividuation는 개체화되기 이전의 존재 양상(전前개체적인 것 preindividual)으로부터, 개체들의 발생을 통해, 개체화된 이후의 존재 양상(개체와 그 연합환경으로 분할이 이루어진 것)으로 존재 자체가 상전이相轉移, phase-shifted하는 작용이다. 존재는 자기 동일적 단일성을 지닌 부동불변의 안정적 실체가 아니라 퍼텐셜 에너지로 충전되어 있는 "단일성 그 이상이자 동일성 그 이상"의 준안정적 실재다(Simondon, 2005, p. 26). 이 준안정적인 존재는 금방이라도 결정체를 산출할 수 있는 과포화 용액을 닮았다. 과포화 용액은 일정 온도 및 압력에서 지닐 수 있는 한계(용해도) 이상의 많은 용질을 포함하고 있는 용액이라서, 용질의 결정 조각을 넣어 주면 곧바로 과잉되어 있던 용질이 결정^{結晶}으로 석출되면서 안정된 포화용액으로 변한다. 과포화 용액의 이런 결정화^{crystallization} 작용이 존재의 개체화 작용을 유비적으로 드러낸다. 개체화하기 이전의 '전^{前}개체적인 실재'는 양립불가능하고 불일치하는 것들이 서로 소통되지 않은 채 과포화되어 있는 긴장 상태다. 개체화는 이런 내적 갈등이 포화 상태에 이를 때 이를 해결하기 위한 해^{解}로서 일어난다. 마치 서로 불일치한 왼쪽 망막 이미지와 오른쪽 망막 이미지가 어느 쪽도 아닌 새로운 차원에서 통합된 하나의 이미지를 산출하듯이, '개체'는 양립불가능하고 불일치하는 것들 사이에 소통과 공존을 가능하게 하는 새로운 관계를 어떤 구조나 형상으로 창조하면서 발생한다. 이런 개체의 출현을 통해서 내적 분할로 긴장되어 있던 존재 시스템 전체는 안정적 균형 상태(시스템의 내적 공명)를 다시 취하게 된다. 시몽동은 개체발생을 통한 존재의 변이를 '상전이' 현상으로 이해한다. 액체상$^{相, phase}$의 물질이 온도가 증가하면 끓는점에서 액체상과 기체상이 공존하다가 점차 기체상의 물질로 상전이 하듯이, 개체화는 이전 체제 안에서의 내적 분할과 긴장을 새로운 체제로의 변환적 이행을 통해 해결하는 것으로서 전^{前}개체적 존재 양상에서는 나타나지 않던

상이 출현하는 것과 같다. 물리적 개체화, 생명적 개체화, 심리-집단적 개체화, 기술적 개체화 등 실재의 각 영역에서 일어나는 개체화의 상이한 양상들은 이전 개체화의 결과물들을 연합환경으로 삼아 이전 개체화에서 해결하지 못한 문제들을 새로운 수준에서 해결하는 방식으로 전개체적 존재 안에서 분화되어 나온다. 이때 전개체적 실재의 퍼텐셜 에너지는 각각의 개체화로 인해 완전히 소진되지 않는다. 각 수준에서 발생된 개체들은 여전히 전개체적 실재에 연합되어 있으며 전개체적 실재로부터 받는 어떤 하중荷重을 실어나른다. 개체들이 운반하는 전개체적 에너지는 새로운 개체화를 출현시킬 수 있는 미래의 준안정적 상태들의 원천이다. 존재는 이렇게 전개체적인 것과 개체화된 것의 앙상블로 존재하며, 개체화를 통해서 분화하고 다층적으로 복잡화하면서 불연속적인 도약과 연속적인 자기 보존의 준안정성을 유지한다.

존재 자체와 마찬가지로, 개체화된 실재인 생명체나 기계도 하나의 준안정적인 시스템이다. 질료형상론이 수동적이고 타성적인 질료와 능동적으로 결정하는 형상 사이의 위계질서를 전제하고 이미 실체화되어 있는 '형상'에서 개체의 본질을 찾는다면, 시몽동의 개체화론은 질료와 형상 사이의 상호조절작용에 의해 점차 형상이 갖추어지는 '준안정성'에서 개체의 특성을 찾는다. 시몽동에게 형상은 안정적인 실체로서 미리 결정되어 있는 것이 아니라, 양립불가능하고 불일치하는 것들 사이의 소통과 긴장된 관계를 구조화하고 있는 준안정적인 것이다. 예컨대, 식물의 싹(생명체-개체)은, 크기의 등급이 불일치하여 서로 소통할 수 없던 태양계의 빛에너지(거시물리적 수준)와 화학적 원소들(미시물리적 수준) 사이에서 양자의 소통 가능한 관계를 중간 수준의 구조화된 형상으로 표현하고 있는 것이다. 또한 수력발전기의 일종인 갱발Guimbal 터빈(기계-개체)은 서로 양립불가능한 기술적 환경(전기의 발생)과 자연적 환경(바닷물의 이용) 사이의 불일치를 새로운 기술-지리적 환경(수압관 속에 들어가 작동할 수 있는 발전기의 조건)과 구조적 형태(물과 기름이 상호협력적-다기능적으로 작동할 수 있는 구조)를 동시에 발명함으로써 발생한 것이다.

이와 같은 시몽동의 준안정성 개념으로부터 우리의 문제의식과 관련해서 주목해야 할 것은 우선, 생명체든 기계든 개체의 특징은 폐쇄적인 자기 조직화에 있는 것이 아니라, 다른 차원들(상-하)과의 소통 관계를 위한 열린 매체의 기능에 있다는 점이다. 그리고, 이미 분리되어 있는 개체와 환경 사이의 관계 속에서 환경의 영향력보다는 개체의 자기주도적인 구성과 변경을 강조하는 자기생성시스템과 달리, 시몽동의 준안정적 시스템은 개체와 환경의 분리 불가능한 동시 발생과 오히려 환경의 역량을 강조한다는 점이다. 전개체적인 것은 개체화하면서 '개체-연합 환경'의 앙상블로 변한다. 점진적인 결정화 작용에서 과포화용액과 결정체의 관계처럼, 연합환경(과포화용액)이 아직 개체화되지 않은 퍼텐셜 에너지의 저장고라면, 여기 잠겨있는 개체(결정체)는 새로운 개체화(결정화)를 촉발하는 씨앗으로 작동하며, 자신에게 연합되어 있는 환경의 잠재력(전개체적 실재성)을 다른 수준으로 운반한다. 이것은 개체와 환경 사이의 분리 불가능한 상호작용뿐만 아니라 자기생성 이론에서 특히 약화되었던 환경의 잠재력을 강화시킨다. 따라서 시몽동의 준안정적 시스템은 다층적인 소통과 창발적 진화를 가능하게 하는 열린 매개체로서 닫힌 개체중심주의를 벗어난다.

4.2 정보와 변환

시몽동은 생명체-사회체-기계를 통합적으로 설명하려는 사이버네틱스의 통합과학적 사유inter-scientific thought를 받아들이면서도, 사이버네틱스를 사로잡고 있는 질료형상론과 형상중심주의를 비판한다. 정보이론은 단지 하나의 기술적 이론에 불과한 것이 아니라 다양한 기술적 도식들과 과학적 개념들을 체계화하는 상호과학적인 보편적 기술학이다(Simondon, 1989, p. 110 [시몽동, 2011, 160~161쪽]). 시스템의 준안정성을 소통과 관계의 측면에서 이해하는 시몽동은, 자기동일적 실체인 플라톤-아리스토텔레스의 형상form 개념을, 전혀 사이버네틱스적이지 않은 새로운 '정보'information 개념으로 대체한다. 헤일스가 지적했듯이, 사이버네틱스 정보 개념은 탈-물질화된 수학적·논리적 패턴(형상)이다. 그러나 시몽동은 정보에 물질성을 회복시키고 그 발생 조건을 차이와 불일치에 놓으면서 시스템의 변화 가능성과 준안정성으로 정보 개념을 갱신한다.

시몽동에 따르면, 개체화는 곧 정보 발생 과정이다. 양립불가능하고 불일치하는 것들이 서로 소통적 관계를 맺을 때 정보가 성립하며 개체가 발생한다. 정보는 개체화 이전에 정해져 있는 것이 아니라, 개체화와 동시에, 개체화를 촉발하면서 성립된다. 따라서 정보는 논리적 패턴으로서의 추상적인 메시지가 아니며 개체화 작용을 겪는 물질적 매체와 분리되지 않는다. 정보는 미리 정해진 의미(메시지)를 노이즈의 방해를 뚫고 송신자로부터 수신자로 정확하게 전달하는 데서 성립하는 것이 아니라,[4] 불일치하는 두 항이 동시에 참여하는 하나의 긴장된 앙상블이 형성될 때 비로소 성립하는 것이다. "정보는 불일치한 두 실재들 사이의 긴장이다. 그것은 개체화 작용이, 불일치한 두 실재들이 시스템을 생성할 수 있는 차원을 발견하게 될 때, 솟아나게 될 의미작용이다. … 정보의 단일성과 동일성이란 없다. 왜냐하면 정보는 하나의 항이 아니기 때문이다. … 해결되지 않은 시스템의 양립불가능성이 바로 그 정보에 의해서 해결되면서 조직적인 차원이 되게 하는 것이다."(Simondon, 2005, p. 31). 따라서 정보의 소통은 수신자를 송신자에 단순히 동기화시키는 것이 아니다. 가령, '구조화하는 결정 씨앗'과 '준안정적 장으로서의 과포화 용액'이라는 불일치한 두 실재가 '결정체'라는 개체의 발생으로 서로 관계 맺을 때,

---

4. 섀넌(Claoude Shannon)은 정보를 0과 1로 이루어진 하나의 신호(signal)로 정의하고, 정보 소통 과정을 S-C-R 모델로 표준화했다. 정보는 정해진 의미(메시지)를 노이즈의 방해를 뚫고 송신자로부터 수신자로 정확하게 전달하는 데서 성립한다. 송신자(Source)-부호화(encoding)-채널(Channel)-해석(decoding)-수신자(Receiver). 정보의 부호화와 해석 과정에서 노이즈로 인한 메시지 왜곡가능성이 있다. 위너(Nobert Wiener)는 "메시지가 소음에 저항하듯이, 유기체는 혼돈과 분열과 죽음에 저항한다."고 주장하며, 생명체의 가능성을 확보하는 네겐트로피적인 형상/패턴을 정보와 동일시했다(Wiener, 1954, p. 95).

바로 그때 소통으로서의 정보가 성립한다.

여기서 주목해야 할 것은, 정보는 형상/패턴처럼 미리 정해져 있지 않다는 것, 또한 특정한 결정씨앗을 정보송신자로 만들어 주는 것은 오히려 정보수신자인 과포화용액의 비결정적 역량에 달려있다는 것이다. 요컨대, 사이버네틱스의 정보 개념이 추상적인 메시지의 전달과 피드백 교정을 통해 시스템의 항상성과 자율성을 유지하고자 하는 것이라면, 시몽동의 정보 개념은 준안정적 시스템의 변화가능성과 문제해결역량을 의미한다. 이렇게 정보의 물질성, 비결정성, 상호작용성을 강조하면서, 시몽동은 정보를 탈-신체화나 가상화가 아니라 새로운 구조나 형상의 발명으로 사유할 수 있게 한다.

그런데 정보 소통에 의한 시스템의 변화가능성은 단지 개체 수준에서 신체적 기능의 확장(수명 연장이나 분산 인지처럼)에 그치는 것이 아니다. 준안정적 시스템의 개체화와 정보화는 개체초월적인 수준으로 '양자적 도약'을 함으로써 전개체적 실재성을 상향 증폭시키는 '변환 작용'이기도 하다. '변환'transduction은 불일치하는 두 망막 이미지가 제3의 새로운 차원에서 종합된 이미지를 산출하듯이, 또는 중계확장기가 작은 소리를 입력받아 큰 소리로 증폭하여 출력하듯이, 양립불가능하고 불일치하는 것들 사이의 갈등을, 양자의 공존과 소통이 가능한, 크기의 등급이 더 큰 상위 차원에서의 구조화로 해결하는 과정이다.

시몽동의 정보와 변환 작용은 결국 문제해결역량과 같은 것으로서, 준안정적 시스템이 어떻게 다른 차원으로 진화할 수 있는지를 설명해 준다. 개체중심주의를 벗어나서 새로운 주체화의 가능성을 산출할 수 있는 조건이 바로 여기서 주어진다. 포스트휴먼은 인간과 환경 사이의 양립불가능성과 불일치를 새로운 개체초월적 차원에서 해결하려는 정보화의 변환적 결과물인 것이다.

4.3 개체초월적 집단성transindividual collectivity과 기술적 대상

'개체초월성'은 생명적 개체화를 통해 산출된 준안정적 생명체들이 생명적 수준에서는 해결되지 않는 문제들을 해결하기 위하여 새로운 심리적-집단적 개체화를 실행할 때 성립한다. 즉 개체들 안에 거주하는 전개체적인 실재가 개체들을 가로질러 직접 서로 소통함으로써 개체 수준에서 해결되지 않던 문제들을 개체초월적인 집단적 수준에서 해결할 수 있게 하는 것이다. 마치 연결망의 각 고리가 자신의 개성을 무화시키지 않으면서도 다른 고리들과 소통하듯이, 개체초월적인 것은 개체들을 '가로지르면서 넘어 가는'through and beyond 진정한 집단성을 의미한다. '개체초월 적인 것'transindividual은 이미 분리되어 있는 개인들 간의 사 회적 유대에 해당하는 '상호개인적인 것'interindividual이 아니 다. 개체초월적 집단은 분리된 개체들 간의 상호개인적 관 계만으로는 해결할 수 없는 존재론적 문제를 해결하기 위 해서, 개체들에게 소진되지 않고 있던 전前개체적 실재성 이 개체들 사이의 소통과 내적 공명을 통해 새롭게 집단화 하면서, 개체들의 수준을 '넘어서는' 상위 차원에서 현실화 되는 것이다. 인간이 생물학적 종의 차원에 머무르지 않고, 또 기존의 사회적 질서에 종속되지 않으면서, 새로운 집단 적 관계를 창조할 수 있는 가능성이 바로 이 개체초월성 개 념에서 나타난다. 시몽동에 따르면, 인간이 생명체로서의 인간 개체성을 넘어서, 주어진 사회적 시스템을 변형시키면 서, 자기 안에 내재하던 근원적인 자연의 퍼텐셜을 개체초 월적 방식으로 실현하는 주체로 설 수 있는 것은, 오로지 다른 개체들과 연합하여 상호협력적 앙상블을 이룸으로써 만 가능하다. 그런데 미약한 인간 개체들을 개체초월적 수 준에서 조직화해 주는 것, 새로운 개체화의 동력으로 묶어 주는 것, 그것이 바로 '기술적 대상들'이다. 기술적 대상들의 중개를 통해서 개체초월적 관계가 창조된다.

　시몽동은 기술적 대상들을 인간의 사용도구에 불과한 것으로 간주하는 것이 아니라, 기술적 대상 고유의 발생과 진화를 인정하고, 인간과 기술적 대상의 관계를 존재론적으로 동등한 위상에서의 상호협력적 공진화로 이해했다. 무엇보다, 사용과 이윤의 관점에서 벗어나서, "자신의 본질에 따라 이해된 기술적 대상, 즉 인간 주체에 의해 발명되었고, 사유되었고, 요구되었고, 책임 지워졌던 것으로서의 기술적 대상은, 우리가 **개체초월적**이라 부르고자 하는 관계의 표현매체이자 상징이 된다."(Simondon, 1989, p. 247 [시몽동, 2011, 354쪽]). 특히 기술적 대상들이 어쩔 수 없이 인간의 동력에 의존하는 도구나 개체 수준을 넘어서 자율적인 앙상블 수준의 집단적 연결망을 실현할 수 있게 되었을 때, 이러한 기술적 앙상블이야말로 '개체초월적 집단성'을 구축하는 데 결정적인 매개로 작동할 수 있다. 예를 들어, '아이폰'이나 '아이패드' 같은 탁월한 기술적 대상들은 단순한 도구의 수준을 넘어서, 기존의 폐쇄적인 사회적 질서와 경계들(사회적 지위, 빈부, 나이, 지역 등)을 가로지르는 정보의 소통과 내적 공명(우애, 우정, 사랑 같은 정서적 공감)을 실현하며 새로운 집단적 관계를 창출하는 데 기여했다. 2010

년 튀니지의 재스민 혁명Jasmine Revolution의 경우처럼, 정보 차단의 정치적 억압을 뚫고 공통의 문제(정치경제적 민주주의의 실현)를 해결하려는 개체들의 연대를 가능하게 한 것도 SNS 기술 장치였다. 요컨대, 새로운 기술적 대상의 발명은 단지 뛰어난 개인의 역량이라기보다 전개체적 자연의 퍼텐셜을 실현하는 개체초월적 역량이며, 발명된 기술적 대상들은 인간과 환경의 관계 전체를 새로운 차원으로 변환시킨다. 이때 발명하는 '주체'는 단지 개체화된 존재로서 사는 데 그치는 것이 아니라 자기 안의 전개체적 퍼텐셜을 ― 기술적 대상들에 대해서만이 아니라 사회적 시스템에 대해서도 ― 문제 해결을 위한 새로운 구조의 발명으로 실현할 줄 아는 존재다. 시몽동에게 발명가-기술자는, 예술가와 마찬가지로, 사회의 가장자리에서, 세계에 대한 다른 관계 방식, 즉 세계를 새롭게 경험할 수 있도록 세계와의 다른 접속 지점들을 확립해 보고자 노력하는 자이다.

또한, 시몽동은 '노동-자본' 프레임에 가려져 어둠 속에 남아 있었던 '기술적 활동(기계의 발명, 활용, 개선, 조절, 작동에 대한 주의 등을 포함)'을 주체화의 조건으로 발굴해냈다. '노동'은 기술적 대상과 인간의 관계가 신체적 접속을 통해 연속성을 지니며 인간이 연장들의 운반자로서 기술적 개체의 역할을 대신하고 있을 때나 적합했던 개념이다. 반면 '기술적 활동'은 이런 노동으로 축소될 수 없으며, 인간으로부터 독립한 기술적 개체와 기술적 앙상블의 수준에 맞추어 인간과 기술적 대상의 관계를 재정립할 수 있는 보다 상위의 개념이다. 노동은 개체초월성이 아니라 상호개인성에 해당한다. 노동 안에서, 인간 존재자는 자연의 전개체적 무게를 실어나르는 운반자로서의 '주체'로서 집결되지 않으며, 노동자들 사이의 상호개인적 관계는 인간 종의 자연에 대한 관계에 지나지 않는다. 여기서 개체초월적인 것은 포착되지 않는다. 이와 달리, 기술적 발명의 활동은 개체초월성의 모델인 인간관계의 토대를 제공한다. 다시 말해, 기술적 활동은 양립불가능하고 이질적이고 불일치하는 것들 사이에서 소통과 관계를 조절하는 작용이다. 기술적 활동은 인간과 기술적 대상 사이의 상호협력적 관계만이 아니라, 이 기술적 대상들을 통해 소통하는 인간과 인간 사이의 상호협력적 관계도 상정한다. 기술적 활동의 인간-기계 앙상블은 '지배-예속'의 패러다임을 '상호협력적 공존'의 패러다임으로 전환시키고, 근원적 자연의 전개체적 퍼텐셜을 실현하는 개체초월적 관계를 실현한다.

결론적으로, 시몽동은 인간이 자신의 물리생물학적 조

건을 넘어설 수 있는 가능성을 인간 개체의 심신 변형 차원에서가 아니라, 보다 더 근본적으로, 인간 개체 안에 내재하는 '전개체적인 자연의 하중'과 이를 소통시키는 '기술적 대상들의 변환 역량'에서 찾는다. 가령, 사이보그 모델에서는 인간과 기계의 관계가 '결여와 보철'의 관계이고, 기계적 요소들이 인간 생명체의 부족한 부분들을 보완하거나 대체하면서 특정한 요소들을 강화한 포스트휴먼을 탄생시킨다. 반면, 시몽동의 관점에서 인간과 기계의 관계는 새로운 개체초월적 관계를 산출하기 위한 상호협력적 앙상블로서 '퍼텐셜 에너지와 실현 변환기'의 관계다.

따라서 정보와 체현 사이의 '역동적 제휴'가 단순히 기술을 활용한 개체의 심신 기능 확장('수명 연장'이나 '분산 인지')에 머무르지 않고 전개체적 퍼텐셜을 개체초월적으로 실현하는 관계가 될 수 있다면, 자유주의적 개인주의의 휴머니티를 넘어서 공감과 연대를 실현하는 포스트-휴머니티의 다른 가능성을 볼 수 있을지 모른다. 인류의 존재론적 상phase은, 자유주의 휴머니즘이 지배적일 수밖에 없었던 시절, 즉 기술적 도구를 활용하여 자연을 지배하고 제어하는 '노동하는 인간' 개체로부터, 기술적 앙상블과 상호협력하면서 개체초월적 집단성의 수준에서 세계(자연과 인간)와의 관계를 조절하는 '기술적 활동의 포스트휴먼'으로 상전이할 수 있을 것이다. 만약 우리가, 기계의 생산자, 사용자, 관리자가 동등한 자격으로 만나 정보를 소통하고 공유하는 기술적 활동이 실현될 수 있는, 그리고 기술적 대상들과 인간들이 억압과 소외 없이 각자의 본질을 실현할 수 있는, 그런 사회적-경제적 양식을 발견할 수 있다면 말이다.

5. 맺는말

휴먼의 포스트휴먼화化에 대한 사유는, 첨단 기술과학에 의한 인간 종의 변화나 인간 개체의 심-신 변형을 둘러싼 사이보그화 문제로부터 좀 더 확장될 필요가 있다. 휴먼의 잠재력을 기술적 변환을 통해 향상시키고자 한 트랜스휴머니즘의 열망은, 인간과 비-인간의 네트워킹으로 체현되고 분산된 네오사이버네틱스적 포스트휴먼의 조건을 기반으로, 보다 더 높고 큰 차원에서 인간 이외의 타자들과도 공존-공생-공진화를 모색할 수 있도록, 휴먼의 문턱을 넘어서는 양자적 도약으로 증폭될 수 있어야 한다. 따라서 어쩌면, 기술이 무엇을 할 수 있느냐가 아니라, 오히려 기술이 할 수 있는 것을 못 하게 하는 것이 진정 무엇인가에 주목해야 할지 모른다. 즉 자연과 인간과 기술의 본래적 관계 맺음을 은폐하는 종적 이기주의, 정치적 이해관계, 상업적 자본 같은 것 말이다.

시몽동은, 비-상업적, 비-도구적, 비-인간중심적, 비-개체중심적인 시선에서, '전前개체적인 것', '개체초월적인 것', 그리고 '기술적인 것', 이 셋의 상호협력적인 본래적 관계에 대한 매우 드문 존재론적 통찰을 보여주었다. 그의 관점에 따르면, 융복합적 네트워킹을 구축하며 '구체화하는 기술적 대상들의 앙상블'과, 이를 매개로 정서적 공감과 내적 공명을 실현해 가는 '개체초월적인 인간 집단'이, 상호인과작용과 상호조정 속에서 공-진화하는 것이 포스트휴먼 사회의 모습일 수 있을 것이다. 이런 철학적 시선에서 보자면, 전개체적인 것, 개체초월적인 것, 기술적인 것의 상호관계를 단절시키고 방해하고 왜곡하는 것에 대한 비판적 해체 작업이 포스트휴먼 주체화의 일차적인 생산 조건이 될 것이다. 그리고 기술적 대상들의 본래적 역량을 매개로, 자본과 개인의 욕망이 아니라 전前개체적 퍼텐셜에 근거하고 있는 개체초월적 관계가 실현될 수 있을 때, 아마도 우리는 포스트휴먼 주체가 될 수 있을 것이다.

:: 참고문헌

김재희. (2017). 『시몽동의 기술철학 : 포스트휴먼 사회를 위한 청사진』. 아카넷.

_____. (2020). 시몽동의 정보철학 : 사이버네틱스를 넘어서. 『철학연구』, 130.

시몽동, 질베르. (Simondon, Gilbert). (2011). 『기술적 대상들의 존재양식에 대하여』. (김재희 역). 그린비.

위너, 노버트. (Wiener, Norbert). (2011). 『인간의 인간적 활용 : 사이버네틱스와 사회』. (이희은 · 김재영 역). 텍스트.

커즈와일, 레이. (Kurzweil, Ray). (2005). 『특이점이 온다』. (김명남 · 장시형 역). 김영사.

헤일스, 캐서린. (Hayles, N. Katherine). (2013). 『우리는 어떻게 포스트휴먼이 되었는가』. (허진 역). 열린책들.

Bostrom, Nick. (2005). A History of Transhumanist Thought. *Journal of Evolution and Technology*, 14(1).

Hayles, Katherine. (1999). *How We Became Posthuman : Virtual Bodies in Cybernetics, Literature, and Informatics*. Chicago : University of Chicago Press. [『우리는 어떻게 포스트휴먼이 되었는가』. (허진 역). 열린책들. 2013.]

Kurzweil, Ray. (2005). *The Singularity is Near : When Humans transcend Biology*. New York : Viking. [『특이점이 온다』. (김명남 · 장시형 역). 김영사. 2013.]

Moravec, Hans. (1990). *Mind Children : The Future of Robot and Human Intelligence*. Cambridge : Harvard University Press.

More, Max and Natasha Vita-More (Eds.). (2013). *The Transhumanist Reader*. Oxford : Wiley-Blackwell.

Simondon, Gilbert. (1989). *Du Mode d'existence des objets techniques*. Paris : Aubier. [『기술적 대상들의 존재양식에 대하여』. (김재희 역). 그린비. 2011.]

_____. (2005) *L'Individuation à la lumière des notions de forme et d'information*. Grenoble : Millon. [『형태와 정보 개념에 비추어 본 개체화』. (황수영 역). 그린비. 2017.]

Wiener, Nobert. (1954). *The Human Use of Human Beings : Cybernetics and Society*. Boston : Da Capo Press. [『인간의 인간적 활용 : 사이버네틱스와 사회』. (이희은 · 김재영 역). 텍스트. 2011.]

포스트휴먼 신체와 공생의 거주하기

정동체로서 포스트휴먼 신체

김은주

1. 들어가며 : 포스트휴먼의 조건

코로나19는 금세기 인류가 한 번도 겪어본 적 없는 사건일 뿐 아니라 새로운 전환과 전회의 필요성을 제기한다. 근대의 세계관은 감염병을 비문명화의 증표이자, 자신의 시공간을 세계의 보편으로 삼는 주체와는 무관한 일로 여겨왔다. 그러나 코로나19는 감염병의 창궐이 지역을 가리지 않는다는 사실을 보여주면서, 근대 주체의 전제인 서구중심주의와 인간중심주의를 뒤흔드는 문명사 전환의 이정표가 되고 있다. 한국의 경우, 코로나 방역 성공과 디지털 기술을 통한 공동체 연결은 디지털 뉴딜을 새로운 경제 성장의 동력으로 삼는 정당성이 되었다. 그러나 디지털 뉴딜은 산업 규제 완화와 성장 중심의 '4차 산업혁명'의 다른 이름에 지나지 않는다는 비판과 경계 역시 존재한다.

하지만 무엇보다도 코로나19가 우리가 분명하게 보여준 것은 바이러스의 감염이 사람, 장소, 목적을 따지지 않는다는 것이다. 이는 행위자를 의도와 자율성에 입각한 근대적 개인이나 사유하는 주체로 이해하는 바의 한계를 드러낸다. 코로나 발생과 확산을 역추적하는 게놈 역학은 우리로하여금 인간을 하나의 단독자 개인으로서의 위상에서가 아니라, 오히려, 다양성을 원동력으로 환경에 적응하여 진화해 온 생명체인 개체군이라는 사실로 일깨운다. 분명히 코로나19는 새로운 패러다임을 요구하지만, 그것은 성장 중심주의의 '더 많은 디지털화'나 자축적 '뉴노멀'을 의미하지 않는다. 오히려 상기해야 할 바는 해마다 반복되는 가축 감염병과 기후변화 긴급행동을 실행하는 그레타 툰베리의 연설이다.

사람들이 죽어가고 있습니다. 생태계 전체가 무너져 내리고 있습니다. 우리는 대멸종이 시작되는 지점에 있습니다. 생태계 전체가 무너져 내리고 있습니다. 우리는 대멸종이 시작되는 지점에 있습니다. 그런데 여러분이 할 수 있는 이야기는 전부 돈과 끝없는 경제 성장의 신화에 대한 것뿐입니다. 도대체 어떻게 그럴 수 있습니까? (툰베리, 2019)

기후 위기 세대를 대표하는 툰베리는 탄소 경제에 기댄 성장이 급속한 기후 변화를 야기하여 미래 세대를 볼모로 삼고 있는 실정이라고 비판하며 경고의 목소리를 내왔다. 더 이상 이전으로 돌아갈 수 없다는 질병관리본부의 선언에서 분명해지듯, 휴머니즘의 진보와 계몽을 비판적으로 검토하면서 포스트휴먼을 이해하고, 대전환을 동반하는 포스트휴먼 상황을 통해 새로운 거주하기를 모색해야 하는 것이다.

그러나 포스트휴먼에 대한 쉬운 이해는 더 나은 인간으로의 진보를 의미하는 트랜스휴머니즘trans-humanism에 맞추어져 있다. 사실상 트랜스휴머니즘이 그리는 강화된 인간은 휴머니즘의 자장에서 인간중심주의를 강조하고 있는 것에 불과하다.[1] 트랜스휴머니즘은 인간의 자기 개선을 정언 명령으로 받아들이는 계몽주의를 계승한다. 이는 정신과 신체의 이원론을 고수하면서, 신체를 정신의 감옥이자 불완전한 것으로 여기는 이분법을 재확인하며 인본주

---

1. 인간(human)이라는 말은 계몽주의 이래 데카르트의 코기토, 칸트의 이성적 존재들의 공동체, 혹은 사회학적 용어로는 시민, 권리 보유자, 사유재산 소유자로서의 주체를 의미한다. 근대적 패러다임의 근간을 이루는 인본주의(humanism)는 건강한 신체와 건강한 정신의 소유자를 인간/휴먼(human)의 기준으로 제시한다. 인간은 데카르트의 코기토, 자유의지를 실천 행위자, 그리고 사유재산을 소유하는 시민을 지시한다. 여기서 논의하는 인간의 기준점은 주로 자유주의적 휴머니즘적 전통이다. 이러한 유일무이한 인간은 자기 규율의 주체이자 심신이 일치하는 개인이다. 인본주의는 바로 위와 같은 인간을 가치 척도로 삼는 체계이다. 이 점에서, 인본주의는 인간중심주의에 다름 아니며, 동일성과 타자성의 이분법과 역사의 진보와 발전을 희구하는 계몽주의를 함의한다. 무엇보다도 인본주의는 도덕적 담지자로서의 인간 이성을 강하게 신뢰하는 믿음의 구조이기도 하다. 김은주, 2020b, 118~119쪽.

의의 유산을 계승한다(김혜련, 2008, 142~143쪽). 또한, 트랜스휴머니즘의 정신/신체 이분법은 정신을 남성성으로 신체를 여성성으로 정의하는 가부장제적 성차별주의를 반복한다. 다시 말해, 트랜스휴머니즘은 인본주의의 전제를 굳건히 하면서, 확장된 기술의 도움으로 슈퍼휴먼의 단계에 이를 때까지 인본주의적 특성들을 확대하고 강화한다(오용득, 2015 참조). 트랜스휴머니즘은 더 강화된 인간중심주의를 주창하는 인본주의의 새로운 버전에 다름 아니며, 과학기술만능주의와 결정론의 환원론에 가까워진다.

이와 같은 상황에 대해 캐서린 헤일스Katherine Hayles는 "정보기술과 상호 작용을 하는 인간 신체 구조의 변화와 복잡한 관계"를 "정보과학"[2]이라 부르며, 이러한 정보 기술이 화자를 "적절한 코드에 대한 접근권을 가진 사이보그"로 만들었다는 점을 지적한다.[3] 문제는 정보기술의 강조 중 심각한 영향 중 하나가 "물질성과 신체성의 체계적인 평가 절하"라는 것이다.[4] 모라벡과 위너는 신체라는 물리적인

---

2. 헤일스, 2013, 70~71쪽. 헤일스는 "언어를 코드"로 설명하며, "패턴과 임의성의 상호 작용에서 만들어지는 정보구조"로 설명한다. 이에 따르면 텍스트는 영구적 기록이 아니다.
3. 같은 책, 93쪽. 이를 통해 헤일스는 글쓰기를 중심으로 근대 주체의 해체 현상을 설명한다.

요소는 필요하지 않기 때문에 신체를 제거하며 신체와 의식은 완전히 분리하여 의식만으로 생존 가능하다고 생각한다. 이러한 입장은 현재의 문화적 순간을 정의하는 특징 중 하나인 정보가 아무 변화 없이 서로 다른 물질적 기층 사이를 오갈 수 있다는 믿음에 근거한다(같은 책, 22쪽). 하지만, 헤일스는 "인간과 마찬가지로 정보는 그것이 물질적 개체로 이 세상에 존재하게 만들어 주는 신체화 없이는 존재"할 수 없고 "신체화는 항상 특정한 위치에 구체적으로 예화"된다고 설명한다(같은 책, 101~102쪽).

본고는 이러한 캐서린 헤일스의 지적에 동의하며, 인본주의의 가정을 파기하면서 신체에서 포스트휴먼적 전회가 일어난다는 사실에 주목하면서 포스트휴먼의 신체를 이해해 보고자 한다.[5] 특히, 포스트휴먼 신체가 기술매개적 물질이자 자연-문화 연속체 안에서 물리적 실재이자 정보 전달체라는 점에 착목하여, 이를 들뢰즈의 신체 개념을 통해

---

4. 같은 책, 101쪽. 헤일스는 "패턴과 임의성 변화는 바로 그 신체화된 경험과 물질적 상태"로 인해 "일상생활의 경험에 깊이 뿌리를 내릴 수 있다는 점에서 매우 반어적"임을 지적한다.

5. 브라이도티는 기술에 의해 신체가 연동되면서, 신체와 기계의 접합은 "자연적인 몸이라고 간주되는 것의 범위와 표지를 모호"하게 만든다고 분석한다. 브라이도티, 2015.

결합과 변이의 정동을 담아내고 지속하면서 변이하는 정동체affect-capacité/affect-capacity로 포스트휴먼 신체를 칭하고 설명한다.[6] 정동체는 연결하면서 연속적으로 작용하는 힘이며, 이는 다른 힘들과의 관계에 따른 변용의 극한을 감당하고 수용하는 바를 드러내는 정동의 용적capacity이다.

정동체 개념은 포스트휴먼의 신체가 표준화된 신체나 코기토의 반대항인 신체성을 지닌 신체가 아닌 경계 설정을 거듭하며 변이하는 집합체로서의 신체이자 매체로 작동하며 존재함을 제시한다. 또한 이러한 신체는 환경과 결합하고 적응하며 환경 그 자체가 되는 생명체임을 우리에게 거듭 확인하게 한다. 이 글의 관심은 정동체로서 포스트휴먼 신체를 이해하면서, 포스트휴먼 신체에서 공생sym-biosis/poiesis의 거주하기를 사유해 보려는 것이다.

2. 정동체로서의 신체와 포스트휴먼의 신체

1) 포스트휴먼과 들뢰즈의 신체 개념

포스트휴먼으로의 전회는 근대 패러다임이 전제하는

---

6. 정동체에 대한 논의는 다음의 논문을 주요하게 참고한다. 김은주, 2020c.

인간 정체성과 실존에 관한 근본적인 질문을 제기한다. 이 전회는 특히 아날로그에서 디지털로의 정보혁명을 거치면서 본격화된다. 디지털은 연속된 값을 사용하는 아날로그에 반하여 이산적離散的 수치를 사용하여 정보를 가공하고 구현하는 방식을 의미하는 것만은 아니다. 빌렘 플루서 Vilém Flusser에 따르면, 디지털의 가장 큰 특징은 텍스트에서 테크노 코드로, 이념에서 모델로, 알파벳 사고의 디지털 코드로의 변환에 있다. 디지털 코드는 현존과 부재로 언어를 이해하지 않고, 패턴과 임의성의 정보 체계로 설명한다. 이러한 디지털의 변화는 무엇보다도 인과론의 세계관을 해체한다. 지금까지 견고한 것으로 간주된 세계가 우연적으로 서로 뒤죽박죽 상태인 작은 부분들의 군집 상태에 다름 아니라는 점을 우리에게 드러내며, 원인들과 결과들은 단지 정보의 패턴 속에서 통계적 개연성들로 나타난다. 이에 따라, 가치는 영원불변한 것이 아니라 점진적으로 개선 가능한 업데이팅 모델로 전환하면서 역사에서 탈역사화의 시대로 전환을 이끈다. 이 점에서, 디지털은 비단 새로운 기술적 변화만이 아니라 인본주의 세계관을 해체하고 이를 넘어선 전회라는 점에서 포스트휴먼으로의 전환이기도 하며, 특히나 인본주의가 전제하는 신체에서 벗어난 새로운 신체와 물질에 대한 사유를 제기한다(플루서, 2001 ; 2015, 225~226쪽).

인본주의적 신체는 레오나르도 다빈치의 도상에서 알 수 있듯, 표준과 정상성을 전제하는 신체이다. 이러한 인간 신체는 남성, 백인, 이성애자, 기독교인, 재산소유자, 메트로 폴리스의 거주자이며, 이러한 신체를 뒷받침하는 철학적 전제를 구현하는 해부학적 도상의 재현과 실현이다. 이는 비단 신체의 물리적 특징, 예컨대 몸의 골격과 근육, 유기체로 조직된 기관과 그 비율의 정형, 페니스의 존재만을 일컫는 것은 아니며 표준화된 남성 신체를 중심으로 삼은 외디푸스 삼각형과 나아가 근대적 체계 전반을 포함한다(브라이도티, 2015, 15~16쪽).

질 들뢰즈Gilles Deleuze는 이러한 근대성의 전제들, 특히 신체와 정신을 위계 설정하는 이분법과 신체를 하등하고 열등한 것이자 이성에 의해 지배되고 통제되는 것으로 규정하는 논리를 비판하면서, 포스트휴먼 신체를 분석하는 중요한 틀거리를 제시한다. 스피노자의 실체와 양태 개념을 신체론의 기반으로 삼아 들뢰즈는 신체를 다양한 것들의 복합체이며 변형하는 것으로 제안한다. 그에 따르면, 신체는 각기 다른 신체들과 무수히 결합을 거듭하며 계속적으로 변이하면서 존재한다. 이러한 신체를 설명하기 위해, 들뢰즈는 스피노자의 양태 개념을 강도적 힘, 역량puissance으로 설명한다. 김재인에 따르면, 들뢰즈는 명사 affect보다 동사 affecter에 주목하는데, 이에 대응하는 영어 동사는 affect이고 독일어 동사는 affizieren이다.

이 동사는 라틴어 afficere에서 유래했는데, '~를 향하는'을 뜻하는 ad와 '행하다'를 뜻하는 facere가 합쳐진 말로, '~에 작용을 가하다'라는 뜻이다. 스피노자가 구분한 라틴어 명사 affectio와 affectus는 모두 이 동사에서 유래했다. 스피노자는 두 물체가 만나면 서로가 서로에게 작용을 가한다고, 상호 변용시킨다고 보았다. '변용'은 구체적인 만남에서 가하는 국면('능동')과 당하는 국면('수동')을 필연적으로 내포하며, 따라서 '변용시키다'와 '변용하다'는 각 물체에 동시에 벌어진다. 이 두 국면을 가리키는 명사가 affection(변용)이다. 한 물체는 다른 물체를 변용시키는 동시에 자신이 변용하며, 이런 일은 만남 속 모든 물체에서 벌어진다.

들뢰즈가 주목하는 affecter인 변용은 주관과 객관에 따른 능동과 수동이라는 인간중심주의적 변화가 아니라,

능동과 수동의 동시적 상화인 상호 변용을 그 원리로 삼는 스피노자의 용법을 따른다(김재인, 2017, 135쪽). 들뢰즈는 스피노자의 양태를 니체의 힘 개념과 결합시켜서, 양태를 역량이 행위로 나타나 현실화시키는 것으로 이해함으로써, 양태의 역량을 능동적이고 현실적인 행위의 실현으로 제시하는 것이다(Deleuze, 1968, p. 82 [들뢰즈, 2002, 132쪽]).

양태가 힘으로서의 역량을 지녔다는 것은 언제나 강도 intensité를 지닌 외연 양으로 표현된다는 것과 같은 것이다. 강도적 힘은 힘 자체의 크기를 의미하는 양과 분리 불가능한 질을 지닌, 그러한 의미의 양을 지녔다. 물리적으로 외연화된다는 점에서 양적이지만, 힘의 질적 변이라는 차이를 힘의 구성 요소이자 조건으로 지닌 그러한 양이다. 강도적 힘의 양은 그 힘이 지닌 질적 차이와 분리될 수 없다. 차이가 힘을 구성하는 요소인 것이다.[7]

강도적 힘은 힘들의 관계에서 분리되어 홀로 존재하지

---

7. 강도적 힘이 지닌 차이로 인해 각각의 힘의 질이 드러나고, 동시에 힘들 간의 관계가 생겨나는 것이다. 힘들의 관계에 의해 구성되는 이러한 내재적인 힘은 물체들이 서로 상호작용하게 해주는 모든 수단들을 포괄하는 것이다. 따라서 '힘'은 어떤 것일 수 있거나 어떤 것을 할 수 있는 역량이자, 존재하는 것들을 구성하게 만드는 작용하거나 작용받을 수 있는 잠재력들(potentials)이다.

않으며, 실재적인 요소들 사이에서 일어나는 힘들의 작용에서 자신의 힘을 펼치는 방향성을 지닌 물리적 실재이다. 이러한 힘 개념에 따르면, 물질적 실재는 환원할 수 있는 입자들로 이루어지지 않았으며, 다른 모든 양들과의 긴장 관계하에 있는 역동적인 양자들quanta로 존재한다. 내재적인 강도적 힘은 정신과 육체의 이분법적 분리를 전제하는 물질 개념을 통해 지각되거나 재현될 수 있는 것이 아니며, 인간적인 지각을 넘어서 작용하는 힘들의 관계를 통해 변형을 거듭하는 유연한 것이자 역동적인 것이다. 이러한 관계적인 힘은 물리적, 유기적, 사회적 관계를 모두 포함하는 존재하는 것들의 다양한 관계의 양상에서 구성적인 것으로 작용한다(김재인, 2017 ; 패튼, 2005, 137~139쪽).

강도적인 힘을 지닌 양태는 언제나 필연적으로 그 능력을 실현하기 위해 외연 양으로 현실화한다. 스스로 존재할 수 있는 역량으로 다른 힘에 영향을 미친다는 점에서 능동적이다. 이러한 강도적인 힘이자 양태는 변용되고 변용할 수 있는 힘으로서, 이를 들뢰즈는 '변용능력'pouvoir d'être affecté으로 칭하며, 바로 들뢰즈의 신체 개념에 핵심을 이룬다. 결국 변용능력은 변화할 수 있는 신체의 역량을 뜻하는 것이다. 이러한 변용능력은 신체들이 결합하는 관계에서 외부의 작용을 받는 힘의 측면에서는 수동적 힘puissance de pâtir으로 나타난다. 그러나 반응적인 힘만이 아니라 '작용하려는 힘'puissance d'agir인 능동적 역량이다.[8] 따라서, 변용능력은 작용을 가하고, 작용을 받아 변용될 수 있는 능력이다. 그리고, 사실상 변용능력은 작용하고 작용받는 물리적 강도가 변이variation하는 과정 그 자체이기도 하다. 그래서, 신체는 '존재하기 위한 능력, 변용되고 변용하는 힘, 다양한 환경에서 변화하는 정도이자, 주어진 신체에 의해 현실화되는 다양하게 연결되는 힘, 강도, 현존의 충만함의 크기 스케일'이다. 신체는 사실상, 신체들 간의 결합과 해체의 관계 안에서 작용하고 영향을 받을 수 있는 힘의 변이들의 최대와 최소인 것이다.

2) 정동체로서의 신체

---

8. 완벽한 '수동'(passion, pâtir, 겪음)은 없고, 수동은 '능동'(action, agir, 작용)의 부족함일 따름이기에, '작용권력'은 등급/도의 등락만을 오갈 뿐이며, '변용능력'과 같은 것이다. 사실상 능력으로 번역되는 힘은 그것이 변용을 통해 나타날 때, 즉 잠재적인 것이라기보다 현실화될 때, '~할 수 있는 능력'이라는 측면이 더 부각된다는 점에서 능력이며, 들뢰즈는 이러한 '변용능력에서 힘을 pouvoir라는 개념'으로 서술한다. 한국어에서 힘 개념은 두 가지 뜻으로 쓰이는데, 들뢰즈의 논의에서 puissance가 보다 잠재적인 것, 일관성의 평면과 관련된다면, pouvoir는 현실화되는 측면이 더 크다.

그렇다면, 신체가 변이하는 것은 어떻게 드러나는가? 들뢰즈는 이러한 변이 과정이 정동affect으로 드러난다고 설명한다.9 들뢰즈에 따르면, "우리에게 주어지는 변용의 관념에서 '정동들' 또는 느낌들, 즉 아펙투스affectus가 필연적으로 따라 나온다. 이 느낌들은 그 자신이 변용들이다, 아니 차라리 독창적 본성을 지닌 변용들의 관념들이다." 정동은 변용들의 관념인데, 정동인 아펙투스는 몸의 '지금 상태와 지나간 상태의 관계'를, 즉 몸이 지속하는 한에서의 몸의 내적 "변주들"variations을 감싸고/포함하고 있다envelopper는 것을 드러낸다(Deleuze, 1968, pp. 199~200). 작용하고 작용받는 행위능력puissance d'agir으로 실현되는 변용능력의 변화가 그에 대한 관념인 정동affect/affetus으로 나타나는 것이다. 정동은 변용할 수 있는 능력의 증가와 감소, 다시 말해 능력이 활성화되는 도움이나 비활성화되는 방해의 측면 모두에 있어서 전이transition를 보여준다.10 정동을 통해서 다른 존재들과의 마주침encounter으로 일어나는 신체의 변화, 그

---

9. 정동(affect)은 아리스토텔레스의 영혼론, 흄의 정념론, 독일 미학의 아이스테타(aistheta)와 이 영향의 자장에 있는 니체의 힘 개념을 철학적 계보로 삼는다.

10. 변용(affection)은 라틴어 affectiones를 번역한 것이고, 정동(affect)은 라틴어 affectus를 번역한 것이다.

마주침에 의한 결합과 해체로 인해 변화하는 신체의 새로운 조성을 알 수 있는 것이다. 변용능력의 증가와 감소라는 강도의 범위는 정동의 변이로 드러나기에 정동의 범위scale와 일치한다. 그래서 정동은 신체 변화의 즉각성을 드러내는 지표index가 될 수 있다. 이로부터, 들뢰즈의 신체는 이러한 힘들의 상태라는 점에서, 정동체affect-capacité/affect-capacity로 명명될 수 있다.[11]

정동체는 연결하면서 연속적으로 작용하는 힘들과의 관계에 따른 변용의 극한을 감당하고 수용하는 바를 드러내는 정동의 용적capacity이다. 이러한 정동체로서의 신체는 실체 혹은 주체, 혹은 형식이나 기관의 기능에 의해 정의될 수 없다. 또한, 정동체로서의 신체는 단순한 물질성에 의해서나 공간(연장)이나 유기적 구조에 의해서 정의되지 않는다. 정동체로서 신체에 착목할 점은 들뢰즈와 가타리가 정동을 동물계 안에서 언급하고 전-의식 수준에서 발생한다는 것을 지목했다는 것이다. 정동은 무의식적인 것으로, 비

---

11. 한국어로 정동체로 이름 붙인 까닭은 affect가 정동이며 capacity는 작용할 수 있는 힘이자 작용을 받아내는 수용력 그리고 이러한 힘의 용적을 뜻하기 때문이다. 접사 '체'가 표준국어사전에서 몸이라는 의미 그리고 일정한 상태나 형태를 가진 물질이라는 두 의미를 갖는다는 점에서 적절하다고 판단하였다. 이에 관해 김은주, 2020c를 참조하라.

의식적인 자율autonomous 기제 메커니즘에서 발생한다. 따라서 정동체로서의 신체는 한 개인의 인지 수준 이전의 상태에서 일어나는 변화이자 재현적일 수 없는 강도intensity적 차원에서 신체를 설명하는 것이다. 이러한 정동은 어떤 한 개인의 심리적 상황을 의미하는 느낌feeling이나 주체의 감정emotion이 아니며, 한 존재의 삶을 지속시키는 서사에 포획될 수 없다. 이 점에서 정동체로서의 신체는 근대 이분법에 따른 정신의 쌍이자 정신에 의해 관리 통제되는 신체와는 다르며, 근대적 신체 개념을 비판하고 넘어서는 것이다. 정동체로서 신체 개념으로서 신체는 개인의 신체를 인격과 동일시 할 뿐 아니라, 교회 신체로서 코르푸스나 일반의지의 전체로 통합시키는 바와 기계적 유기체인 연장으로 설명하는 데카르트적 인식과 단절한다.[12]

위의 논의를 정리해 보자면, 들뢰즈의 신체 개념은 나 = 개인 = 자기의식 = 주체의 일치를 전제하는 근대적 패러다임을 비판한다. 변화할 수 있는 그러한 힘, 작용하는 힘이자 겪어내는 힘pouvoir d'tre affecté인 변용능력의 정도들

---

12. 코르푸스의 원형은 코르푸스 주리스(corpus juris)에 있으며, 이는 로마법의 모든 항목을 다룬 법학제요와 법적 및 여타 칙법들의 총서 편람집이다. 유스티아누스 로마법은 코르푸스 사법권과 관련이 있다. 낭시, 2012, 56쪽.

을 정동으로 제시하는 변용체로서의 신체는 시공간 초월적인 보편적 실체성을 지닌 것이 결코 아니라, 시공간 내재적인 지평에서 우발적 힘들의 작용에 따라 어떻게 변화할지 예측할 수 없는 연결과 단절의 과정 속에서 변이를 지속하며 존재한다.

3. 정동체로서의 포스트휴먼 신체와 매체로서의 신체

1) 전이적 정동과 환경을 형성하며 환경이 되는 정동체

정동체로서의 신체에서 중요한 점은 우선 정동이 전이적이라는 것이다. 정동의 전이에 대해 들뢰즈는 "정동은 한 상태에서 다른 상태로의 이행, 그리고 변용시키는 신체들의 변이에 대한 고려와 연관"되고, "순전히 전이transitif에 관련된 것이기 때문에 아주 다른 본성을 지니며, 두 상태 사이의 차이를 감싸는 체험된 지속 안에서 경험되기에éprouvé 지시적이거나 표상적이지 않다"고 설명한 바 있다.[13]

무엇보다도, 이러한 전이적 정동은 체험된 지속durée과

---

13. 들뢰즈가 『천개의 고원』에서 신체의 정의를 정교화하는 운동학적 정의로서의 경도와 역학적 정의인 위도 중에서 정동은 후자에 속한다. Deleuze, 1981, pp. 69~70.

이행passage을 지닌다(Deleuze, 1981, p. 69). 그래서 정동은 "사이의 전이, 중계 영역의 통로, 현실적인 면과 잠재적인 면"을 가지고 있다(시그워스·그레그, 2015, 15~17쪽). 즉, 전이의 과정에 있는 정동은 "정동을 촉발하고 정동이 촉발되는, 현실화되지 않는 능력"인 잠재력을 지닌다(버텔슨·머피, 2015, 236~267쪽). 잠재력을 가진 정동은 마주침의 사이에 존재하면서 관계들을 결착시킨다. 정동은 마주침의 순간의 힘과 관계 그리고 그 힘으로 인해 이루어지는 구성을 통해서 신체의 외관상의 표면-경계를 넘어선다. 정동은 "순간적이나 지속적인 관계의 충돌만이 아닌 힘들과 강도들의 이행이기에 신체와 신체를 지나는 강도나 이를 둘러싼 울림" 속에서, 이 강도와 울림들의 이행이나 변이들 자체에서도 발견된다. 그것은 "다양한 몸들 사이에 흐르는 강도이자 힘들의 마주침으로, 정동하고 정동되며 매 순간 다른 것이 되어가는 과정"에 있다(시그워스·그레그, 2015, 15~17쪽). 이 점에서 정동체로서의 신체는 되기의 과정에 있으며, 전이적 정동은 확장, 수축하는 파동의 움직임으로 넘치면서 이행하고 지속하면서 일종의 리듬, 주름, 시간조절, 습관, 윤곽, 모양으로서 정동체를 제시한다.

되기의 과정에 있는 정동체인 신체는 자기의식과 일대

일 대응하는 개체의 신체만을 뜻하지는 않는다. 들뢰즈와 가타리는 정동을 "자아를 고무하고 동요시키는 무리 역량의 실행"이라고 설명한 바 있다(Deleuze and Guattari, 1980, p. 294). 정동들은 떼, 개체군에 이르는 복합적 집합체를 만들어 낸다. 정동적으로 구성된 무리들에 참여함으로써 개체는 무리의 과정들을 거치도록 촉진되며 무리 떼를 생성하기도 한다. 앞서 언급한 정동의 접착적인 본성을 통해, 개체는 집합체로 이동하거나 그 안에 고정될 수 있고, 그 자체로 스스로의 '되기'로 나아가기도 한다. 이로 인해 들뢰즈와 가타리는 "정동들은 되기들이다"라고 서술하는 것이다(같은 책, p. 313). 정동체로서의 신체는 되기의 형식이며 떼, 개체군으로 존재하기와 관련한다.

따라서 정동체로서의 신체는 완결된 정상성을 담지하는 휴먼 신체와 달리, 되기를 실행하는 변이의 상태로서 관계들의 연결들을 통과하는 떼, 개체군으로 존재한다. 이러한 정동체로서의 신체는 다른 신체들과 구분되는 본질적 경계를 지닌 것이 아니라, 세계-신체의 상호적인 겹침을 이루는 강도들의 이행을 표시하는 경계면, 변이할 수 있는 잠재체이자 집합체이다.

이러한 신체는 환경과 끝없이 상호침투하고 상호개입

하는 과정을 거치는데, 이는 지각 운동 그리고 다시 지각으로 돌아오는 회로인, 동물행동학자 윅스퀼Jakob von Uexkull이 제시하는, 각각 생물 종에 특유한 둘레세계Umwelt 개념을 통해 보다 분명해진다. 둘레세계의 형성에 관해 윅스퀼은 동물을 지각행위와 작용행위를 하는 행위자로 이해한다. 행위자가 지각하는 모든 것은 지각세계가 되고 행위자가 작용한 모든 것은 작용세계가 되며, 이 둘의 연결된 회로로 둘레세계가 형성된다고 윅스퀼은 설명한다.[14] 이에 따르면, 생물체들은 제각기 다른 둘레세계를 형성하며 산다. 동일한 환경에서도 다양한 종들만큼 다종다양한 둘레세계가 있다. 또한 후천적 경험에 의해 개체군 내에 각기 다른 개체들의 차이에 따른, 다른 둘레세계가 있을 수 있다. 둘레세계를 이루는 지각세계와 작용세계는 순환하며 이 순환과 이행에 정동이 있다. 둘레세계의 형성과 작동, 유지, 변이는 전이적 정동을 통해 이행하며 지속하고 순환하면서 작동한다. 따라서 정동체는 둘레세계로서 환경을 형성하

---

14. 윅스퀼, 2012. 이러한 사유는 마투라나와 바렐라의 자기생성(autopoesis) 과 유사하다. "생명체계는 자기생성적 구성에 의해 만들어진 상호작용 영역을 통해 환경을 구성한다. 그 생명체계에게 상호작용 영역 바깥에 존재하는 것은 존재하지 않는 셈이다." 헤일스, 2013, 251쪽.

고 만들어낸 환경에 의해 변이하면서 존재하며, 전이적 정동으로 둘레세계를 형성하는 피드백 루프 체계feedback loop system이다.

2) 인터페이스 매체인 포스트휴먼 신체

사실상 피드백 루프 체계는 살아있는 생명체의 물리적 기능과 뉴미디어 디지털 기계 장치의 작동에서 발견된다. 이런 점에서 정동체는 자연/사회문화 이분법을 해체할 뿐 아니라, 자연 역시 기술화된 것이며 문화와 연속선상에 있는 것으로 제시한다. 그러한 이유로, 정동체는 기술 매개적 물질로서 존재한다. 그리고 자연 문화의 연속적인 선에서 변형을 거듭하는 물리적 실재인 정보 전달적 신체이다(김은주, 2020c, 20쪽). 따라서, 이러한 정동체로서의 신체는 생명 공학기술로 매개된 포스트휴먼 신체의 혼종성과 유기체와 비유기체, 태어난 것과 제조된 것, 살과 금속, 전자회로와 유기적 신경 체계 같은 경계 흐리기를 설명한다. 이뿐 아니라, 포스트휴먼 신체를 잠재적인 것을 현실화시키는 전이의 지대이자 결합을 매개, 융합하는 접속면인 인터페이스interface이자 매체로서 제시한다.[15]

매클루언H. Marshall McLuhan이 매체와 신체의 관계에 관해서 지적했듯이, 매체가 커뮤니케이션을 담당하는 기능 장치를 넘어섬으로써, 인간의 육체나 정신의 확장이 되고 있다. 매체의 역사를 검토해 보았을 때, 매체는 신체와 항상 관계를 맺어왔다. 매체는 신체 내부, 우리 자신의 관계, 인간관계를 변화시킬 뿐 아니라, 환경적인 것이자 우리의 두 번째 피부와도 같은 삶의 조건이 된다. 이는 매체가 내용을 전달하는 형식만으로 작용하는 것이 아니라, 그 자체로 메시지가 되면서 의미를 생산하기 때문이다. 즉, 매체는 그에 담긴 내용을 전달하는 데 그치지 않고 매체 자체의 기술적 변화를 통해 비언어적인 방식으로 삶의 속도와 패턴의 변화를 일으켜 의미를 창출한다.[16]

신체적 기능의 확장이자 삶의 조건을 확장하는 매체의 역할에 대해 제이 데이비드 볼터Jay David Bolter와 리차드 그

---

15. 이에 대한 논의는 다음을 참고했다. 클라프, 2015. 마수미, 2011.

16. 우선, 매체는 에너지와 관련하면서 물질을 움직이는 사이 공간이며, 생산의 장소인 동시에, 낯설게 하는 장소이다. 즉, 매체는 연결하고 전달하며, 무언가를 생산하면서, 인식, 감각적 인지, 의사소통, 기억, 사회 질서 수립에 중요한 역할을 담당한다. 그리고 조선령에 따르면, "매체라는 단어가 지닌 모더니즘적 성격에 대해 비판적인 학자들은 매체를 대체할 단어를 다음과 같이 제시했다. 예를 들어 로절린드 크라우스(Rosalind Krausss)는 포스트 매체 환경(post-medium condition)으로, 레프 마노비치는 소프트웨어(software), 알렉산더 갤러웨이(Alexsander R. Galloway)는 매개(mediation)라는 단어를 제안했다." 조선령, 2018, 9쪽.

루신Richard Grusin은 매체 자체가 혼종성을 담지하고 신체의 이질적 혼종과 변이를 야기하면서, 매체에 따라 신체가 변화하며 결합할 뿐 아니라, 신체 자체가 매체가 되어버린다고 설명한다. 그들의 논의에 따르면, 매체는 이질적인 것을 혼종하면서, 신체와 더불어 상호 변화하기에 그치지 않고, 신체 자체가 매체가 되는 것이다.

사실상, 뉴미디어와 정보 체계 기술의 발전을 거치면서 포스트휴먼의 신체는 매체로 기능할 뿐 아니라, 스스로 작동 변이하는 정보 시스템의 매체가 된다.[17] 이는 정보기술, 생명공학기술, 나노기술 및 인지기술과 같은 상이한 첨단기술의 발달로 인해, "정보발생, 피드백, 소통, 통제의 논리를 공유"하고 "정보기술 시스템의 틀로 수렴될 수 있는 융합적 구성의 조건"을 마련하면서 가능해진다. 이러한 기술적 논리는 신체를 정보체계로 이행시키며, "정보를 디코딩,

---

17. 매체에 대한 다양한 의미의 정의가 있다. 매체의 어원론적 뿌리인 메디움(medium)은 '가운데'를 뜻한다. '메디우스'(medius)는 사이에 있다는 뜻이다. 이를 통해 매체의 의미에 따른 여러 가지 사용법이 있다는 사실을 알 수 있다. 그러니까 매체는 목적을 위한 수단이나 도구가 아니라, 미정의 상태로 가운데 있으면서 매개하거나 전달을 가능하게 만드는 무엇이다. 철학사에서 오랫동안 매체는 부정적으로 평가 받아왔다. 그것은 구성하는 기능을 완수하면서도 윤곽이 없는 무엇이었기 때문이다. 메르쉬, 2006, 11~12쪽.

리코딩하고, 분리해 내며, 다운로드하고, 조직, 번역, 편집, 그리고 프로그램"할 수 있는 대상으로 만든다(김남옥·김문조, 2013, 241쪽). 이로 인해, 포스트휴먼 신체는 "정보의 집적체, 요컨대 빅 데이터big data를 내장한 정보시스템"의 매체이다. 여기서 정보 시스템은 그저 기술적인 것이 아니라, "의학, 기계 공학, 생명공학, 나노기술, 인지공학기술 등이 상호 연계된 융합 기술에 의해 번역, 조직, 수정, 삭제, 삽입, 선택, 재구성, 창조"되고, 정보 저장 매체만이 아니라, "대상 자체를 설계하고 창조하는 능동적 행위자"로 작동하며, "확산, 변형의 과정과 효과"를 일으킨다(조선령, 2018, 36쪽).

특히 동시대의 기술은 디지털과 바이오 기술의 정보를 신체의 실존의 차원에서 입력하고 출력한다는 점에서, 포스트휴먼의 신체는 사회적, 문화적, 환경적 복합 신체로 존재한다. 이 신체는 개체 차원에서 검토하자면 하나의 매체 장치이지만, 동시에 여러 장치와 연결되면서 접속과 연결을 통해 정보를 전달하고 생산하는 네트워크로 작동한다(김남옥·김문조, 2013, 243쪽). 그래서 정동체로서, 포스트휴먼의 신체는 개체적 실재로만이 아니라, 집합체로서 작동하며 연결과 횡단의 네트워크 매체이다.

4. 우리는 어떻게 포스트휴먼이 되었는가? : 포스트휴먼 신체와 생명체

1) 사이버네틱스 : 인공생명으로서의 포스트휴먼 신체

네트워크 매체인 포스트휴먼 신체는 그 자체로 적응하며 변이한다는 점에서 재귀적 성격을 지닌다. 캐서린 헤일스에 따르면, 재귀성이란 어떤 시스템을 만들어내기 위해 이용한 바를 변화된 관점을 통과해 그 시스템의 일부가 되도록 하는 변화이다(헤일스, 2013, 33쪽). 이러한 재귀성은 마뚜라나와 바렐라를 거쳐 생물 체계의 조직이 특정 산물을 생산하고, 이 만들어진 산물이 그 생물 체계의 조직 특성을 만들어내는 순환을 설명하는 자기생성auto-poesis과 연관한다. 마투라나와 바렐라에 따르면, 생명 체계를 하나의 상호 작용 단위로 만드는 것은 바로 그 조직의 순환성이며, 생명 체계로서 서로 다른 상호 작용을 통해 어느 정도의 경계를 지니기 위해서라도 순환성을 유지해야 한다. 생명 시스템들은 재귀적으로 조직화되어 있는데, 이것은 시스템을 조직하는 구성요소들이 또 다른 구성요소들을 생산하기 때문에 생산자와 생산물 사이에 구분이 없어지고, 시스템의 생산물이 도로 그 자신의 생산자가 되는 것을 의미한다. 한 생명 시스템이 자기생성을 이루기 시작하는 기원은 그것의 생명이 최초로 탄생되는 시기에 있다. 생명체들은 살아있는 동안 자기생산을 멈추지 않는데, 이 과정 속에서 동류의 생명 시스템끼리 상호 연결된 생물학적 그물망이 형성된다. 이와 동시에 이들은 신체 외적으로는 같은 생명 시스템의 집단에 속하는 동류의 유기체들과 상호 작용을 하면서, 자기들만의 폐쇄적인 공동 개체를 이루는 사회적 그물망을 형성한다. 마투라나는 이들 사이에 맺어지는 사회적 접속의 현상을 3차적 등급의 자기생성으로 정의하고, 이들이 이루는 공동 개체를 사회적 시스템으로 부른다. 즉, 각 생명체는 자기생성적 구성에 의해 만들어진 '상호 작용의 영역'을 통해 환경을 구성하면서 항상성을 유지하며 존재하는 것이다.[18]

이러한 재귀적 자기생성적 항상체는 사이버네틱스이

---

18. 자기생성(auto-poietic)은 생명체가 스스로를 재생산하며 생명을 보전하는 특성으로, 마투라나는 '스스로'를 의미하는 그리스어 '아우토스'(autos)와 그리스 철학자 아리스토텔레스의 개념 '포이에시스'(poiesis)를 결합하여 '오토포이에시스'(Autopoiesis)라는 개념을 만든다. "생명체는 생물학적인 세포들의 상호 작용을 통하여 일차적 등급의 자기생성의 개체를 형성하고, 자체적으로 계속적인 분열 증식을 하여 거대한 수의 세포들을 만들어내는 방법을 통해서 이차적 등급의 자기생성 시스템에 해당되는 메타세포체 또는 다세포 생물로서의 생명체의 형상을 탄생시킨다." 최은녕, 2020, 103~105쪽.

다.[19] 헤일스에 따르면, 사이버네틱스는 신체의 경계를 마음대로 정의할 수 있다. 이는 사이버네틱스의 "관점에서 지팡이는 주변 환경에 필수적인 정보를 사람에게 보낸다는 점에서 지팡이와 사람은 하나의 시스템으로 통합"되기 때문이다(헤일스, 2013, 161쪽). 특히, 해러웨이Donna Haraway가 제안한 사이버네틱스 장치와 생물기관을 융합한 사이보그는 인간과 기계의 구분을 어지럽히고 인식을 신경 피드백으로 대체하면서 인간과 동물 구분 차이에 도전하기에 이를 뿐 아니라, 네트워크이자 '정보신체'로 칭할 포스트휴먼 신체를 인공 지능이 아니라 인공 생명의 차원에서 검토하게 한다(같은 책, 163쪽). 이는 더 이상 네트워크로서 포스트휴먼

---

19. 그리스어로 키잡이를 뜻하는 'Kubernetes(또는 Kybernetes)'가 어원인 사이버네틱스(Cybernetics)는 생명체의 자기 제어의 원리를 기계 장치에 적용하여 통신·제어·정보·처리 등의 기술을 연구하는 분야로 2차 세계대전 이후 수학자인 위너(Norbert Wiener)에 의해 도입되었다. 사이버네틱스는 이후 생명체와 인공물 사이의 커뮤니케이션과 변형 그리고 정보체계에 대한 연구로 확장되며, 인공두뇌·오토메이션·복잡계 연구로 확장된다. 사이보그 핵심 개념이 피드백(feedback)이다. 피드백은 자동 온도 조정 장치로 쉽게 이해할 수 있는데, 실내의 온도는 온도 조절 장치가 정한 적절한 온도의 몇 도 내외에서 변화하게 된다. 항상성(homeostasis) 체계로 알려진 이와 유사한 과정은 생명체 내에 존재하며, 다른 물질들로부터 몸의 온도와 혈액 속의 포도당의 수준, 심장박동비율 등을 통제하게 된다. 따라서, 컴퓨터뿐만 아니라 모든 기계장치, 더 나아가 생물체, 또는 생물체의 집단인 생태계도 사이버네틱스의 연구 대상이 될 수 있다. 요컨대 '자기 조절하는 시스템'이 사이버네틱스의 지향점이다.

의 신체를 인간 존재의 특권에 기반한 의식과의 관련이 아니라, 이동 능력 및 환경과 상호 작용하는 적응하는 생명의 차원에서 설명하면서, 사이버네틱스로 이해하는 것이다. 이에 관해서는 인공 신체에 의해 인간이 어떻게 재구성될지에 대해 서로 다른 견해를 가진 모라벡과 브룩스의 논쟁을 참고할 만하다. 모라벡은 의식을 인간 존재의 본질로 특권화하며 이를 보존하고 싶어 하지만, 브룩스는 인간의 본질적인 특성은 이동 능력 및 환경과 상호작용하는 능력이라고 생각한다. 모라벡과 브룩스의 차이는 두 사람이 만든 로봇의 차이로 드러난다. 브룩스는 자신의 로봇이 곤충 정도의 지능을 가졌다고 인정했다. 한편 이동성이 있고 환경과 강력한 상호 작용을 할 수 있는 생물을 발전시키는 것의 어려움도 인정한다. 브룩스가 보기에 인간은 그가 로봇에 사용한 메커니즘과 다르지 않은 방법으로 환경과 상호작용하면서 진화했다. 인간은 세상을 아주 다른 방식으로 인지하는 분산된 시스템들을 이용해 왔다. 이 과정에서 의식은 비교적 늦게 나타난 것이 된다. 의식은 분산 시스템들끼리의 충돌을 중재하기 위한 제어 시스템과 유사하다. 브룩스에 따르면, 의식 역시 창발적 특성이다. 의식은 세상에 대한 정확한 이해보다도 신뢰할 만한 인터페이스만을 필요로 한다(헤일스, 2013, 395~434쪽).

따라서 중요한 것은 사이버네틱스인 포스트휴먼 신체가 생명체라는 사실이다. 그래서 포스트휴먼 신체는 인지적, 인식론적 담론에서 자율적 '코기토'의 담지자인 개체로 이해할 수는 없다. 문제는 사이버네틱스를 신체의 탈체현으로 수렴시키는 자유주의적 휴머니즘적 견해이다. 헤일스에 따르면, 사이버네틱스를 재귀성과 연결하고 피드백 위계구조, 제어 같은 이론을 통해 설명하면 생명/무생물 구분의 이분법은 사라지나, 이로 인해 분명해지는 사실은 사이버네틱스가 결코 탈신체화할 수 없다는 것이다.[20] 그리고 이러한 포스트휴먼 신체에서 개체화는 인본주의적인 주관과 객관이 분리된 나로서의 '개인'이 아니라, '되기'에서의 자기생성적 진화를 가리킨다. 이러한 개체화는 "되기의 더 큰 과정 안에서의 미세-사건들"인데, 즉 개체화 차원에서 신체 역시 환경과 분리될 수 없고 그 자체가 환경이 되는 피드백 루프 체계이기 때문이다. 즉, "신체는 언제나 인간

---

20. 여기서 헤일스는 신체를 신체화와 구분하는데, "신체는 일종의 표준화된 신체로 플라톤의 실재를 가리키는 이상화된 형상"이라면 신체화는 "차이라는 노이즈로부터 만들어진 구체적인 예화"로서 복수의 다양한 신체들이라는 것이다. 헤일스, 2013, 352쪽.

이상"이고, "하나의 신체는 정동적인 공명을 위한 사건"이라는 점에서 정동체로서의 포스트휴먼 신체는 정동적 관계들의 집합체이다(Blackman and Venn, 2010, pp. 20~21 ; Manning, 2007). 알리 라라와 벤 리우는 이러한 집합체를 개체군으로 칭하고, 이를 통해 휴머니즘이 강조해왔던 의식은 나를 구성하는 삶의 특정 부분을 포착하는 사회적으로 인정받고, 허용되고, 장려되는 형태일 뿐이라고 설명한다. 다시 말해, "의식적 자기 재현Conscious self-representation은 인간 존재들 사이에 상징적인 교환의 경제를 설치함으로써 그들의 사회적 유대관계를 협상하는 서로 다른 인간들을 결속시키려는 중요한 목적을 이루는 사회적 관습"이라는 것이다. 그 점에서, 네트워크 매체로서 포스트휴먼의 신체를 주체성에서 검토해 본다면 근대의 자율적/주권적 주체는 아니다. 오히려 이는 순환, 참여, 배치의 과정이며, 개체적 수준이 아닌 개체군population으로서, 사이버네틱한 복합체이자 환경, 문화의 연속적 관계망인 것이다(Lara and Liu, 2017, pp. 34~40).

2) 생명체로서의 포스트휴먼

이러한 피드백 루프 체계이자 개체군인 포스트휴먼 신

체는 우리가 어떻게 포스트휴먼이 되었는가라는 질문을 던진다. 그리고 우리에게 환경에 적응하며 진화해온 생명체인 호모사피엔스로 존재하기를 강조한다. 이 점에서, 로지 브라이도티는 포스트휴먼의 개념이 "생명 물질이 생명력 있고 자기조직적이면서도 비자연적 구조"(브라이도티, 2015, 9쪽)를 전제한다는 점을 강조한다. 그리고 이로부터, 생명 중심의 평등주의Bio-centred egalitarianism의 차원에서 동물을 인간의 유전형제genetic brother로, 조에zoe를 인간과 동물의 상호연결망으로 설명한다.[21] 즉, 인간은 인정하는 것보다 유전적 이웃인 동물들과 공통점을 더 많으며, 사실상 횡단-종trans-species들이자 횡단유전적 물질들transgenic이라는 것이다. 해러웨이 역시 유인원simians과 다른 상위 영장류 primates가 유전적으로 말하자면 인간과 가까운 이웃들로 설명한다. 그리고 무엇보다도 해러웨이는 인간 이후의 사이보그가 진화 계통의 분기에서 유전적 이웃이라는 차원으로서 동물만이 아니라, 동물과의 인간의 상호 작용이 동시

---

21. 브라이도티에 따르면, "조에는 지적인 혹은 담론적 생명체(삶)로서 정의되는 비오스를 중시하는 한 쌍의 가난한 반쪽이다. 수 세기 동안 기독교의 세뇌는 여기에 깊은 흔적을 남겼다. 동물 생명체, 비오스보다는 조에와의 관계가 서구적 이성이 제국을 세운 질적 차별성들 중 하나를 구성한다." Braidotti, 2019, p. 42.

대 기술 과학에 의해 재정의되고 있다는 바와 관련한다고 강조한다(해러웨이, 2019c, 18~22쪽).

이는 포스트휴먼이 인간중심주의에서 벗어나는 전회이자, 사실상 생명 공학biotechnology이 전회의 중심에 있다. 생명 공학이 그리는 인간 유전자 프로젝트human genome project의 유전자 지도는 인간과 타 종 사이의 연결 관계를 보일 뿐 아니라, 개인의 유전정보, 신경정보를 세포 단위에서 분석하면서, 인간의 유전자를 공학적으로 재구축하고 기술적으로 발명한다. 또한, 이러한 생명체로서 물질을 공학적으로 재조합하면서, 의식을 신체와 분리하는 특권을 가정하는 인본주의의 조건이 파기됨으로써, 포스트휴먼적 전회는 생명 공학과 접합된 생명체에서 일어난다.[22] 그래서 해러웨이의 분석대로, 공학적으로 구축된 유전체로서 인공 생명인 온코마우스oncomouse와 다른 실험동물들과 곤충들이 우리의 유전적 형제인 것이다(Braidotti, 2002, p. 17).

따라서 포스트휴먼 신체는 트랜스휴머니즘이 목표로 삼는 인간의 유한성을 뛰어넘은 강한 개체로서 신체가 아

---

22. 이 점에서, 안셀 피어슨(Keith Ansell-Pearson)은 유기체를 광범위한 힘들의 장(場) 안에서 생명체와 비유기체들의 끝없는 상호작용의 열린계에 놓고 있다. 안셀 피어슨, 2005, 343~354, 427~429쪽.

니라, 유한한 물질로서 생명, 생명체이자 "진화의 과정에 있는 존재로서 함께 얽힌 과정entagled process"으로서의 집합체이다(박일준, 2020, 165쪽). 다시 말해, 포스트휴먼 신체는 호모 사피엔스로서 공생적 상호의존성symbiotic interdependence의 관계에서 살아있는 생명체인 것이다. 생명체로서 신체는 환경에 묶인 힘들의 일부분이며 집단적이고 상호의존적이다. 이에 관해, 샤비로Steven Shaviro는 새로운 패러다임의 관점에서 '바이러스' 또는 '기생성' 양상으로의 진입으로 독해하고, 이를 부속 환경이나 영역과의 공동확장성co-extensivity으로 표현한 바 있다. 즉, 생명체들은 인큐베이터나 숙주로 연결되면서 공생관계의 모델을 구성하고 생명체 자신을 각자 재생산하는 생성이다.[23]

이는 포스트휴먼 신체를 유한한 인간 신체를 벗어나는 사이버네틱 판타지가 아니라 우리의 기술적 서식지와 공동확장되는 방식으로 체현embodiment을 다시 사유할 것을 요청한다. 오히려 인간의 유한성에서 벗어나 불멸도 가능하다는 사유는 인간중심주의의 오만이며 자기 파괴적 허무주의와 인간종과 지구 생명체의 멸종을 이끄는 위험을 내

---

23. Braidotti, 2002, p. 227. 이는 또한 동물 되기의 두드러진 특징 중 하나이기도 하다.

포할 뿐이다(Braidotti, 2002, p. 225).

5. 나가며 : 개체군으로서 포스트휴먼 신체와 공생의 거주하기

정동체 개념은 포스트휴먼 신체를 실체적 존재자가 아니라, 변화할 수 있는 능력이자 역량이며, 정동의 용적으로 제안한다. 이는 포스트휴먼 신체를 데카르트적 이분법의 신체성 너머에서 신체에 대한 사유이기도 하다. 이 점에서, 포스트휴먼의 신체는 자연과 사회 문화의 이분법을 해체하면서, 자연과 문화의 연속적인 선 위에서 변형을 거듭하는 물리적 실재인 매체이자 여러 장치와 연결되는 네트워크인 복합 신체들이다. 이러한 신체는 생명체로서, 공생하며 상호 의존하며 생성하는 피드백 루프 체계이며 유전 정보와 디지털 정보를 상호 교환하는 동시대의 기술을 통과하면서 개체로서 존재하는 동시에 개체군으로서 존재하는 신체들이다. 이 점에서 포스트휴먼 신체는 한 개체로서 존재하기만이 아니라, 개체군으로 존재하는 거주하기의 방식의 모색을 촉구한다.

개체군으로 거주하기habitus는 우리에게 사실상 자기와 타자를 구분하는 이분법에 대해서 다시 질문할 것을 촉구한다. 해러웨이는 이러한 물음을 믹소트리카 파라독사 Mixotricha paradoxa라는 실례를 통해 제시한다. 흰개미의 장 속에 서식하는 믹소트리카 파라독사는 상호의존적인 다섯 종류의 박테리아가 공생하는 생물체로서, 흰개미가 먹은 나무 조각을 소화시켜 흰개미에게 영양을 제공하는 기능을 한다. 중요한 것은 숙주라 불리는 믹소트리카 파라독사와 여기에 기생하는 박테리아들이 서로 독립해서는 살지 못하는 공의존관계라는 사실이다(해러웨이, 2005, 142~143 쪽). 해러웨이는 다음과 같이 묻는다. "무엇이 자기라고 간주되는지 그리고 무엇이 타자라고 간주되는지의 문제는 관점의 문제이거나 혹은 목적의 문제다. 어떤 경계들이 어떤 컨텍스트 안에서 견고하겠는가?"(같은 책, 130쪽)

해러웨이의 물음은 거주하기가 경계 설정과 관련하며 면역immunity의 문제임을 지시한다. 해러웨이에 따르면, 면역계는 '자기-인식 장치', 자기self와 비자기non- self의 개념을 감독하기 위한 장치이며, 우리에게 자기와 타자 간의 인식 recognition과 오인mis-recognition을 안내한다. 예컨대 우리가 '에이즈'라고 부르는 후천성 면역 결핍 증후군은 바로 타자를 자기로 오인하여 생기는 병이다. 보통, 인간 몸의 면역체계는 바이러스와 싸우는 '전쟁터'로 설명된다. 하지만 해러웨이는 이것을 보다 적극적으로 사고하여 질병에 대한 급진적인 분석을 행했다. 그는 "질병은 관계"라고 설명한다. 서로를 인식하지 못하면 감염은 일어나지 않는다. 면역을 전쟁터로 은유하는 바와 거리를 두면서, 해러웨이는 이런 이해가 "냉전 수사학"일 뿐이며, 우리의 면역체계와 바이러스가 맺는 관계에 적절하지 않은 은유라고 지적한다. 실제로 바이러스가 몸에 들어오면 몸속 세포는 바이러스와 싸우는 것이 아니라 상호 인식하고 서로 도와준다. 생물학자들은 이 사실을 알고 있으며 그들은 이것이 '몸의 실수'라고 설명한다.[24] 이는 코로나19의 팬데믹 상황과 그 이후를 살아가는 '우리'에게 근대 주체의 자타 이분법, 인간과 비인간 이분법을 넘어선 면역계의 경계 설정과 거주하기를 묻는다.

면역계 전염병의 확산 속에서 우리는 개개인이 단지 독립된 단자가 아니라 연결되어 있는 존재라는 것을 깨닫게 되

---

24. 이 점에서 방역막이 뚫렸다는 표현 역시 적절하지 않다. 과학사에 있어서 은유의 문제, 서술의 문제는 과학이 무관점의 관점을 가정한 가치 중립적 체계가 아니라, 관점 설정에서 위치를 지닌 사회 문화가 개입된 학문임을 다시금 확인시켜준다. 김은주, 2017, 114~117쪽.

며, 언제나 인간뿐 아닌 수많은 존재들로 구성된 세계를 살아간다는 사실을 자각하지 않을 수 없다. 인간이 단순히 환경 속에서 살아갈 뿐 아니라 우리가 서로에게 환경이며, 그 '우리'는 단지 인간만을 의미하지 않는다는 사실을 절감하게 되는 것이다. 사회가 전염병에 대한 면역 능력을 키우기 위해서도 연결된 존재로서의 인간에 대한 자각과 더 나은 방식으로 연결되기 위한 노력은 필수적이다. 『면역에 관하여』(열린책들 2016)의 저자인 율라 비스에 따르면, "면역은 우리가 공유하는 공간"이며, "함께 가꾸는 정원"이다. 다른 말로 하면 커먼즈commons라고 할 만하다. (백영경, 2020)

백영경의 말처럼, "그렇다면 면역을 하나의 커먼즈로 본다는 것은 어떤 의미일까?"(같은 글) 코로나19가 기후변화의 가속화와 밀접하게 관련을 맺고 있다는 것은 이미 잘 알려진 사실이다. 산업화에 의한 기후변화는 공장식 축산과 야생동물 서식지 그리고 주변 생태계 훼손은 물론이고, 동물병원체와 인간의 접촉 증가를 가져온다. 또한 성장과 개발 중심의 경제 논리를 구현하며 주로 토착민을 삶의 터전에서 추출하고 생태계를 붕괴시킨다. 코로나19와 같은 감염병은 근대화의 결과이며 휴머니즘의 귀결이기도 하다.

이에 대해 음범베Achille Mbembe는 근대성과 휴머니즘의 성취가 인구의 급격한 증가와 지구의 재인구화를 야기했고, 근대화가 지리적, 문화적 뿌리 뽑기 그리고 토착민의 자발적 혹은 강제적 이주와 새로운 정착을 동반함을 분석한 바 있다. 산업자본주의의 확대와 지구 전체에 걸친 인구의 재분배는 식민지화와 흑인 노예무역의 순간들과 겹쳐지며, 합리성에 기댄 수익 발전 모델로 일상적 방목을 위해 숲을 불태우고 나무를 베어내며 신대륙으로 이송한 노예를 농장에 이식시켰다.[25] 이러한 음베베의 분석은 근대성의 성취가 비인간 타자들의 착취에서 기인함을 설명한다.

따라서 포스트휴먼 신체의 거주하기, 커먼즈로서 면역의 경계 설정은 인간 정치체의 역사적 존재론을 추적하고, 지구 행성의 다른 거주자들과 맺는 관계를 기존과 질적으로 다른 방식으로 전환하는 것이자, 공존, 공생, 공진화할 수 있는 윤리적 거주 방식을 마련하는 것이다. 이러한 윤리적 거주 방식, 함께 살아가는 공생symbiosis은 같이 생산하는 심포이에시스sympoiesis로서의 공생sym-biosis/poesis이다. 해러웨이가 제안한 심포이에시스는 윤리적 거주의 단위를

---

25. Mbembe, 2016, pp. 18~19. 음베베는 근대의 진행이 인간 생명체를 본질적으로 인종적 원리에 따라 구성하고 있음을 생명정치의 차원에서 분석한다.

"진화론적으로 환경에 적응하며 변화해가는 구체적 생명체"로 이해하며 "자신의 경계를 재구성하는 오토포이에시스를 넘어, 복수종 생물들의 상호구성적·상호유도적 방식의 함께 만들기"이다(김은주, 2020a, 364~366쪽. Haraway, 2016, p. 58). 이는 다종적 얽힘을 긍정하며, "미생물, 식물, 동물, 다른 인간들 등 다종적 배치multi-species assemblage의 일원"이자 서로에게 깊이 연결된 존재임을 긍정하기이다(하대청, 2020, 244쪽).

공생의 거주하기는 생명과 사회의 최소단위로서 '개체/개인'individual이라는 '더는 나눌 수 없는in-dividual 독자적 존재'의 단일성과 실체적 필연성을 넘어서 "인간의 생명을 넘어선 생성력으로서의 생명을 강조하고 정신과 신체, 자연과 문화, 주체와 객체를 나누는 이분법을 넘어선 시각, "모든 생물은 공통의 "살flesh"을 수평적으로laterally 기호학적으로, 계보학적으로 공유"(해러웨이, 2019b, 171쪽)한다는 것 그리고 "지구에-묶인 자들과 함께 만들 — 함께 될, 함께 구성할 — 필요"를 이해하는 것이다(같은 글, 169쪽).

그러한 이유로 포스트휴먼 신체의 거주하기는 "자아를 비추는 거울 노릇을 하라고 동원된 타자 — 여성, 유색인, 자연, 노동자 동물로 이루어진 모든 이 — 들을 지배하는 논리 및 실천 체계"의 자율적 주체됨의 환각에서 벗어나기이기도 하다(해러웨이, 2019a, 77쪽). 이는 여성, 동물, 식물, 유전자, 세포에 이르는 생식력을 착취하는 생명 정치를 비판하며, 젠더, 섹슈얼리티, 인종, 장애 유무 등에 따라 근대 인간의 범주에 속하지 못했던 '비인간'의 존재들의 힘기르기empower-ing와 "경계에 책임을 지는" 주체화를 동반하는, 근대 국민국가 너머의 새로운 거주의 방식을 제기한다.[26]

---

26. 같은 글, 83쪽. 이 점에서, "나는 포스트휴머니스트(posthuman-ist)가 아니라 퇴비주의자(compost-ist)이다. 우리는 모두 퇴비이지 포스트휴먼이 아니다."라는 해러웨이의 말은 깊은 통찰을 준다. 해러웨이(2019(a)),168쪽 음베베는 이러한 주체에 대해 『죽음의 정치』에서, 주체가 단지 대문자 '인간'으로 존재하는 것이 아니라 살아있는 형태로 존재함을 강조한다. 이러한 살아있는 주체는 생물과 무생물의 삶 모두와 삶의 영역에 존재하는 관계의 비대칭성을 이해하고, 이를 바로 잡을 수 있는 상호성과 보살핌을 강조하는 것이다. 음베베의 분석의 다른 축은 시민권의 분열이다. 이는 국민국가가 주권을 수호한다는 이유로 안전 국가의 모습으로 등장하는 동시에, 전지구적 자본주의에 따른 자본과 노동과 이동으로 인해 가속화된다. 시민권의 분열은 '순수한 시민권(본국 태생의 시민권)과 덜 순수한, 차용 시민권(처음부터 안전하지 못한 것)으로 나뉘고, 그에 대한 행사도 달라지는 것이다. 시민권의 분열은 외관상으로는 민주적 제도화를 유지하면서(즉 우리와 다른 이와 함께 산다는 휴머니즘의 원리) 사실상 다른 차이들을 관리 감독하고 위계서열화하면서 적대적 사회로 변모하게 한다. 음베베는 이러한 상황이 구 식민지에서 일어나고 있으며, 구 제국주의 국가 지역이 이를 방치하고 있다는 점을 비판한다.

:: 참고문헌

김남옥·김문조. (2013). 고도 기술시대의 몸(1) : 기술융합의 신체적 파장. 『사회사상과 문화』, 28.

김은주. (2017). 『생각하는 여자는 괴물과 함께 잠을 잔다』. 봄알람.

김은주. (2020a). 인간중심주의를 너머 반려종으로 존재하기를 생각하다. 『안과 밖』, 49.

_____ . (2020b). 포스트 휴먼은 어떻게 지구 행성의 새로운 유대를 만드는가?. 『21세기 사상의 최전선』. 이성과 감성.

_____ . (2020c). 현장의 정치와 페미니즘 주체화 : 정동체로서 신체와 지리 신체적 공간을 중심으로. 한국여성학. 2020.

김재인. (2017). 들뢰즈의 '아펙트' 개념의 쟁점들 : 스피노자를 넘어. 『안과 밖』, 43.

김혜련. (2008). 기계-인간 생성론과 포스트 모성. 『한국여성철학』, 9.

낭시, 장-뤽. (Nancy, Jean-Luc). (2012). 『코르푸스 : 몸, 가장 멀리서 오는 지금 여기』. (김예령 역). 문학과지성사.

네그로폰테, 니콜라스. (Negroponte, Nicholas). (1995). 『디지털이다』. (백욱인 역). 박영률출판사.

메르쉬, 디터. (Mersch, Dieter). (2006). 『매체이론』. (문화학연구회 역). 연세대학교 출판부.

박일준. (2020). 공생의 기호학-찰스 퍼어스과 야콥 폰 윅스퀼 그리고 앤디 클라크를 통해 구성하는 공생의 존재론. 『용봉인문논총』, 56.

배혜정. (2019). 인터넷 이후의 예술과 신체 : 정동 개념을 중심으로. 『예술과 미디어』, 18(1).

백영경. (2020년 3월 11일). [창비주간논평] 구멍 뚫린 사회와 면역이라는 커먼즈. 〈창작과 비평〉. https://magazine.changbi.com/200311/?cat=2466&fbclid=IwAR1_G3XDbwfqsfCsOAZm8C9saGi-aKqkuvVDSEbb95pOHxtNdnlFQbQWk4Q.

버텔슨, 론·앤드루 머피. (Bertelson, Lone and Andrew Murphie). (2015). 일상의 무한성과 힘의 윤리 : 정동과 리토르넬로에 대한 가타리의 분석. 『정동 이론』. (최성희 외 역). 갈무리.

브라이도티, 로지. (Braidotti, Rosi). (2015). 『포스트휴먼』. (이경란 역). 아카넷.

브라이언 마수미. (Massumi, Brian). (2011). 『가상계』. (조성훈 역). 갈무리.

시그워스, 그레고리 J. · 멜리사 그레그. (Seigworth, Gregory J. and Melissa Gregg). (2015). 「미명의 목록(창안)」, 『정동 이론』. (최성희 외 역). 갈무리.

안셀 피어슨, 키스. (Ansell-Pearson, Keith). (2005). 『싹트는 생명』. (이정우 역). 산해.

오용득. (2015). 트랜스인본주의의 포스트 휴먼 프로젝트와 의지적 진화의 문제. 『인문 논총』, 38.

윅스퀼, 야콥 폰. (Uexküll, Jakob von). (2012). 『동물들의 세계와 인간의 세계 : 보이지 않는 세계의 그림책』. (정지은 역). 도서출판 비.

조선령. (2018). 『이미지장치이론』. 커뮤니케이션북스.

최은녕. (2020). 문학적 오토포이에시스 : 알반 니콜라이 헤어프스트의 사이버네틱스 사 실주의를 중심으로, 『브레히트와 현대연극』, 43.

클라프, 패트리샤 T. (Clough, Patricia Ticineto). (2015). 「정동적 전회 : 정치경제, 바이 오미디어, 신체들」, 『정동 이론』. (최성희 외 역). 갈무리.

툰베리, 그레타. (Thunberg, Greta). (2019년 9월 23일). 그레타 툰베리 '유엔 기 후행동 정상회의' 연설 풀영상. 〈서울환경연합〉. https://www.youtube.com/watch?v=BvF8yG7G3mU.

패튼, 폴. (Patton, Paul R.). (2005). 『들뢰즈와 정치』. (백민정 역). 태학사.

플루서, 빌렘. (Flusser, Vilém). (2001). 『코무니콜로기』. (김성재 역). 커뮤니케이션북 스.

_____. (2015). 『글쓰기에 미래는 있는가』. (윤종석 역). 엑스북스.

하대청. (2020). 다종적 얽힘과 돌봄 : 코로나 감염병 시대 공번성을 위한 윤리. 『안과 밖』, 49.

해러웨이, 도나. (Haraway, Donna J.). (2005). 『한 장의 잎사귀처럼』. (민경숙 역). 갈무 리.

_____. (2019a). 사이보그 선언 : 20세기 후반의 과학, 기술 그리고 사회주의 페미니즘. 『해러웨이 선언문』. (황희선 역). 책세상.

_____. (2019b). 인류세, 자본세, 대농장세, 툴루세 친족 만들기. (김상민 역). 『문화과 학』, 97.

_____. (2019c). 『해러웨이 선언문』. (황희선 역). 책세상.

헤일스, 캐서린. (Hayles, N. Katherine). (2013). 『우리는 어떻게 포스트휴먼이 되었는 가』. (허진 역). 열린책들.

Blackman, Lisa and Couze Venn. (2010). Affect. Body & Society, 16(1).

Braidotti, Rosi. (2002). Metamorphoses : Towards a Materialist Theory of Becoming. Cambridge : Polity Press.

_____. (2019). A Theoretical Framework for the Critical Posthumanities. Theory,

Culture & Society, 36(6).

Deleuze, Gilles and Félix Guattari. (1980). *Mille plateaux*. Paris : Les Éditions de Minuit. [『천 개의 고원』. (김재인 역). 새물결. 2003.]

Deleuze, Gilles. (1968). *Spinoza et la problème de l'expression*. Paris : Les Éditions de Minuit. [『스피노자와 표현 문제』. (이진경 · 권순모 역). 인간사랑. 2003.]

_____. (1981). *Spinoza, philosophie pratique*. Paris : Les Éditions de Minuit. [『스피노자의 철학』. (박기순 역). 민음사. 2012.]

Haraway, Donna J. (2016). *Staying with the Trouble*. Durham : Duke University Press.

Lara, Ali and Wen Liu. (2017). Affect and subjectivity. *Subjectivity*, 10(1).

Manning, Erin. (2007). *Politics of Touch : Sense, Movement, Sovereignty*. Minneapolis : University of Minnesota Press.

Mbembe, Achille. (2016). *Politiques de l'inimitié*. Paris : Éditions La Découverte.

2부 디지털 혼합현실과 사이보그

한국 혼합현실 서사에 나타난
'디지털 사이보그' 표상 연구 : 웹소설을 중심으로
유인혁

자본주의 리얼리즘 시대의 호모데우스와
사이보그 글쓰기
이양숙

디지털 도시화와 사이보그 페미니즘 정치 분석 :
인정투쟁의 관점에서 본 폐쇄적 장소의 정치와
상상계적 정체성 정치
이현재

한국 혼합현실 서사에 나타난
'디지털 사이보그' 표상 연구

웹소설을 중심으로

유인혁

1. 혼합현실 유토피아와 디지털 사이보그

이 연구의 목적은 한국 혼합현실mixed reality 서사에 나타난 디지털 사이보그의 상상력을 점검하는 데 있다. 여기서 혼합현실이란 가상현실virtual reality과 증강현실augmented reality의 개념을 아우르는 용어로서, 여러 단계의 가상 연속체virtual continuum를 통칭한다(Milgram and Kishino, 1994 ; 한정엽·안진근, 2010, 171쪽에서 재인용). 이때 혼합현실 서사란 다양한 가상 연속체를 배경으로 삼는 이야기를 말한다. 그리고 디지털 사이보그는 디지털적으로 매개·확장·향상된 신체의 표상을 가리키는 것으로, 혼합현실 서사에서 등장하는 "기계와 유기체의 잡종"(해러웨이, 2019, 18쪽)으로서의 주체를 말한다.

혼합현실과 디지털 사이보그의 상상력을 점검하기 위해 살펴볼 영역은 바로 웹소설이다. 이는 상호연관된 세 가지 이유 때문이다. 첫째로, 웹소설에서는 기술을 경유하는 사회적 상상력이 나타나고 있다. 즉 가난하고 소외된 청년이 가상현실 게임을 통해 사회적 사다리를 올라가거나, 혹은 실재 위에 현현한 게임 인터페이스를 통해 계급적 차이를 돌파하는 스토리텔링이 전개되고 있는 것이다. 이러한 플롯 안에서 혼합현실의 공간은 현대사회의 대안적 유토피아로, 사이보그는 기존의 사회적 한계를 극복하는 전복적 주체로 나타난다.

둘째로, 웹소설에서 혼합현실 서사는 대량 생산되고 있다. 2020년 현재 웹소설 플랫폼 문피아의 인기 작품 상위 30편 중 19편[1], 카카오페이지의 인기 작품 상위 62편 중 25편[2]이 혼합현실의 공간과 디지털 사이보그의 주체를 다루고 있다. 이는 대중적 인기를 획득한 작품들만을 표본 삼아 조사한 결과이다. 웹소설 시장이 "검증된 스토리의 재배열과 균질화"를 특징으로 하며, 이에 따라 "익숙하면서도

---

1. 문피아의 작품 상위작 30편을 살펴본 결과다. 구체적인 작품명은 다음과 같다. 「전지적 독자 시점」, 「환생좌」, 「소설 속 엑스트라」, 「요리의 신」, 「내가 키운 S급들」, 「BJ 대마도사」, 「튜토리얼이 너무 어렵다」, 「레전드 오브 레전드」, 「나 빼고 다 귀환자」, 「마왕의 게임」, 「나노마신」, 「쥐뿔도 없는 회귀」, 「미래를 보는 투자자」, 「홈플레이트의 빌런」, 「1470억분의 1의 이레귤러」, 「책 먹는 마법사」, 「축구재능 다 내꺼」, 「테이밍마스터」, 「책을 읽으면 경험이 쌓여」.

2. 카카오페이지의 베스트셀러 작품들을 모아놓은 '밀리언 페이지'를 분석한 결과다. 구체적인 현황은 다음과 같다. 「도굴왕」, 「이차원 용병」, 「아크 더 레전드」, 「재능만렙 플레이어」, 「전생자」, 「두 번 사는 랭커」, 「해골병사는 던전을 지키지 못했다」, 「디버프 마스터」, 「만년만에 귀환한 플레이어」, 「튜토리얼이 너무 어렵다」, 「레벨업하는 무신님」, 「밥만 먹고 레벨업」, 「나는 될놈이다」, 「마탄의 사수」, 「레벨업 못하는 플레이어」, 「영웅, 회귀하다」, 「탐식의 재림」, 「테이밍 마스터」, 「만렙 플레이어」, 「템빨」, 「전지적 독자 시점」, 「달빛조각사」, 「랭커의 귀환」, 「리더 ― 읽는자」, 「나 혼자만 레벨업」.

변주하기 쉬운 설정"(안상원, 2017, 22쪽)이 반복·재생산되는 경향이 있음을 감안하면, 전체 플랫폼 내에서도 혼합현실 서사가 높은 비중일 것으로 짐작할 수 있다.

셋째로, 웹소설에서 혼합현실 서사의 '전복성'과 '대량성'이 상호결합한다는 점이다. 앞의 두 논의를 종합하자면, 현재 웹소설 시장에서 혼합현실을 무대로 디지털 사이보그가 사회적 제한을 극복하는 플롯은, 대량적인 수준에서 재생산되고 있다. 이는 현재 웹소설의 독자들이 과학기술을 경유한 사회적 전복의 상상력을 집단적으로 요청하고 있으며, 많은 작가가 이에 응답하고 있다는 뜻이다.

그런데 선행 연구에서 혼합현실 서사의 전복성과 대량성은 자연스러운 것으로 전제되는 경향이 있었다. 우선 혼합현실 서사의 전복성은 현실 도피의 가상적 체험(카웰티, 1995)이라고 하는 대중문화의 성격으로 이해되었다. 김후인, 이민희, 한혜원은 동일한 장르를 '가상현실 게임 서사'로 명명했다. 여기서 가상현실은 "신자유주의 사회에서 소외된 계층이자 결핍된 성과주체"가 "현실의 문제를 해결할 수 있는 대체적 공간"으로 설명됐다(김후인·이민희·한혜원, 2017, 55~56쪽). 이융희는 '게임 판타지'라는 용어를 사용했다. 그는 판타지 소설의 공간을 '소망적 공간'인 '이차세계'와 현실 공간인 '일차세계'로 분류하며, 게임 판타지가 현실 세계의 목표를 달성하기 위해 가상현실로 접속하는 과정을 서사화하고 있다고 주장했다(이융희, 2018, 64쪽). 여기서 가상공간은 현실의 결핍이 메워지는 세계이며, 게임 속 캐릭터는 그러한 작업을 수행하는 유능한 주체로 상정되고 있다. 이때 혼합현실의 공간은 초현실적이며 대안적인 성격을 가진다. 하지만 이러한 전복성은 대중문화가 제공하는 위안적 성격으로 쉽게 환원된다.

혼합현실 서사의 대량성 역시 대중문화의 맥락에 따라 자연스러운 것으로 파악되었다. 다시 말해 혼합현실 서사의 수가 많은 것은 디지털 네이티브 세대의 문화적 저변을 반영하는 것으로 이해되었다. 이는 가상현실 게임 서사의 인기 요인에 대한 분석 속에서 유추할 수 있다. 이융희는 "다양한 동서양의 게임 체험 속에서 살고 있던 창작자-독자들은 자신의 체험을 글로 쓰고 소비"(같은 글, 60쪽)하기 원했음을 상정하고 있다. 김후인, 이민희, 한혜원은 "MMORPG 게임 플레이어로서의 경험은 향후 다른 매체나 콘텐츠의 서사를 구축하는 과정에서 재매개"(김후인·이민희·한혜원, 2017, 56쪽)되었음을 강조했다. 여기서 혼합현실 서사의 유행은, 디지털 게임의 대중성을 직접 반영하는 것으로 이해되고 있다.

본 연구는 이러한 관점을 비판적으로 계승하는 과정에서, 혼합현실 서사의 사회문화적 의미를 재추적하고자 한다. 이 연구는 혼합현실 서사가 한편으로는 현실에 대한 위안을 제공하고 있으며, 다른 한편으로는 "대중문화가 낳은 인공환경을 기반으로 구축"(아즈마 히로키, 2012, 54쪽)되어 대량 생산되는 포스트모던 문화의 일부라는 점을 부정하지 않는다. 다만 이러한 대중성이 초역사적인 맥락을 갖는 것이 아니라, 특수한 사회현실에 대한 해독제로서 기능하고 있음을 강조하고자 한다. 뒤에서 자세히 살펴보겠지만 혼합현실 서사는 디지털 게임의 모든 요소를 반영하고 있는 것이 아니라, 특정한 욕망을 표현하기에 적합한 부분을 선별적으로 드러냈다. 이러한 부분을 집중적으로 조명하는 것은, 현재의 대중서사가 반영하고 있는 사회적 잠재의식을 문제화하는 것이다.

이러한 목표를 수행하기 위해, 본 연구는 혼합현실 서사에 나타난 다양한 가상연속체의 공간적 속성을 검토하고, 그것이 특정한 사회현실의 반영으로서 가시화되는 지점을 탐색할 것이다. 그리고 디지털 사이보그가 기존의 사회·계급적 한계를 극복하기 위해 무기로 삼고 있는 역량이 무엇인지 살펴보겠다. 다시 말해 혼합현실과 디지털 사이보그를 대중문화의 일반적 소재 중 하나가 아니라, '지금-여기'의 사회현실을 반영하고 있는 특수한 장치로 바라볼 것이다.

2. 가상현실 공간과 업그레이드하는 인간

한국 혼합현실 서사를 점검하기 위해 가장 먼저 살펴볼 텍스트는 남희성의 「달빛조각사」(2007~2019)다. 「달빛조각사」는 인터넷 연재, 인쇄 출판, 웹소설(카카오페이지) 등의 매체를 가로지르며 총 56권, 1450화, 약 725만 자의 텍스트를 생산했다.[3] 한편 이 작품은 웹툰과 모바일 게임의 형태로 재매개되어, OSMU의 성공적인 사례가 되었다.[4] 요컨대 「달빛조각사」는 약 10년이 넘는 시간 동안 플랫폼을 넘나

___

3. 「달빛조각사」는 조아라(www.joara.com)에서 인터넷 연재를 시작한 후, 로크미디어에서 종이책으로 출판되었고, 2013년부터 카카오페이지에 연재되었다. 「달빛조각사」는 2013년 4월에 오픈한 후 고전 중이던 카카오페이지를 정상화시킨 것으로 평가되며(정보라, 2013) 또한 초기 웹소설 시장의 주요 콘텐츠였다(이미경, 2015). 즉 「달빛조각사」는 웹소설의 시작과 중흥기를 이끈 작품으로 평가할 수 있다.
4. 이도경·김준형·박정열·김태형·신C, 「달빛조각사」, 카카오페이지 ; 「달빛조각사」, 엑스엘게임즈, 2019.

들며 대중성을 확보한 문화상품이다.

이 작품이 중요한 이유는, 다만 상업적으로 성공했기 때문이 아니다. 「달빛조각사」는 가상현실 게임 서사의 장르적 관습을 정착시켜, 혼합현실 서사의 중요한 결절점이 되었다. 가상현실 게임을 소재로 한 소설은 2007년 당시만 하더라도 흔하지 않았다(장진영, 2019). 그러나 「달빛조각사」 이후 「싸울아비 룬」(가위, 2007), 「아크」(2008~2010)[5], 「대장장이 지그」(2008)[6] 등이 연이어 상업적 성공을 거두며, 가상현실 게임을 소재로 하는 스토리텔링이 확산했다.[7]

이 작품들은 모두 가상현실 기술로 구현된 MMOR-PG[8] 게임을 소재로 한다. 즉 레벨업, 퀘스트, 파티 플레이, 적대적 그룹(길드) 간의 경쟁이라고 하는 MMORPG의 콘

---

5. 유성, 2008. 2010년 24권으로 완결되었으나, 2013년에 카카오페이지에 게재되었다.

6. 강찬, 2008. 2009년에 14권으로 완결되었으나, 2016년 카카오페이지에 게재되었다.

7. 2017년 현재 "웹소설 전문 사이트인 '조아라'의 경우 전체 연재 작품의 약 7퍼센트, '문피아'의 경우 약 8퍼센트의 소설이 가상현실 게임소설"로 식별된다. 김후인·이민희·한혜원, 2017, 56쪽.

8. 대규모 다중 사용자 온라인 롤플레잉 게임(Massively Multiplayer Online Role Playing Game)의 약자로, 대규모의 사용자가 동시 접속하여 각자의 역할을 맡아 플레이하는 디지털 게임을 말한다. 대표적인 예로 〈리니지〉, 〈월드 오브 워크래프트〉 등이 있다.

텐츠를 서사화하고 있다. 이것은 1990년대 이후 한국에 초고속통신망과 PC방 등 문화산업적 인프라가 갖춰졌으며, 〈리니지〉(1998~)와 〈월드 오브 워크래프트〉(2004~) 등의 MMORPG 상품들이 특히 청년 세대의 새로운 놀이문화로 정착했다는 점을 반영한다.

흥미로운 점은 MMORPG가 당시 디지털 게임 시장의 중요한 부분이지만, 독점적인 콘텐츠는 아니었다는 사실이다. 2008년 현재, 네트워크 게임 시장은 〈서든 어택〉과 같은 FPS 게임[9], 〈월드 오브 워크래프트〉와 같은 MMOR-PG, 그리고 무엇보다도 〈스타크래프트〉로 대표되는 RTS 게임[10]이 각축을 벌이고 있었다(게임트릭스, 2008). 특히 〈스타크래프트〉는 E-Sports라는 새로운 산업과 프로게이머라고 하는 새로운 스타를 만들어냈고, 청소년·청년 문화의 중요한 부분을 차지하고 있었다.[11]

이러한 배경상황은 〈스타크래프트〉나 〈서든 어택〉을 참조하는 가상현실 게임 서사가 형성될 수 있었다는 점

---

9. 일인칭 슈팅(First Person Shooter) 게임을 말한다.
10. 실시간 전략(Real Time Strategy) 게임을 말한다.
11. 당시 〈스타크래프트〉와 피시방은 청년세대의 친교와 커뮤니케이션에 있어 중심적인 역할을 했다. 윤선희, 2001, 330쪽.

을 암시한다. 실제로 RTS적인 워 게임$^{war\ game}$을 표현한 SF 고전 『엔더의 게임』이 1992년과 2000년에 번역되었고, 1999년에는 김상현이 『탐그루』를 통해 가상현실 RTS 게임을 서사화한 바 있다. 그러니 현재 가상현실 게임 서사가 MMORPG의 형식을 차용하고 있는 것은, 자연스럽기보다는 특수한 현상이다. 이는 가상현실 게임 서사에 나타난 MMORPG의 성격을 자세히 분석할 필요성을 제기한다. 대중서사의 차원에서 주류화한 요소가 무엇인지 확인해야 하기 때문이다.

전 세계 게임 시장의 점유율은 75% 이상. 한국 게이머들은 9할 이상이 이 게임을 하고 있었다. 거의 예정된 수순이라고 할 수 있었다. 특히 왕들의 전쟁이 있는 날의 시청률은 다른 지상파를 압도할 지경이 되었다. 게임 하나만으로도 명예와 권력, 돈을 가질 수 있는 세상이 온 것이다. 로열로드의 독창적인 시스템과 가상현실이 맞물린 결과였다. … 그날 1천만 원이라는 거금을 써서 로열 로드에 접속할 수 있는 캡슐을 구매했다. 눈물이 찔끔 나올 정도로 아까웠지만 투자였다. (남희성, 「달빛조각사」, 카카오페이지, 3화. 이후 작품명과 회수만 표기.)

「달빛조각사」의 주인공 이현은 조실부모했으며, 경제능력이 없는 할머니와 여동생을 부양하고 있다. 그는 사회적·경제적 자본이 전무한 청년이다. 여기서 가상현실은, 현실의 결핍을 메울 수 있는 소망충족적 공간이다. 즉 "게임 하나만으로도 명예와 권력, 돈을 가질 수 있는 세상"에 대한 환상적 전망을 드러내고 있다.

그런데 「달빛조각사」에서 로열로드는, 다만 소망 충족의 배경에 지나지 않는 것이 아니라 환상을 실현시키는 공간적 조건이다. 작중에서 주인공 이현은 비숙련노동을 수행하며 살아왔다. 그는 성실하게 일했으나, 결코 자신의 경제·사회적 상황을 개선시키지 못했다. 사람들이 사회적 약자인 이현을 착취했기 때문이다. 여기서 디지털 게임은 성실성이 정당하게 보답을 받는 공간으로 출현한다. 이현의 유일한 취미는 바로 MMORPG인데, 그는 "주변의 사람들과는 별로 어울리지 않았고 하루 종일 사냥만" 하는 방식으로 게임을 했다. 그리하여 "전 서버에서 단 한 명도 이루지 못한 경지"를 이룩했다. 여기서 가상공간은 현실과 달리 투여한 일의 가치가 직접적으로 드러나는 곳이다.

이러한 점을 살펴볼 때, 가상현실 게임 서사가 MMOR-PG의 형식을 차용하는 가운데 획득한 효과를 식별할 수 있다. 「달빛조각사」는 MMORPG를 참조함으로써, 성실함이라는 노동윤리가 쉽게 인정되는 공간을 조형했다. 이는 RTS나 FPS 장르를 차용해서는 획득하기 어려웠을 특징이다. 우선 두 게임 장르에서는 노동의 결과가 축적되지 않는다. 게이머는 매회 새로운 스테이지를 시작할 때마다, 자기의 상태가 초기화되는 것을 경험한다. 이것은 게임에서의 노동이 계속해서 응고되고 축적되는 MMORPG와 차이를 보이는 부분이다. 또한 RTS 장르에서 우수한 게이머는 초월적인 신체 능력과 오성悟性을 갖춰야 하는 것으로 이해된다. '프로'의 세계에서 정확한 판단 능력과 결단력, 그리고 신체와 도구의 정밀하고 신속한 조작 등은 단순히 노력을 통해 보충할 수 없는 역량이기 때문이다.[12] 그러나 MMORPG에서 개인의 역량은, 소위 사냥[13]이라는 행위에 얼마나 많은 시간을 투자했는지에 따라 판가름 난다. 즉 MMORPG는 성공을 위한 가장 중요한 자질이 인내심과 성실성인 세계를 재현하고 있다.

---

12. 프로게이머를 진로로 삼은 아이들에 대한 실용적 담론 속에서 이러한 점을 확인할 수 있다. 김홍제, 2019.
13. 사냥, 혹은 파밍(farming)은 게임 내 화폐를 획득하거나, 성장에 필요한 조건을 채우기 위해 단순한 작업을 반복하는 행위를 일컫는 용어다.

한편 가상현실은, 그 공간적 성격과 조응하는 특별한 주체를 생산한다. 바로 숫자를 통해 자신을 인지하고, 향상 시키는 인간이다. 이는 상태창이라고 하는 가상현실 게임 서사의 관습적 장치를 통해 확인할 수 있다. 상태창이란 본래 RPG의 한 요소로서, 자기가 조작하는 캐릭터의 상태 를 열람하게 만드는 장치였다. 즉 캐릭터가 가지고 있는 완 력, 순발력, 체력, 지력 등의 신체 역량이나 기술의 숙련 정 도를 수치화해서 표시하는 요소였다.

그런데 가상현실 게임 서사에서는 캐릭터와 자아의 차 이가 무화되어 있다. 가상현실 내의 감각이 현실과 다를 바 없어, 신체와 캐릭터 사이의 거리감이 사라지기 때문이다. 그리하여 가상현실 게임 서사의 주인공은, 상태창을 통해 자신의 객관적 이미지를 획득한다. 그는 자기 역량을 객관 적으로 계측하며, 한편으로는 통계적인 자아를 획득한다.

캐릭터 이름 : 위드

성향 : 무

레벨 : 1 직업 : 무직 칭호 : 없음 명성 : 0

생명력 : 100 마나 : 0 힘 : 11 민첩 : 10

체력 : 10 지혜 : 10 통솔력 : 5 행운 : 5

공격력 : 3 방어력 : 0 마법 저항 : 무

캐릭터 자체가 빈약해서 별로 볼 것도 없는 상태였다. 그로부터 5시간이 지났다.

- 체력 1이 상승하셨습니다.

- 민첩 1이 상승하셨습니다.

거의 동시에 2개의 능력치가 올랐다.

"휴우."

위드는 그제야 목검을 내려 두고 잠시 쉬었다. 아무것도 먹지 않고 거의 8시간 동안 허수아비를 때렸다. 육체적인 피로도도 극심한 상태였지만, 목은 갈증으로 타들어 가는 것만 같았고, 배가 등에 붙을 정도의 허기가 졌다. (「달빛조각사」, 4화)

위 인용문에는 디지털-매개된digital-mediated 인간에 대한 세 가지 상상력이 드러나 있다. 첫째로 그의 몸은 기계적으로 환원되어 있다. 이현의 캐릭터 '위드'는 명성, 생명력, 힘 등 10여 개 능력의 총합으로 표현된다. 즉 그는 각 부분과 전체가 필연적 관계를 갖는 유기체가 아니라, 각기 다른 성능을 가진 부품들의 합으로 표현되고 있다.

둘째로 이현은 기계적인 개량이 가능한 신체를 경험한다. 이현은 특정한 임무quest를 수행함으로써, '경험치'를 획득한다. 이 경험치는 캐릭터의 성능을 개선하는 데 쓰이는 일종의 화폐로서 개념화된다. 이현은 이 경험치를 '투자'하여 자기 능력을 선택적으로 향상시킨다. 이때 캐릭터의 정체성과 효용은 어떠한 기능을 집중적으로 성장시켰는지에 따라 달라진다. 여기서 디지털-매개된 캐릭터는 튜닝, 혹은 업그레이드할 수 있는 몸에 다름 아니다.

마지막으로 디지털-매개된 몸은 인간적인 노동을 통해 개선되는 기계다. 이현은 가상현실 세계 속에서 고된 노력을 통해 신체를 향상시킨다. 즉 기계적 '업그레이드'는 갈증과 배고픔에 대한 욕구를 견디고, 고통스럽고 지루한 행동을 반복함으로써 이루어진다. 이 자기 신체에 대한 가혹한 착취는, 성장의 기본적 조건이다. 요컨대 디지털-매개된 몸은 그 자체로 인간의 행위능력을 향상시키지 않는다. 가상현실 공간에서 초인적인 위력을 발휘한다는 트랜스휴먼적인 욕망은, 오직 노동을 경유해서 수행된다.

여기서 우리는 디지털 사이보그의 표상을 통해, 상호연결적인 두 가지 대중적 욕망을 발견할 수 있다. 우선 「달빛조각사」는 통계적 자아를 성장시키는 것이, 대중성을 견인하는 중요한 장치가 되었음을 보여준다. 「달빛조각사」는 이현이 12년간 59권에 걸쳐 1레벨에서 769레벨로 성장하는 이야기로 압축할 수 있다. 「달빛조각사」를 비롯하여 가상현실 게임 서사는, 주인공이 레벨업을 할 때마다 상태창을 점검하는 장면을 연출한다. 바꿔 말하면, 적어도 수백 번 반복되었을 레벨업의 장면은, 12년 동안 독자들의 호응을 견인하는 연속적인 리듬으로 작동했다. 또한 「달빛조각사」는 대중들이 노력하는 주체를 응원했음을 보여준다. 다시 말해 성장은 고통스러운 정진精進과 극기克己의 결과여야 했다.

이때 「달빛조각사」의 디지털 사이보그는 당시 자기계발 담론의 체현으로 이해할 수 있다. 이는 특히 자기 통제를 수행함으로써, 자아의 욕구나 욕망을 억제하고, "희생의 대가"를 획득하고자 하는 주체성을 반영한다(오찬호, 2009, 1221쪽). 2000년대 중후반에는 이른바 '미쳐라'는 명령이 대한민국 자기계발 시장을 잠식하고 있었다. 다양한 글쓰기들이 성공을 위해서 『1년만 미쳐라』(강상구, 2006), 『딱 1시간만 미쳐라』(라카니, 2006), 『부자가 되려면 채권에 미쳐라』(심영철, 2006), 『네 꿈에 미쳐라』(김상훈, 2007), 『20대, 자기계발에 미쳐라』(이지성, 2008) 등의 메시지를 전달했다. 이는 또한 2000년대 중반부터 이른바 '스펙'14이 인간 능력의 정량화된 수치를 표현하기 위한 단어로 출현했다는 점과도 연관된다. '스펙'을 향상시키기 위해 열중하는 것이 긍정적인 자기관리의 표본으로 인식되었던 것이다.

요컨대 디지털 사이보그와 가상현실 공간은 모두 유토피아적인 성격을 가지고 있다. 「달빛조각사」에서 체력과 지력, 완력 등으로 구성된 캐릭터는 현실의 몸으로는 경험할 수 없는 직접적인 자아의 이미지를 구축한다. 그것은 노력 여하에 따라 정직하게 향상되기 때문에, 자아에 대한 통제력과 자기효능감을 함께 제공한다. 그리고 가상현실은 이러한 주체에게 적합한 공간이다. 그곳은 '돈, 명예, 권력'과 같은 희소자원을 둘러싼 복잡한 사회생태학적 변인들이 축소되고, 개인의 노력이 가장 중심적인 동력으로 기능하는 세계다. 이현은 현실 세계에서도 '로열로드'에서만큼 열심히 노동했지만, 결코 사회적 성공을 쟁취할 수 없었다. 그것은 현실 세계에서 비숙련노동자인 이현의 노고가 평가절하당하기 때문이다. 그러나 가상현실은 누구나 투자한 시간에 비례하여 '레벨업'할 수 있으며, 노력 여하에 따라 성공 여부가 결정되는 공정한 경쟁의 장이 된다.

14. 2005년 기사에서 '스펙'이 학점, 토익점수 따위를 일컫는 속어로 표현되고 있음을 확인할 수 있다. 김승연, 2005.

이러한 디지털-매개된 신체와 공간은 분명 현실 세계에는 존재하지 않는 시뮬라크르다. 이러한 요소들이 비현실적인 이유는, 「달빛조각사」를 비롯하여 가상현실 게임 서사가 묘사하고 있는 세계가 아직 기술적으로 실현 불가능하기 때문이 아니다. 「달빛조각사」가 묘사하는 인간과 공간은 이상적으로 단순화되었기 때문에 비현실적이다. 이러한 가상은 세계에 대한 환원적인 이미지를 표현하고 있는 것이다.

3. 증강현실 공간과 버그 인간

3장에서 주로 살펴보고자 하는 텍스트는 「나 혼자만 레벨업」(2016~2018, 카카오페이지), 「무한 레벨업 in 무림」(2016~2019, 네이버 웹소설), 「요리의 신」(2015~2017, 문피아)이다. 이 세 작품은 2015년 이후에 출현했으며, 가상현실 게임 서사와는 전혀 다른 방식으로 혼합현실과 디지털 사이보그를 표상화했다. 이 작품들은 각각 카카오페이지, 네이버 웹소설, 문피아라고 하는 거대 플랫폼에서 연재되었으며, 판타지, 무협, 전문가물[15]이라고 하는 서로 다른 장르에 속해 있다. 이 세 작품의 성공 이후, 실패를 경험한 주체가

현실 위에 구현된 게임 인터페이스와 연결되어 인생 역전하
는 스토리텔링이 광범위하게 확산됐다.[16] 여기서 우리는 새
로운 유형의 혼합현실과 사이보그가, 플랫폼과 장르를 가
로지르는 새로운 서사유형으로 관습화되었음을 확인할
수 있다.

(가) 그 무렵이었다. 갑자기 눈앞에 이상한 환영 같은 것이
떠오른 것은.…[……100%!] [로딩 완료.] [캐릭터 생성이 완
료되었습니다.] [시스템과 인터페이스가 자동으로 활성화
됩니다.]…

"이건 대체 뭐야?"

기묘한 문자와 도무지 알아들을 수 없는 낱말들. 로딩 완

---

15. 전문가물이란, '현대판타지'라는 장르의 한 하위장르로서, 특정 직업에서
사회적 성공을 위해 분투하는 내용을 주로 한다. 주인공이 시간 여행이
나 증강현실적 '게임 시스템'을 활용하여 경쟁자를 위압하는 전개가 일반
적이다.

16. 카카오페이지 밀리언 페이지만 한정해서 볼 때, 「도굴왕」(2016~2018), 「전
생자」(2017~2019), 「해골병사는 던전을 지키지 못했다」(2017~), 「만년 만
에 귀환한 플레이어」(2018~) 등이 이러한 소재를 재생산하고 있다. 한
편 문피아에서는 「홈플레이트의 빌런」(2017~2019), 「축구재능 다 내꺼」
(2018), 「미래를 보는 투자자」(2017~) 등 전문가물에서 이러한 경향이 두드
러진다. 또한 「레벨업 강호」(카카오페이지, 2016~2017), 「무림에서 레벨업」
(카카오페이지, 2019~2020), 「로그인 무림」(카카오페이지, 2019~)과 같이
무협 소설의 서사에서도 '증강현실 홀로그램'의 요소가 나타나고 있다.

료? 캐릭터 생성? 시스템? 인터페이스?(곤붕, 「무한 레벨업 in 무림」, 네이버 웹소설, 1화. 이후 작품명과 회수만 표기.)

(나) 그때 처음 듣는 여성의 목소리가 머릿속에서 울려 퍼졌다. ['시크릿 퀘스트:무력한 자의 용기'의 완료 조건을 모두 충족하셨습니다.] 시크릿 퀘스트? 완료 조건을 충족? 무슨 소리인지 이해할 수 없었다. '아니 그보다 어디서 나오는 소리야?' 하지만 목소리는 진우의 의지와 무관하게 계속해서 이어졌다. (추공, 「나 혼자만 레벨업」, 카카오페이지, 7화. 이후 작품명과 회수만 표기.)

(다) 조민준의 눈 앞에 컴퓨터 창 같은 것이 떠올랐다.
[백미밥] [신선도 : 73%] [원산지 : 한국 고령] [품질 : 상] 조리 점수 : 5/10
"…… 어?"
조민준은 눈을 비비며 멍하니 쌀밥을 계속 바라보았다. 대체 내가 뭘 보고 있는거지? 미치기라도 한 것일까?… 하지만 눈을 감아도 창은 사라지지 않았다. 조민준이 혼란 속에 시선을 돌려 된장찌개를 바라보았다. 이번에도 어김없이 창이 떠올랐다. (양치기자리, 「요리의 신」, 문피아, 2화. 이후 작품명과 회수만 표기.)

　세 작품에 나타난 가장 가시적인 변화는 서사의 배경이 가상현실에서 일종의 증강현실의 공간으로 전환했다는 점이다. 위 인용문의 인물들은 「달빛조각사」와 마찬가지로 '레벨', '퀘스트', '상태창' 등의 게임 요소를 활용하고 있다. 그러나 게임 인터페이스 디스플레이는 별도의 가상현실 공간이 아니라, 현실 위에 투사되어 있다. 이러한 장르 장치의 변화는 우선 혼합현실의 기술적 맥락이 변화했음을 반영하고 있다. 「달빛조각사」를 통해서 가상현실 게임 서사가 본격화되었던 2000년대 후반, 증강현실은 실용·대중화된 기술이 아니었다. 하지만 2010년대 이후 증강현실을 활용하는 스마트폰 어플리케이션의 보급, 2013년 구글 글래스의 발표, 2015년 〈포켓몬 고〉의 유행 등은 증강현실 기술에 대한 대중적 인식을 높였다. 이러한 증강현실 기술의 대중화가, 현실 위에 게임 인터페이스가 투영된다는 상상력의 기반이 되었다고 짐작할 수 있다.

　한편 가상현실에서 증강현실로의 변화는, 혼합현실 서사의 새로운 플롯과 불가분의 관계를 맺고 있다. 「달빛조각사」에서 로열로드라고 하는 가상현실 공간은, 모든 참가자에게 초월적인 완력을 발휘할 수 있는 새로운 물리법칙과 업그레이드 가능한 신체를 제공하고 있었다. 그래서 「달빛조각사」는 주인공 이현이 동일한 환경적 조건 속에서 경쟁자들을 압도하는 내용으로 전개됐다. 그러나 「나 혼자만 레벨업」, 「무한 레벨업 in 무림」, 「요리의 신」 등에서 주인공은 현실 위에 비현실적인 요소가 중첩되는 것을 경험하며, 일반적인 사람들은 게임 시스템을 인식할 수 없다. 그리하여 홀로 게임 인터페이스에 연결된 주인공이, 그렇지않은 사람들을 압도하는 내용이 전개된다.

여기서 증강현실의 기술적 특징은, 타인과 가상 환경을 공유하지 않는 주체의 모습에 반영되어 있다. 우리는 증강현실을 이용할 때, 타인과 같은 공간에 있으면서도 전혀 다른 리얼리티를 인식하게 된다. 증강현실 정보는 일반적으로 개인의 디스플레이에 투사되어, 타인에게 공유되지 않기 때문이다. 이것은 증강현실을 둘러싼 기술환경의 변화를 반영한 현상이기도 하다. 특히 「달빛조각사」가 연재되었던 2007년과, 세 작품이 출현한 2010년대 중반의 기술·사회적 차이가 아로새겨져 있다. 「달빛조각사」에서 사람들은 '캡슐'[17]이라고 부르는 기계장치를 통해 로열로드에 접속했다. 이것은 1990~2000년대의 '이동성의 사생활화'[18] 양상을 반영하는 것이다. 이 시기 인터넷은 수많은 사람이 동시다발적으로 소통할 수 있는 '사이버스페이스'였다. 그러나 이 공간에 진입하려는 사람은 반드시 집이나 피시방 등 특정한 공공장소에서 컴퓨터 단말기를 사용해야 했다. 여기서 사이버스페이스는 이용하는 데 특수한 장소와 절차가 있어야 한다는 점에서 일상과 분리되어 있지만, 일단 접속하고 나면 수많은 사람과 관계를 맺을 수 있다는 점에서 새로운 공동체로서의 성격을 가진다. 그런데 스마트폰과 초고속 이동통신의 발달은, 사람들이 현실의 도처에서 사이버스페이스와 접속할 수 있게 만들었다. 이것은 사이버스페이스의 개인화를 일으켰다(임종수, 2011, 60쪽). 이제 사람들은 일상의 행위 사이사이에 인터넷에 접속하며, 수시로 근린neighbor으로부터 분리된다. 정리하자면 증강현실은 개인으로 하여금 공동체로부터 분절되어, 이질적인 리얼리

---

17. 「달빛조각사」를 비롯하여 가상현실 게임 서사에서는 가상현실에 접속하기 위한 고가의 거대한 기계장치가 등장하는 경향이 있다. 이는 「매트릭스」나 「레디 플레이어 원」 등의 상업영화에서도 나타나는 특징이다.

18. 레이몬드 윌리엄스는 현대사회에서 이동성이 확장됨에 따라, 오히려 개인의 영역이 가정으로 축소되는 현상을 이동적 사생활화(mobile privatization)로 명명했다. 이 용어는 특히 텔레비전이 지구촌이라는 확장된 공간감각을 매개하면서도, 인간의 이동성을 가정의 거실에 국한시키는 모순을 지칭하는 데 주로 사용되었다.(윌리엄스, 1996, 25쪽)

티를 수용하게 만드는 기술로 나타나고 있다. 즉 현실로부터 유리된 인간을 상상함에 있어 유력한 기술적 참조점이 되고 있다.

카야 로터스는 깊이를 잴 수 없는 우물이었다. 솔직한 심정으론 왜 하필 시즌3에 걸치게 됐냐 한탄하고 싶을 정도였다. 그녀는 아마추어로서는 상대할 수 없는 괴물이었다.

"내가 가진 무기는 지식과 시스템. 그녀는 재능……."

조민준은 모두를 알지는 못했지만, 대충 어떤 방식의 대전이 있었는지는 기억하고 있었다. … 예를 들어 크레이프 안에 들어간 재료를 맞추라는 상황 같은 것이 와도 조민준은 재료 하나 틀리지 않고 맞춰낼 자신이 있었다. 시스템의 힘이 있었으니까. 음식만 맛보여주고 똑같은 음식을 보여달라 해도 해낼 수 있었다. 그는 맛본 음식의 레시피를 알아낼 수 있었으니까. 정확하게 따지자면, 그의 미식 레벨 이하의 조리 점수를 받은 요리들만 알아낼 수 있었다.

…

"요리 레벨이 올라야 되는데." 조민준은 아쉬운 목소리로 중얼거렸다.(「요리의 신」, 6화)

이러한 맥락 속에서, 디지털 사이보그는 타자화된 존재가 된다. 위 인용문에서 우리는 주인공이 정상 바깥의 존재가 된 것을 확인할 수 있다. 여기서 주인공 조민준은 오디션 프로그램에 참가하며, 카야 로터스라는 인물과 자신이 동등하게 경쟁할 수 없음을 인지하고 있다. 카야 로터스의 실력이 월등하기 때문이다. 하지만 그는 자신의 역량을 기계적으로 상승시킬 수 있게 되었으며, 이를 통해 경쟁에서 승리할 수 있다고 낙관하고 있다. 한편 「나 혼자만 레벨업」이나 「무한 레벨업 in 무림」에서도 주인공은 '나 혼자만 레벨업'을 하는 능력을 통해 경쟁자를 넘어서는 모습을 보여준다. 여기서 디지털-매개된 자아와 통계화된 능력의 향상은 오직 주체에게만 주어진 신비한 특권이 된다.

이는 디지털 사이보그를 마술적인 존재로 형상화한다. 물론 자기 신체를 기계처럼 개량한다는 상상력은 본질적으로 마술적이다. 그러나 「달빛조각사」의 디지털 사이보그는 사회적 제약 속의 존재로 상상되고 있었다. 로열로드의 모든 인간이 레벨업을 수행하고 있으며, 그리하여 더 높은 레벨에 도달하기 위한 경쟁은, 더 많은 노동을 투여하는 실천이었기 때문이다. 하지만 위 인용문에서 레벨업은 불가사의한 현상일 뿐이다. 여기서 디지털-매개된 신체는 주체에게 주어진 비현실적인 도구다.

E급 헌터 성진우. 진우가 뭘 하든 간에 꼬리표처럼 따라다니는 수식어였다. 진우의 능력치는 거의 일반인과 마찬가지. 남들보다 조금 튼튼하고 회복이 약간 빠른 걸 빼면 일반인과 별로 다를게 없었다. 그러다 보니 항상 부상을 달고 살았다. … 원래 한번 정해진 헌터의 등급은 거의 변동이 없다. 헌터들의 능력치는 헌터로서의 능력을 각성할 때 전부 결정되는 것이다. (「나 혼자만 레벨업」, 1화, 7화.)

'토작에게 노력이란 헛수고와 같더이다.'
토작土勺(흙수저). 뼈를 깎고 몸이 부서져라 노력했건만……. 결말이 이거다. 하ㅡ. 뭐, 지극히 흙수저답다고 해야겠지. 문득 고수가 되고자 애썼던 지난 세월이 뇌리를 긁으며 스쳐갔다. …'노력……노력하다 보면 보상받을 수 있으리라 여겼건만. 다 부질없는 착각이었어.' (「무한 레벨업 in 무림」, 1화.)

흥미로운 점은, 이렇게 타자로부터 이질화된 존재로서의 디지털 사이보그의 형상에, 사회적 상상력이 개입하고 있다는 것이다. 위 인용문에서 우리는,「달빛조각사」와 비교했을 때 주인공이 가지고 있는 사회적 전망이 급변했음을 확인할 수 있다.「달빛조각사」의 이현은 악착같은 자기 통제로 열악한 환경을 개선할 수 있다는 믿음을 가지고 있었다. 그리고 가상현실 공간은, 전도유망한 청년이 능력을 발휘하는 경쟁의 장으로 나타났다. 그런데「나 혼자만 레벨업」이나「무한 레벨업 in 무림」에서 자기관리를 통한 신분 상승은 불가능한 꿈이다. 인간의 선천적인 재능이나, 계급이 불변적 조건으로 주어져 있기 때문이다. 이러한 환경 속에서는, 오직 마술과 같은 기적을 통해서만 불리한 조건들에서 벗어날 수 있을 것이다.

이러한 현실 인식은, 당시 '수저계급론'이나 '재능충'과 같은 단어들이 대중적 영향력을 발휘하고 있었던 맥락과 적극적으로 관련되어 있다.[19] '수저계급론'은 특히 청년의 사회적 성공이 부모 세대의 계급에 전적으로 의존하고 있다는 의미를 가진 용어다. 그리고 '재능충'은 선천적인 재능을 타고난 인간에 대한 원망을 표현하는 용어다. 요컨대 신자유주의 사회에서 경쟁이 점차 치열해지는 가운데, 태생적

---

19. 이 두 단어는 모두 2010년대 중반, '헬조선'이라고 하는 대중적 담론과 연관되어 대중화되었다.

인 계급이나 사회적 자본, 혹은 유전적 자본[20]이 점점 극복하기 어려운 조건으로 인식되는 사회상을 반영하고 있다.

마술적 존재로서의 가상공간과 디지털 사이보그는 이러한 맥락에서 출현한다. 게임 시스템은 현실 위에 중첩된 비현실적 요소로서 이질화되어 있다. 그리고 디지털 사이보그는 사회 시스템에 포함되어 있지 않은 괴물이다. 버그bug는 이러한 디지털 사이보그의 존재를 적절히 표현하는 은유가 될 수 있을 것이다. 그것은 시스템의 오류이자, 오작동이다. 이것은 반칙적인 존재가 되지 않고는, 사회의 견고한 틀을 초월하기 어렵다는 현실 인식을 보여주고 있다.

흥미로운 사실은, 이러한 버그가 지향하는 곳이 성실한 노동윤리가 작동하는 세계라는 점이다. 가상현실 서사가 모든 사람이 노력 여하에 따라 자기를 향상시킬 수 있는 세계를 형상화하고 있다면, 증강현실 서사는 그러한 기회가 오직 한 사람에게만 주어진 세계를 상상하고 있다. 즉 증강현실 서사의 주인공들은, 공정한 경쟁의 원리가 깨져버린 공간에서, 홀로 정직한 노동을 통해 사회적 사다리를 올라가고자 욕망하고 있다. 이때 '버그'가 되어 반칙한다는 것

---

20. 미셸 푸코는 이를 "인적자본의 유전적 요소"로 표현했다. 푸코, 2012, 322쪽.

은, 이미 불가능한 것으로 밝혀진 '노력을 통한 향상'을 수행하는 유일한 주체가 되는 것이다.

여기서 버그를 통해 단순한 행운이 아니라, 노력을 통한 자기향상을 욕망한다는 점은 문제적이다. 증강현실 서사의 주인공은 이를테면 〈슈퍼맨〉의 클락 켄트처럼 본질에 새겨진 우월성을 희망하지 않는다. 그리고 〈스파이더맨〉의 피터 파커와 같이 일거에 초월적인 능력을 얻고자 하지도 않는다. 그들은 단지 행운을 얻어 '벼락출세'하고 싶은 것이 아니라, 노력을 통해 향상될 수 있는 존재가 되고자 한다. 이러한 상상력 속에는, 여전히 자기관리를 통해 자아의 객관적 통계를 개선하고, 이를 통해 사회적 인정을 받고 싶은 현대사회의 주체들의 욕망이 드러나 있다.

4. 숫자로 표현된 인간: 디지털-매개된 자본주의 주체

지금까지 한국 웹소설에 나타난 혼합현실 공간과 디지털 사이보그의 표상을 살펴보았다. 2장에서는 「달빛조각사」를 중심으로 가상현실 공간과 그 주체로서의 디지털 사이보그의 형상을 점검했다. 여기서 디지털-매개된 신체인 사이보그는, 숫자를 통해 자기를 인지하고 향상시키는 특별한 주체로 나타났다. 그리고 가상현실은 인간의 통계적 환원이 가능한 대안적 공간으로 형상화되었다. 이때 노동을 투여하여 통계적 자아를 향상시키는 것이 서사의 핵심적 주제로 나타났다.

3장에서는 「나 혼자만 레벨업」, 「무한 레벨업 in 무림」, 「요리의 신」 등을 중심으로 증강현실과 그 주체로서의 디지털 사이보그의 재현 양상을 점검했다. 그리하여 증강현실이 '현실 위에 중첩된 비현실'로서, 주체로 하여금 이질적인 리얼리티를 경험하게 만드는 '이상한 환영'으로 나타나고 있음을 확인했다. 그리고 디지털-매개된 신체의 '업그레이드'가, 사회 시스템의 오류bug로 나타나는 양상을 살펴보았다. 이러한 서사는, 비정상적 존재가 아니고서는 사회의 계층 구조를 초월하기 어렵다는 현실 인식을 보여주었다.

여기서 혼합현실 공간과 그 주체로서의 디지털 사이보그는 모두 현실사회의 한계를 극복하는 유토피아적 대안이다. 혼합현실은 현실과는 달리 주체가 성장할 수 있는 가능성의 공간이다. 그리고 디지털 사이보그는 현실에서는 불가능한 사회적 이동성을 수행할 수 있는 신체다. 이때 혼합현실과 사이보그는 단순히 대중문화의 유력한 요소 중 하나로 환원되는 것이 아니라, 사회현실에 대한 비판적 상상력을 전개하는 장치로 이해할 수 있다. 다시 말해 혼합현실 서사의 독자들은 다만 자신에게 익숙한 대중문화의 재료를 소비하고 있는 것이 아니라, 현실사회에 대한 비판적인 상상력을 지지하고 있다.

물론 이러한 상상력은 자동적으로 인본주의적 정치의 가능성을 제시하지는 않는다. 오히려 사이보그의 디지털-매개된 신체는, 인적 자원human resource으로 환원되어 정량적 역량평가의 대상이 되어버린 노동자의 모습을, 긍정적으로 평가하는 측면이 있다. 이때 디지털 사이보그는 신자유주의적 기준에서 세속적 성공을 향한 욕망을 드러내는 표상이다. 그러나 한편으로 혼합현실 서사는 자기 자신의 경영을 통한 자기 개발이 현실을 배경으로는 쉽게 상상되기 어렵다는 점을 드러낸다. 현재 현실 너머 가상공간에서 비로소 자본주의적 주체로 자립하는 이야기는, 그야말로 대량 재생산되고 있다. 여기에서는 '자기 자신의 기업가'로서의 자립이 대개 환상적인 유토피아를 배경으로만 가능하다는 점이 가시화되고 있다. 그리하여 혼합현실 서사는 대중의 욕망과 좌절을 동시에 드러내고 있다.

마지막으로 혼합현실 서사가 변증법적인 과정 속에 있으면서도, 한편으로는 동시적으로 공존하고 있다는 점을 강조할 필요가 있다. 노력을 통한 공정한 경쟁을 서사화하는 가상현실 서사와, 공정한 경쟁에 대한 전망을 상실한 시점에서 시작하는 증강현실 서사는 분명 연대기적인 순서로 등장했고, 장르 문법과 사회적 조건의 변형을 매개하고 있다. 그러나 한편으로 「달빛조각사」가 2019년에 완결된 것에서 알 수 있듯이, 가상현실 서사의 대중성은 결코 만료되지 않았다. 이에 따라 가상현실 게임을 배경으로, 불굴의 노력을 통해 자기를 업그레이드하는 스토리텔링이 여전히 생산되고 있다.[21] 그리하여 2007년에 본격화된 가상현실 서사와 2015년 이후 활발히 만들어지고 있는 증강현실 서사는 모두 대중성을 확보한 상품으로 존립하고 있다. 이는 한편으로 오래된 장르적 관습이 아직 생명력을 잃지 않은 것이며, 또 다른 한편으로는 이 이야기에 생명을 부여하는 사회문화적 맥락이 건재함을 의미한다. 요컨대 두 변별적인 사회현실과 서로 다른 유토피아적 상상력이 공존하고 있음을 보여주고 있다.

---

21. 예를 들어 카카오페이지의 상위 인기작인 「나는 될놈이다」(2017~)는 자기 통제를 통해 타인보다 레벨을 많이 올린다는 가상현실 게임 서사의 문법을 반복하는 모습을 보여준다. 이는 「달빛조각사」로부터 시작된 문법이 여전히 유효함을 암시한다.

이러한 관점은 사회와 유토피아에 대한 대중적 상상력이 복잡한 지형도를 그리고 있음을 보여준다. 다시 말해 대중서사의 형식이 생성되고, 존속하고, 교차하며, 변형되는 과정 내에 사회적 잠재의식의 복잡한 동태 역시 아로새겨져 있음을 가시화하고 있다. 이것은 웹소설에서 혼합현실 공간이나 디지털 사이보그의 표상을 보다 세분화하여 추적할 필요성을 제기한다. 요컨대 가상현실과 증강현실이라는 구분을 넘어 보다 다양한 공간적 범주와 기술적 상상력을 통해, 웹소설을 검토해 볼 필요성을 제기한다. 그리고 2020년 현재 새롭게 생성되고 있는 디지털 사이보그의 양상을 발굴하고, 비교·검토할 필요성을 제기한다. 이를 추후의 과제로 남긴다.

:: 참고문헌

가위. (2007). 『싸울아비 룬』. 마루.

강상구. (2006). 『1년만 미쳐라』. 좋은책만들기.

강찬. (2008). 『대장장이 지그』. 파피루스.

게임트릭스. (2008년 12월 8일). 2008년 11월 월간리포트. 〈게임트릭스〉. http://www. gametrics.com/news/News04_View.aspx?seqid=4486.

곤붕. 「무한 레벨업 in 무림」, 네이버 웹소설.

김상현. (1998). 『탑그루』. 명상.

김상훈. (2007). 『네 꿈에 미쳐라』. 미래를소유한사람들.

김승연. (2005년 10월 6일). 대학이 너무 허무해 … '허무휴학' 는다. 『한겨레』. https:// www.hani.co.kr/arti/culture/culture_general/69082.html.

김홍제. (2019년 8월 5일). 프로게이머가 되고 싶다는 아이를 둔 부모에게 전하는 현실적 조언. 〈인벤〉. http://www.inven.co.kr/webzine/news/?news=224878.

김후인·이민희·한혜원. (2017). 한국 가상현실 게임소설의 스토리텔링. 『한국콘텐츠학회논문지』, 18(1).

남희성. 「달빛조각사」. 카카오페이지.

라카니, 데이브. (2006). 『딱 1시간만 미쳐라』. (강주헌 역). 동아일보사.

심영철. (2006). 『부자가 되려면 채권에 미쳐라』. 한국경제신문사.

아즈마 히로키. (東浩紀). (2012). 『게임적 리얼리즘의 탄생』. (장이지 역). 현실문화연구.

안상원. (2017). 웹소설 유료화에 따른 플랫폼과 서사의 변화 양상 연구. 『한국문예창작』, 16(3).

양치기자리. 「요리의 신」. 문피아.

오찬호. (2009). 〈자기계발〉에 대한 세대 사회학적 접근. 『한국사회학회 사회학대회 논문집』, 한국사회학회.

윌리엄스, 레이몬드. (Williams, Raymond). (1996). 『텔레비전론』. (박효숙 역). 현대미학사.

유성. (2008). 『아크』. 로크미디어.

윤선희. (2001). PC방과 네트워크 게임의 문화연구-스타크래프트를 중심으로. 『한국언론학보』 45(2).

이미경. (2015년 4월 9일). 카카오페이지, 매출 효자 '달빛조각사'로 월 9200만원 기록. 『미디어펜』. http://www.mediapen.com/news/view/71625

이윤희. 한국 판타지 소설의 역사와 의미 연구. 한양대학교 석사학위논문, 2018.

이지성. (2008). 『20대 자기계발에 미쳐라』. 맑은소리.

임종수. (2011). 현실 가상세계 컨버전스 시대의 삶의 양식. 『사이버커뮤니케이션 학보』, 28(2).

장진영. (2019년 8월 10일). "신혼여행 가서도 썼다" 13년 롱런 웹소설 '달빛조각사' 남희성 작가. 『중앙일보』.

정보라. (2013년 10월 21일). 카카오페이지에 뜬 구원투수, '달빛조각사'. 〈블로터넷〉. http://www.bloter.net/archives/167418.

추공. 「나 혼자만 레벨업」. 카카오페이지.

카드, 올슨 스캇. (Card, Orson Scott). (1992). 『엔더의 게임』. (고은주 역). 가서원.

_____. (2000). 『엔더의 게임』. (장미란 역). 공사.

카웰티, J.G. (Cawelti, J. G.). (1995). 도식성과 현실도피와 문화. 『대중예술의 이론들』. 박성봉 편역. 동연.

푸코, 미셸. (Foucault, Michel). (2012). 『생명관리정치의 탄생』. (오트르망[심세광, 전혜리, 조성은] 역). 난장.

한정엽·안진근. (2010). 혼합현실공간(MRS)의 미디어환경 특성연구. 『한국콘텐츠학회 논문지』, 10(11).

해러웨이, 도나. (Haraway, Donna). (2019). 『해러웨이 선언문』. (황희선 역). 책세상.

Milgram, P. and F. Kishino. (1994). A Taxonomy of Mixed Reality Visual Displays. *IEICE Transactions on Information and Systems*, 12(12).

자본주의 리얼리즘 시대의 호모데우스와 사이보그 글쓰기

이양숙

1. 머리말

최근 한국문학에서 주목되는 현상 중 하나로 과학소설Science Fiction의 약진을 들 수 있다. 20세기 초 서구사상을 수용하고 대중을 계몽할 목적으로 소개되었던 과학소설은 이후 오랫동안 청소년을 위한 교육물이나 소수의 마니아에게 유통되었던 판타지 혹은 장르문학으로 인식되어 왔다. 여기에는 식민지 시기와 군사독재 시절을 거치면서 강화되었던 민족주의가 문학적 리얼리즘을 강하게 요구하였던 사정도 부분적으로 작용하였다. 현실의 모순을 비판적으로 재현하고 미래에 대한 비전을 구체적으로 제시해야 한다는 민족적 과제 앞에서 과학소설이 제시하는 초월성과 상상력은 비재현적이며 비현실적인 판타지로 간주될 수밖에 없었기 때문이다.

한국의 과학소설이 나름대로 독립 영역을 구축하면서 양질의 측면에서 비약하게 된 계기는 1990년을 전후한 시기이다. 개인용 컴퓨터가 보급되고 사이버스페이스라는 새로운 시공간이 광범위한 대중에게 열리게 되면서 견고하게 유지되어 왔던 기존 문화의 장이 요동치게 되었다.[1] 사이버스페이스에서는 엄격한 등단 시스템을 거치지 않고도 작가가 될 수 있었으며 작품 역시 실시간으로 독자들과 공유할 수 있게 되었다. 기존 문단의 문학적 규율에서 벗어난 자유로운 사고실험이 다양한 방식으로 전개되면서 탁월한 작가들이 등장한 것, 서구의 과학소설이 발 빠르게 소개되면서 수준 높은 독자층이 형성된 것도 이 시기이다.

2000년대 들어 문학제도권을 통해 정식으로 등단한 작가들이 과학소설을 활발하게 발표하기 시작하면서 과학소설의 정의와 위상을 둘러싼 논쟁이 진행되기도 하였다. 소위 '본격문학'이란 무엇인가에 대한 질문으로 요약될 수 있는 이 논쟁은 과학소설이 더 이상 소수의 마니아를 위한 것이 아니라는 사실을 뚜렷하게 보여주면서 종료되었다.[2] 어쩌면 과학소설이야말로 4차 산업혁명 시기를 살아가는 현대인의 삶을 가장 리얼하게 보여줄 수 있는 장르인 것이다. 이와 같은 변화를 수용하게 된 이유로는 우선 과학기술의 발전과 그 영향이 우리의 생활을 빠른 속도로 변화시키고 있다는 실감에 있을 것이다. 인공지능, 사이버네틱스, 전자두뇌, 두뇌 업로드, 평행이론, 시간이동 등등의 과학담론과 이에 기반한 과학적 상상력이 영화를 통해 대중화

---

1. 한국 과학소설의 역사와 특징에 대해서는 이지용, 2019를 참조할 것.
2. 이 논쟁에 대해서는 정영훈, 박진, 강유정 등의 글을 참고할 것.

되는 한편 알파고, 섹스로봇, 닥터왓슨, 돌봄 로봇 '파로'와 '아이보', 리얼돌 등 일상에서 접할 수 있는 과학기술의 결과물들은 더 이상 과학기술의 문제를 판타지의 영역으로 가두어 둘 수 없음을 보여주는 증거물이 되었다. '포스트휴머니즘', '트랜스휴머니즘'에 대한 연구가 널리 확산되고 날로 깊어지는 것도 이와 같은 변화와 맥을 같이한다.

역사학자 유발 하라리Yuval Harari는 현재 종교적 관점에서 가장 흥미로운 장소는 실리콘밸리이며 그곳에서 탄생한 신흥종교는 기존의 종교들이 사후에 보상하리라고 약속한 모든 것들을 지금 현재 이곳 지상에서 기술을 통해 이루어줄 것을 약속하고 있다고 선언한 바 있다. '기술인본주의'와 '데이터종교'로 불리는 두 유형의 신흥 기술종교들은 각각 기술을 이용하여 '호모데우스(현재의 인류보다 훨씬 우수한 인간모델)'를 창조해야 한다고 주장하거나 이제 인간에게 주어진 우주적 임무가 완수됨에 따라 완전히 새로운 인류가 기존 인류를 대체할 것이라고 주장하고 있다는 것이다.[3] 요컨대 과학기술의 발전이 인간에 미치는 영향을 탐구

3. 하라리, 2017, 481~2쪽. 이 저서의 마지막은 다음과 같은 인상적인 질문들로 마무리된다. (1) 유기체는 단지 알고리즘이고, 생명은 실제로 데이터 처리 과정에 불과할까? (2) 지능과 의식 중에 무엇이 더 가치 있을까? (3) 의식은 없

하는 것은 인류의 미래를 탐구하는 것과 별개의 일이 아닌 것이다.

이런 의미에서 과학소설의 부상이 2000년대 한국소설을 지배하고 있는 종말론 혹은 디스토피아적 상상력과 무관하지 않다는 사실에 특별한 관심을 기울일 필요가 있다. 인류의 미래에 대한 비관적 상상은 사회주의적 유토피아가 종료되었던 지난 세기 말부터 시작된 것이지만 2000년대 소설의 비관적 상상이 지난 세기의 디스토피아와 다른 점이 있다면 "낭만적 색채가 사라지고 냉정한 세계진단에 의한 자발적인 세계 폐기가 이루어지고 있다는 점"이다. 또한 이들이 보여주는 어두운 세계는 "과거의 묵시록과 달리 '원인'이 부재하거나 적으로서의 '타자'가 부재"하다는 특징이 있다(정은경, 2011, 186쪽). "2000년대 한국소설이 과학기술문명에 의해 초래된 종말의 시간에 임박하여 '인간'을 거세"하고 있다는 진단(신수정, 2011, 287쪽)이나 "한국 소설의 디스토피아적 상상력은 '미래 서사'를 가능하게 했지만 거꾸로 그런 서사를 가능하도록 만들었던 것은 '미래소멸'"(복도훈, 2019, 255쪽)이라는 평가는 최근의 과학소설에서 시도된 다

지만 지능이 매우 높은 알고리즘이 우리보다 우리 자신을 더 잘 알게 되면 사회, 정치, 일상에 어떤 일이 일어날까?(544쪽)

양한 사고실험이 무엇을 추구하는지를 짐작하게 해준다.

이 글에서는 윤이형의 단편소설 「캠프 루비에 있었다」[4]를 중심으로 사이보그의 존재론과 사이보그 글쓰기를 다루고자 한다. 윤이형은 2005년 중앙신인문학상으로 등단한 이후 그리 길지 않은 시간 동안 『셋을 위한 왈츠』(2007), 『큰 늑대 파랑』(2011), 『러브 레플리카』(2016) 등 세 권의 소설집을 발간하였다. 등단 이후 과학적 상상력에 기반한 작품을 다수 발표하였지만 윤이형의 과학소설에는 사이보그가 거의 등장하지 않는다. 태생적으로 초월적인 능력의 소유자들(「스카이 워커」)을 등장시키거나, 인간 신체를 변형하지 않고도 시간 이동이나 이질적인 공간에 동시에 존재할 수 있는 특별한 시공간을 다루는 것(「이스투리아 공원에서의점심」, 「결투」)이 대부분이었다. 앞의 두 권의 작품집이 "우주적 시공간의 배경과 미래사회에 대한 상상력을 바탕으로" "장르서사의 문법을 매혹적으로 변주"하고 있다거나(백지연, 2011, 312쪽), "첨단 과학기술의 테크노피아의 상

---

4. 이 작품은 「원, 캠프 루비」라는 제목으로 『창작과 비평』 2013년 겨울호에 발표되었으며 이후 「캠프 루비에 있었다」라는 제목으로 『러브 레플리카』 (문학동네, 2016)에 수록되었다. 이 글에서는 단행본을 텍스트로 하고 있음을 밝힌다. 이후 이 작품으로부터의 인용은 괄호 안에 쪽수만 적는다.

상력에 기대고 있는 ⋯ 비정하고 잔혹한 묵시록"으로 평가된 이유는 여기에 있다(정은경, 2011, 205쪽). 과학소설이 미래에 대한 사고실험이며 어떤 의미에서는 "미래에 대한 다양한 스펙트럼들을 미리 시뮬레이션"하는 기능을 갖고 있다고 할 때(박상준, 2005, 45쪽) 두 권의 작품집에서 작가는 다양한 과학담론이 제시할 수 있는 새로 구성된 세계를 디스토피아적으로 다루어 왔다고 할 수 있다.

세 번째 작품집인 『러브 레플리카』에서는 조금 다른 작품들이 눈에 뜨인다. 첫 수록작인 「대니」에는 안드로이드 로봇 '대니'가, 「굿바이」와 「캠프 루비에 있었다」에는 각각 '스파이디'와 '린'이라는 사이보그가 등장한다. 그러나 '스파이디'와 '린'은 조금 다른 면모를 보인다. '스파이디'는 육체를 냉동 보관하고 인간의 정보(뇌)만을 강철 몸에 이식한 사이보그로 육체와 정신이 완전히 이원화된 존재이다. 「굿바이」에는 인간의 본질이 정신(뇌)에 있으며 뇌정보가 컴퓨터에 저장되고 네트워크로 외부와 연결되어 있을 경우 인간은 불멸의 존재가 될 수도 있다는 한스 모라벡Hans Moravec의 사유가 반영되어 있다. 인간의 의식을 컴퓨터에 다운로드할 수 있다고 주장한 한스 모라벡은 인간의 본질은 정보 패턴이며 따라서 기계에 인간의식을 저장할 수 있다고 보았다. 얼핏 보기에 「굿바이」는 작품의 발상이 과학담론에 있을 뿐 작품의 결론은 모라벡의 사유실험을 부정하는 것처럼 보인다. 주인공 중 하나인 '스파이디'는 자신의 육체를 소각시켜 존재의 '소멸'을 선택하기 때문이다. 그러나 주인공의 생체정보 및 두뇌 정보가 컴퓨터에 저장되어 있다는 사실은 '스파이디'가 자신의 의지와 상관없이 언제든 다른 육체를 빌려 환생할 가능성이 있음을 의미한다. 이런 점에서 스파이디의 자살은 한편으로는 인간의 결연한 의지를 보여주는 아름다운 장면이지만 그와 동시에 결코 소멸될 수 없는 존재에 대한 악몽과 두려움을 암시하는 것이기도 하다.[5] 반면 「캠프 루비에 있었다」의 '린'은 인간의 몸에서 태어났지만 '성장기'라는 기계에 의해 양육되어 초능력을 소유하게 된 이질적이고 모순적인 존재라는 점에서 '스파이디'와는 다른 사이보그이다. 두 인물의 차이를 유발 하라리의 방식으로 설명해 본다면 「굿바이」의 '스파이디'는 데이터 종교에서 주장하는 "완전히 새로운 인류"에, 「캠프 루비에 있었다」의 '린'은 테크노 휴머니즘 종교에서 주장하는 향상된 인류인 "호모데우스"에 해당한다. 즉 불멸의 존재는

5. 모라벡, 2011 참조. 「굿바이」와 「대니」에 대한 연구로 이양숙, 2019를 참조할 것.

아니지만 크게 향상된 능력을 가진 새로운 인류인 것이다.

작가의 관심이 구성된 '세계'에서 '인물'로 다소 이동하였다는 것은 어떤 의미일까? 종말론적 세계를 그리는 것이 실은 "존재하는 사실에 대한 굴복"일 수 있으며 그와 같은 재앙서사에 부재하는 것은 정작 "종말에 대한 상상"과 종말을 감행하는 "정치적 주체"(황정아, 2012, 299쪽)라는 점을 고려해볼 때 미래 사회를 배경으로 활동하는 새로운 주체의 부상은 그 자체만으로도 충분히 주목받아 마땅하다 할 것이다.

사이보그란 모순과 분열, 접속(연결)의 존재로 포스트휴머니즘을 대표하는 상징물이다. 도나 해러웨이는 이분법에서 벗어난 새로운 사회를 현실화하기 위해서는 사이보그가 주인공이 되는 신화, 즉 상상적 글쓰기가 필요하다고 주장한 바 있다. "사이보그 정치가 언어에 대한 투쟁이며 완전한 의사소통에 대항하는 투쟁이고, 모든 의미를 완전하게 번역하는 유일한 코드, 즉 남근중심주의의 교리에 대항하는 투쟁"이라 할 때 사이보그에 대한 상상과 글쓰기는 이분법에서 벗어난 새로운 사회에 대한 상상력이 될 수 있기 때문이다. 해러웨이는 사이보그의 몸은 순진하지 않고, 단일 정체성을 추구하지 않으며, 끝없는 적대적 이원론도 발생시키지 않"음으로써 총체적 이론을 만들 수 있는 추진력이 없지만, 사이보그에는 경계들과 그들의 구성과 해체에 대한 친밀한 경험이 있다고 보았다. 사이보그 글쓰기가 "이원론의 미궁 밖으로 나가는 길을 암시할 수 있"는 강력한 상상(해러웨이, 2002, 315, 323~5쪽)이 될 수 있는 이유는 여기에 있다. 이 글에서는 「캠프 루비에 있었다」에 나타난 사이보그의 존재론을 통해 미래를 상상하는 가능성으로서의 사유와 그 의미를 탐구해보고자 한다.

2. 미지의 시공간을 부유하는 유령들과 괴물들

한 미래학자는 20세기 이데올로기의 핵심이었던 유토피아적 '미래'라는 관념이 20세기 후반에 이르면 단조롭고 협소하며 어두운 것이 되었다가 마침내 "무한히 확장하는 현재"로 뒤바뀌게 되었다고 토로한 바 있다. 지금 인류가 할 수 있는 최선의 저항은 "아무것도 하지 않는 일"이라는 것이다(베라르디 비포, 87쪽). 이는 우리가 자본주의 바깥을 상상조차 할 수 없는 "자본주의 리얼리즘"의 시대에 살고 있음을 의미하는 것이기도 하다. 현재 우리가 접하는 수많은 문화 매체에서는 반자본주의적 몸짓이 넘쳐흐르지만 자본주의가 고통을 안기는 방식을 강조하는 도덕적 비판은 오히려 '상호수동성'Interpassivity을 강화할 뿐이라는 암울한 진단 역시 '자본주의의 종말보다 세계의 종말을 상상하는 것이 더 쉽다'는 벤야민의 말을 떠올리게 한다.6

우리가 하는 모든 비판적인 시도들이 결과적으로 현시대의 모순적 현실을 강화할 뿐이라면 무엇을 할 수 있는가? 자본주의 바깥을 사유하기 위해서는 새로운 시공간이 필요한 것이 아닐까? 만일 그것이 가능하다면 그것은 어떤 모습으로 구성될 수 있는가? 최근 과학적 상상력이 시도하고자 하는 것은 이와 같은 문제의식에 닿아있다고 해도 지나친 말은 아닐 것이다. 그러므로 과학소설이 새로운 시공간을 설정하고 있음에도 불구하고 그것이 그리는 세계가

---

6. '자본주의 리얼리즘'이란 자본주의 이후의 사회가 어떤 모습일지 상상할 수조차 없다는 부정적 의미를 내포하고 있다. 이 용어는 1960년대 독일의 한 팝아트 그룹이 '사회주의 리얼리즘'을 패러디하기 위해 사용하였는데 최근 마크 피셔(Mark Fisher)에 의해 문화의 생산과 노동과 교육의 규제는 물론 사고와 행동을 제약하는 일종의 보이지 않는 장벽이라는 의미로 개념이 확대되었다. 한편 '상호수동적 행위'는 다른 사람이나 동물 또는 사물이 우리를 대신해 소비하게 하는 — 일하게 하는 것이 아니라 — 것이다. 로버트 팔러(Robert Pfaller)는 텔레비전 쇼에서 녹화된 웃음이 우리를 대신해 웃거나 고대 비극에서 코러스가 관객을 대신해 슬퍼하는 상황, 책이나 비디오를 읽고 보는 것보다 수집하는 것 자체에 만족감을 느끼는 태도 등을 그 사례로 들고 있다. 피셔, 2018, 30~36, 140쪽 참조.

가능성 있는 미지의 세계가 아니라 예측 가능한 현재의 연장에 불과하다면 단지 자극적인 소재를 취하는 것일 뿐 진정한 미래소설로 볼 수 없을 것이다. 미래가 '단절'과 '새로움에의 충격'을 통해 과거와 현재를 새로운 시선으로 해석하는 것이라면(피셔, 2018, 14쪽) 사이보그는 과학적 상상력의 최대치를 보여줄 수 있는 중요한 상징이 될 것이다. 사이보그는 과학소설이 구성하는 새로운 시공간을 가장 낯설게 구성함으로써 현실과의 거리를 확보해주기 때문이다.

「캠프 루비에 있었다」는 사이보그 '린', 린의 보호자인 성인 남성 '진우', 린이 접촉하는 외계 생명체 '붉은이'Raddish의 관계가 중심 서사를 이룬다. 15세 소녀 '린'은 '성장기'成長器라는 기계가 양육한 최초의 인간-사이보그이다. 이 기계는 "인간생활에 필요한 정보를 뇌에 직접 공급하는 방식"으로(257) 아이를 일정한 나이까지 성장시킨다. 보통의 인간이라면 자연스럽게 습득될 수 있었을 경험, 기억, 감정교류 등이 그녀에게는 결여되어 있다. 대신 그녀는 타인의 생각을 읽을 수 있고 그 생각에 영향을 미칠 수 있는 초능력을 갖추고 있어 외우주 개척의 선봉에 서게 된다. '린'의 보호자 격인 심리상담사 '진우'는 한때 그 자신이 타인의 마음을 읽을 수 있는 인간초능력자였기에 '린'의 심리를 잘 이해한다.

진우는 언젠가부터 그 능력을 잃었지만 줄곧 상담일을 하면서 사람들을 돕는 일을 해왔다. 다른 지구인들처럼 그는 지구에서의 아픈 기억을 잊기 위해 외우주 행성을 떠돌고 있다. 한편 행성 '윈'의 외계생명체인 '붉은이들'은 가장 낯설고 모호한 존재이다. 이들은 외양부터 생활방식까지 지구인의 기준으로 볼 때 납득할 수 없을 정도로 비효율적인 삶을 산다. 가장 특이한 것은 이들이 개체이면서 동시에 공동체라는 점이다. 여왕처럼 보이는 존재를 중심으로 군집하는 것도 특징이다. 이들도 의식의 교류를 통해 타인의 생각을 읽고 타인의 행동에 결정적인 영향을 미칠 수 있다는 점에서 '린'과 유사한 능력을 갖고 있다.

작품의 시간은 지구인에 의해 우주가 식민지로 개척되는 대략 한 세기 후의 미래이다. 지구의 대자본가들은 우주의 행성에 막대한 자금을 투자하는데 이를 가능하게 한 것은 '속도'의 혁명이다. 태양계를 좁은 것으로 인식할 정도로 속도 정복에 성공한 대자본가들은 외우주를 '테라포밍'(지구가 아닌 다른 행성, 기타 천체의 환경을 지구의 생태계와 비슷하게 바꾸어 인간이 살 수 있도록 만드는 작업)한 후 노동자들을 이주시켜 자원채취 등의 목적으로 우주를 개척한다. 초능력자인 사이보그 '린'은 노동자들이 작업할 수 있도록 행성의 생명체들을 다른 곳으로 이주시키는 초기 정리 작업을 수행한다. '진우'와 '린'은 원생명체들을 이주시키는 작업이 끝나면 또 다른 행성으로 이동하여 동일한 작업을 반복하는 계약직 노동자들이다.

출생 직후 부모에게 버림받아 기계가 주입한 지식만이 전부인 '린'에게는 과거가 없고 현재만 존재한다. 심지어 부모에 대한 기억조차 기계가 만들어낸 것이 전부이다. 그녀가 자기 경험이라고 믿는 것은 대부분 조작과 이식으로 이루어진 것이다. 이와 반대로 '진우'에게는 '과거'만 있고 '현재'란 무의미하다. 무엇을 위해 어떻게 살아야 하는지 알 수 없는 진우 - 혹은 진우로 대표되는 지구인들 - 에게 현재는 그저 버텨내기 위해 소비되는 "일회용품" 같은 시간일 뿐이다.[7] 떠나온 지구에서 들었던 음악, 그 음악을 같이 들었던 사람들, 끝내 죽음을 선택해버린 해고노동자들, 자신이 돕지 못했던 소녀 등등 그의 머릿속을 가득 채우고 있는 것은 주로 지구에서 실패했던 기억과 불편한 감정들이다. 즉 두 인물은 각각 현재와 과거에 갇혀 있는 상황이다.

---

7. "실용만을 고려해 최소한으로 꾸려진 그 순백색 방에 앉아 있자니 자신과 린이 함께 보낸 시간 또한 방과 함께 사용하라고 받은 일회용품처럼 느껴졌다."(243)

이들에게는 돌파구가 없다. 시간도 공간도 관계도 단절되어 그 상황을 벗어나지 못하는 자들. 진우가 자신들을 유령이라고 부르는 이유이다.

유령들이군. 우린 모두 유령들이야. 마치 바로 어제 지구에서 건너온 듯, 이제 그곳에 돌아가도 자신들이 알던 것들은 이미 죽어 사라진 지 오래라는 사실을 알지 못하는 것처럼 추억을 되새김질해 힘을 얻는 사람들을 보면서 진우는 '근원'이라는 단어가 주는 섬뜩함에 현기증을 느꼈다. (242)

그러나 그가 알던 지구는 어차피 이제 없었다. 어쩌면……좋은 곳이 돼 있을 수도 있지 않을까? 그는 오직 현재만을 사는 법을 배우려 노력했다. … 우리는 세상을 바꿀 수 없어. 우리 곁의 사람들을 지켜줄 수 있을 뿐이지. 오래 전 그의 동료 한 명이 스스로를 위로하듯 던진 말이 졸음 속으로 끼어들었다. 죄책감으로는 아무것도 할 수 없어, 우리는 다른 것을 생각하고 다른 것을 주어야 해. (256)

지구를 떠나온 시간여행자들의 처지가 유령인 이유는

무엇일까? 현재는 과거와 단절된 무의미한 시간이며 미래는 생각조차 할 수 없기 때문이다. 그들은 현재의 지구가 어떻게 변해있는지 알지 못한 채 자신들이 알고 있던 지구에서의 추억을 되새김하는 수밖에 없다. 그들이 떠나온 지구는 자본의 외면으로 황폐해졌고 사람들은 "인디언 텐트에서 뜨개질과 물물교환을 하면서" 살거나 "아침저녁으로 폐지를 주우며 돌아다니다 굶어 죽는 노인이 지천"인, 유사종교가 위세를 떨치던 곳이었다. 과거는 현재와 무관한 것으로 박제되어 '추억'으로 남았을 뿐이며, 현재는 공허하거나 혼돈스럽다. 그들이 배우려 노력한 "현재만을 사는 법"은 세상을 바꿀 수 있다는 신념을 버리는 일이고 그것은 다시 죄책감으로 남아 그들을 괴롭힌다. 요컨대 '진우'는 감정적이고 내적 갈등에 시달리는 한편 결단력이 없는 성격으로 그려지는데 이는 사이보그인 '린'과 정반대의 특징이다.

'린'은 지구인들에게 괴물과 같은 존재이다. 낯설고 이해할 수 없는 내면을 갖고 있으며 엄청난 초능력의 소유자이기 때문이다. 외계 생명체를 궁지로 내모는 역할을 담당하면서도 생명 자체에는 무관심한 그녀의 사고방식은 진우에게조차 '이질감'을 준다. '린'의 죄책감은 "올바른 흐름

에서 벗어났"을 때에만 작동되는데 이는 '린'이 평범한 인간
이 아니라 낯선 존재, 즉 사이보그임을 자각하게 하는 순
간이기도 하다. 그녀는 자신에게 주입된 규율을 정확히 지
키고 초능력을 거침없이 행사하지만 타인이 느끼는 감정을
이해하거나 유추하는 데는 철저히 무능력하다는 점에서
기계와 유사하다. 반면 유일하게 믿고 따르는 '진우'의 마음
을 궁금해하고 사랑받기를 원할 때는 영락없는 10대 소녀
의 모습을 보인다. 인간과 기계가 결합된 존재를 사이보그
라고 부르는 것은 인간-기계의 결합에서 어느 한쪽을 제
거해서 인간 또는 기계로 만들려 하지 않는 것이다. 사이
보그는 단지 인간과 기계가 결합된 존재를 부르는 단어가
아니라 "지배시스템에 도전하는 과학기술을 구성하기 위
해 필요한 정치적 언어"이기 때문이다(임소연, 2014, 41~43쪽).
그런 의미에서 '린'은 인간과 기계 '사이'의 존재가 아니라
양자의 특성과 부분적으로 연결되어 있는 '사이보그'일 뿐
이다.

기계양육을 통해 타인을 조종할 수 있는 특별한 능력
을 갖추게 된 '린'은 초월적 인류 즉 호모데우스라 할 수 있
다. 호모데우스는 인간의 능력을 업그레이드해 우리가 알
지 못하는 경험과 의식 상태에 접근하려는 복잡하고 위험

한 시도이다. 유발 하라리는 기술 인본주의가 결국 인간을 다운그레이드할 것으로 보았는데 그 이유는 시스템에서는 다운그레이드된 사람들을 선호할 것이기 때문이다. 다운그레이드된 사람들은 초인간적 능력을 갖고 있으면서도 시스템을 방해하거나 시스템의 속도를 떨어뜨릴 수 있는 성가신 속성(마음)은 거의 갖고 있지 않아서라는 것이다. 자신에게 부여된 "임무에만 집중하되 꿈꾸거나 의심하지 못하는 인간 톱니"로 사는 일, 하라리가 묘사하는 호모데우스의 모습이다.[8]

평범한 호모사피엔스에게 '린'이 주는 이질감은 그녀가 마치 '인간 톱니'처럼 극대화된 효율성의 결집체라는 점에서 온다. 의심하거나 감정 이입을 하거나 내적 갈등에서 오는 혼란을 겪지 않고 정해진 임무에 집중하도록 만들어진 그녀는 기존 인류와 그녀가 '단절'된 존재임을 보여준다. 한편 이와 같은 모습은 이질감을 주는 원인이기도 하다. 그녀의 과감한 업무수행력을 가능하게 한 '다운그레이드된 마

---

8. 유발 하라리는 인류가 몸과 뇌를 업그레이드하는 데 성공한다 해도 그 과정에서 마음을 잃게 될 것이라고 보았다. 시스템은 대개 우리가 의심할 때가 아니라 결정할 때 보상을 내리지만 확고한 결정과 빠른 해법으로 이루어진 인생은 의심과 모순으로 가득한 인생보다 더 빈곤하고 얄팍할 것이기 때문이다. 하라리, 2017, 483, 497쪽.

음'은 기존 인류에게는 미숙하고 불안한 것으로 비치기 때문이다. '린'이 괴물로 여겨지는 이유는 이처럼 업그레이드된 능력과 다운그레이드된 마음에 있다.

이처럼 사이보그 '린'은 이질감과 충격으로 낯설게 존재한다. 그러면서도 어딘가 기시감을 주는 것도 사실이다. 그이유는 작품 속 호모데우스에서 현대인의 모습이 보이기때문이다. 능력은 업그레이드하도록, 마음은 다운그레이드하도록 강요받는 현대인의 삶이 극단으로 치닫는다면 우리역시 '린'과 크게 다르지 않을 것이다. 인간과는 구별되는존재로 알고 있었던 사이보그에서 현재 인간의 모습을 엿볼 수 있다는 것은 인간 역시 분열되고 모순된 존재이며 서서히 사이보그와 유사한 존재로 개조되고 있음을 보여준다. 그런 의미에서 이 작품은 감정을 억제하고 업무에만 집중하도록 강요되는 현재의 삶이 사이보그라는 낯선 형식으로 제시될 때 느껴지는 충격을 통해 현재의 삶을 돌아보도록 만들기도 한다. 하지만 사이보그는 분열되고 모순된존재일 뿐 아니라 새로운 접속을 통해 세상의 변화를 도모하는 존재이기도 하다. 새로운 '연결'을 통해 만들어지는 관계와 변화를 살피기로 하자.

3. 접속의 의미와 사이보그의 성장

상대의 마음과 접속할 수 있(었)다는 두 인물의 공통점으로 인해 '진우'와 '린'은 이질적인 존재들 사이에 서게 된다. 진우는 지구인들과 린 사이에서, 린은 지구인들과 외계 생명체(붉은이들) 사이에서 양 집단을 소통시킬 수 있는 유일한 인물이기 때문이다. 처음에 이 관계는 일방향으로 진행된다. 지구인들은 진우에게 린의 정체를 묻고 진우는 린에게 그녀의 행동에 대한 의도를 묻지만 린은 자신의 행동을 설명할 수 없으며 진우 역시 지구인들에게 린의 모습을 전달할 수 없었다. 과거에 사로잡혀 현재를 유령처럼 부유하는 진우와 현재 주어진 일을 마치 기계처럼 수행할 뿐인 사이보그는 서로에 대해 호감과 연민을 갖고 있지만 이해할 수 없는 낯섦으로 인해 상대를 깊이 이해할 수 없었기 때문이다. 자신의 행동이 어떤 결과를 낳는지 생각해보지 않았던 '린' 역시 외계 생명체인 붉은이들에게 지구인들의 요구를 일방적으로 하달할 뿐이었다. 그러나 지구인과 가장 이질적인 존재인 붉은이들이 '린'에게 "왜"라는 질문을 던지면서 이와 같은 일방향의 관계는 흔들리게 된다.

그들은 그이고 그녀인 동시에 그들이었다. 그들은 기다리고 있었다. 그들만이 할 수 있는 방식으로 그녀를 감지하고, 찾아내고, 데려갔다가 제자리에 돌려놓았다. 몇 번이나. 그 모두를 그녀가 감당할 수 있으리라는 사실을 알고 한 일이었다.… 그들은 물었다.

왜

린은 대답할 수 없었다. 그것은 행성 크기만 한 질문이었다. 그들은 대답을 찾아 그녀 안을 훑었다. 시간이 흘렀고 린의 얼굴이 이유를 알지 못한 채 붉어졌다. 원하는 것을 찾지 못하자 그들은 다른 것들을 보여주었다. 지구인들이 벌이는 일의 의미를 그들은 이해하지 못했다. 그러나 그 일이 멈추지 않을 것을 알았기에 그들은 두 가지 중 하나를 선택할 계획이었다. (248~249)

진우는 자신이 비겁한 인간이라고 생각했다. 어느 날인가부터 현장에 나오지 않게 된 소녀를 찾아 헤매다가 결국 놓아버렸기 때문에. 그녀가 더 이상 들리지 않았기 때문에. 그녀가 한 것처럼 다른 사람들을 따라다니며 그들을 위해 일한다고 믿었지만 자신은 진심도 신념도 없이 그저 주입된 것을 고스란히 받아 어딘가에 되쏘는 존재에 불과하다는 생각을 버릴 수 없었기 때문에, 사람들을 구하지 못했기 때문에. 모든 것을 잊기로 했기 때문에.

사람들은 질문에 대답하기 위해 종종 다른 사람들의 대답을 참고하는 것 같았다. 린은 진우의 마음속을 맴도는 그 대답들을 읽었다. 그러나 그 대답들을 이어 붙여 그녀 자신의 대답을 만들어낼 수는 없었다. 그것들은 너무 무겁고 어려웠다. (강조는 인용자, 283~284)

'린'을 통해 지구인들이 원하는 행동을 전달받은 붉은 이들에게는 두 가지 선택이 남아있었다. 하나는 "순교를 닮은 소멸"이며 다른 하나는 "다른 모든 것을 사라지게 하고 자신도 사라지는 것"으로 일종의 "복수"이며, "퇴행"이자 "자살"이었다. 그리고 그 선택은 그녀의 대답에 달려 있었다. 대답을 할 수 없었던 '린'은 답을 찾기 위해 '진우'의 마음에 접속하지만 '진우' 역시 답이 없는 질문을 갖고 산다는 것을 알게 된다. 자신의 신념은 과연 자신의 것이었을까? 자신은 단순히 "주입된 것을 고스란히 받아 어딘가에 되쏘는 존재에 불과"한 것이 아닐까? 신념을 실현하지도 못했으면서 그것을 완전히 잊어버리는 것이 옳은가? 등의 질문은 지구에서의 시절에 자신이 끝내 구하지 못했던 어린 소녀의 모습과 함께 그를 집요하게 붙잡고 있다.

그의 마음을 읽을 수는 있으나 이해하기 어려웠던 그녀는 '섬바디'라는 환각제를 복용함으로써 의식의 맨 밑바닥 깊은 곳으로 내려가 '진우'가 지닌 감정의 뿌리를 더듬는다. 두 돌이 채 못 된 아이였을 때부터 사람들의 마음을 읽을 수 있었던 '진우'의 외로움, 고통, 불안, 분노와 20대 초반 만났던 소녀에 대한 연민과 안타까움 등의 감정을 읽게 된 '린'은 이번에는 '진우'에게 "왜?"라는 질문을 던진다. 타인의 웃음이 어째서 자신에게도 기쁨인지, 남이 행복하지 않을까 봐 걱정하는 이유는 무엇인지, 내가 왜 다치면 안 된다고 생각하는지, 붉은이들이 사라지면 안 되는 이유는 무엇인지 등등.

사이보그가 항상 온라인 상태에 있어야 하는 이유는 네트워크와의 단절이 죽음이나 위험을 의미하기 때문이다.[9] 그러므로 '린'이 환각제인 '섬바디'를 복용하는 행위는 네트워크와의 단절을 통해 새로운 접속을 시도하는 것이

---

9. 가정용 컴퓨터가 바이러스, 버그, 트로이목마의 공격을 끊임없이 받듯이, 인간의 신체에 연결된 프로그램은 정기적으로 업데이트되어야 하며 유기체와 기계의 결합이 일으킬 수 있는 위험을 점검할 필요가 있기 때문에 항상 온라인 상태여야 한다. 하라리, 2017, 471~472쪽.

다. 즉 자신의 의지로 시스템과의 오프라인 상태를 추구한 것인데 온라인 상태에서는 그녀가 "단지 기계로부터 받은 좌표를 발사하는 기계의 일부에 불과하다는 자학적인" 느낌, "사람은 다른 사람을 구할 수 없다"는 무력감에서 도무지 벗어날 수 없었기 때문이다. 의식의 밑바닥으로 내려감으로써 네트워크가 아닌 개별자 진우의 내면과 감정을 학습하게 된 린은 진우의 무력감이 어디에서 근원한 것인지 공감할 수 있게 되었다.

위험을 무릅쓰고 네트워크와의 단절을 시도한 '린'은 타인의 내면을 깊이 학습함으로써 마침내 자신의 마음을 업그레이드하는 것에 성공한다. 그 결과 "타인이 느끼는 감정을 이해하거나 유추하지 못했고 그것을 요구받는 순간이 오면 모자를 눌러쓰고 침묵하는 것으로 대응"하던 소녀는 마침내 진우의 질문에 "긴 대답"을 할 수 있게 되었다. 그녀의 질문에 "힘겹게 하나의 대답을 만들" 수밖에 없었던 것은 오히려 '진우'였다. 아래의 인용은 이처럼 스스로의 의지로 새로운 능력을 얻게 된 '린'이 기존의 네트워크에 다시 연결되었을 때 어떤 일이 벌어지는지를 보여준다.

린, 서쪽입니다. 동쪽이 아니에요.

헬멧이 당황한 목소리로 뱉어냈다. 자극을 재전송하겠습니다.

충격이 다시 그녀의 머리를 치고 지나갔다. 즈즈, 소리와 함께 바늘 무더기 같은 통증이 관자놀이를 찔러댔다. 아팠다. 아프구나, 린은 생각했다. 아픈 건 이런 거구나. 이런 느낌, 이런 소리. 이런 냄새, 이런 빛. **꿈이 아니야. 하늘이 울컥거렸다.** 그녀는 그들과 이어진 단단한 끈에 기대며 눈을 감았다. 흔들리고 솟구치며 그들을 향해 자신이 가진 전부를 쏘았다.

사라지게 하지 마. 이 바보들아. 사라지지······ 마. 가! 가서 살아. 어디든. (강조는 인용자, 286)

위의 인용은 시스템에서 전송된 자극을 모아 외계 생명체를 일방적으로 저격하던 '린'이 그동안 한 번도 시도한 적이 없는 외계 생명체와의 대화를 시도하면서 마침내 복잡한 생각과 다양한 감각을 자각하기에 이르는 장면이다. 외계 생명체들을 즉각 저격하지 않아 시간이 지체되자 강하게 재전송된 자극은 린에게 비로소 하나의 '통증'으로 감각된다. 꿈에서만 느낄 수 있었던 다양한 감정과 감각들을 깨어있는 상황에서도 자각할 수 있었을 때 린의 내면에서는 울컥하는 감정이 폭발한다. 자신이 단지 주어진 자극을 외부로 되쏘는 기계적인 존재가 아니라 자극에 아파하고 반응할 수 있는 존재로 성장했음을 깨닫게 되었기 때문이다.

마침내 마음을 업그레이드함으로써 공감능력을 획득한 호모데우스는 결정적인 순간에 시스템이 원하는 것과 정반대로 행동한다. 올바른 흐름에서 단 한 번도 벗어난 적이 없었던 그녀였으나 이번에는 자신의 마음이 원하는 말을 전달하기 위해 초능력을 사용한다. 이는 '린'이 더 이상 시스템의 도구가 아님을 의미한다. 소멸하지도 복수하지도 말고 생존하라는 '린'의 외침은 붉은이들에게 주는 대답일 뿐만 아니라 유령과 괴물로 각각 살아야 했던 진우와 자기 자신에게도 해당하는 말일 것이다. 물리적으로 공존할 뿐 마음의 수준이 달라 서로 소통할 수 없었던 린과 진우는 서로를 깊이 이해하기에 이르며 이는 붉은이들에게도 영향을 미친다. 소멸 혹은 복수를 준비하던 그들이 버섯의 포자로 변해 행성 '원'의 하늘을 뒤덮는 소설의 마지막은 붉은이들이 이주지에서 또 다른 생을 준비하는 모습으로 볼 수 있다.

호모데우스의 우월한 능력이 네트워크의 흐름에서 벗어나 개인의 의지에 따라 사용될 수 있다면 어떤 결과가 빚

어질 수 있을까? 부분들과 끊임없이 접속하고 연결하여 마음까지 업그레이드된 사이보그에게서 새로운 미래의 가능성을 발견할 수 있을까? 새로운 부분과의 연결이 반드시 긍정적인 변화로 이어질 수 있는가 등등의 질문에도 불구하고 이 작품은 사이보그를 하나의 새로운 인격체로 주조하는 데 많은 공을 들인다. 작가는 단절도 충격도 찾아볼 수 없는 자본주의 리얼리즘 시대에 우리가 기댈 수 있는 유일한 희망은 호모데우스가 그러했던 것처럼 다운그레이드한 마음을 업그레이드하는 데 있으며 그것은 끊임없이 새로운 연결을 추구하는 것으로 가능하다고 전한다.

4. 맺음말

이 글에서는 윤이형의 단편소설 「캠프 루비에 있었다」를 중심으로 미래세계에 대한 과학적 상상력을 고찰하였다. 등단 이후 최신의 과학담론을 소설의 구성요소로 적극 활용해 온 윤이형은 세 번째 작품집인 『러브 레플리카』에서는 안드로이드와 사이보그 등 비인간적 존재에 대한 성찰을 보여준다. 특히 「캠프 루비에 있었다」에서는 기존의 작품에서는 찾아볼 수 없었던 여성 사이보그가 등장한다.

'비판적 포스트휴머니즘'을 선도한 도나 해러웨이는 이 분법이 지배하는 완고한 세상의 질서에서 벗어나 새로운 사회학적 상상력을 발휘하기 위해서 사이보그가 주인공이 되는 신화가 필요하다고 주장한 바 있다. 인간과 비인간, 유기체와 기계의 경계를 가로지르는 사이보그는 그들 사이에 확고한 경계가 있다고 믿는 이들의 세상을 충격할 수 있으며 양자 중 어느 한쪽도 다른 편을 완전히 통제할 수 없음을 보여주기 때문이다. 이런 의미에서 사이보그 글쓰기는 이분법에 길들여진 우리에게 부분적 정체성과 모순을 받아들일 수 있는 언어와 상상력을 제공해준다(같은 책, 32쪽). 이 글에서는 자본주의적 폐해에 염증을 내면서도 더이상 유토피아를 상상할 수 없는 자본주의 리얼리즘 시대에 사이보그적 글쓰기와 상상력은 과연 다른 세계를 상상할 수 있는 효과적인 매체가 될 수 있는가를 탐구하였다.

작품의 주인공인 사이보그 '린'은 인간에게 필요한 정보를 효율적으로 주입하여 아이를 성장시키는 기계 '성장기'의 오작동으로 의도치 않게 창조된 사이보그였다. 그 결과 그녀는 타인의 마음을 읽고 그들의 행동을 결정할 수 있는 초능력을 갖게 되지만 그녀의 초능력은 자본의 요구를 효율적으로 충족시키는 도구로 사용된다. 그러던 그녀가 자신의 행동에 의문을 품게 된 것은 자신보다 더 이질적이고 낯선 외계 생명체인 '붉은이들'이 자신들을 소멸시키려는 지구인들의 행동이 어떤 의미를 갖는 것인지 물으면서부터 이다. 질문을 외면해 오던 그녀는 답을 찾기 위해 '진우'의 마음을 '경험'하게 된다. 그녀가 진우의 깊은 마음을 읽을 수 있었던 것은 '섬바디'라는 환각제 덕분이었다. 사이보그 인 '린'이 알고리즘 시스템과 의도적으로 단절하고 환각의 세계를 경험하는 행위는 기존 네트워크에서 해결될 수 없 었던 문제를 해결하기 위해서였다. 환각제의 힘을 빌려 인 간의 내면과 깊이 연결된 린은 마침내 기존의 네트워크 시 스템에서는 찾을 수 없었던 인간적 감정의 다양한 양상과 그 근원에 접속하게 된다. 그 결과 '린'은 타인(진우)의 고통 에 공감하고 그에게 느끼는 자신의 감정이 연민과 사랑임 을 깨닫게 된다. 알고리즘이 모든 것을 결정하는 시대에 린 과 진우는 서로의 마음을 깊이 경험함으로써 마침내 사랑 을 이루어내게 된다.

대략 한 세기 후의 미래를 배경으로 하고 있음에도 작 품에서 그려지는 세계는 상투적일 정도로 현재의 삶과 닮 아 있거나 현재보다 열악하다. 노동운동 실패 후 자살을 선택한 사람들, 빈민가를 구경하는 관광객들, 채식이나 물

물교환처럼 다양한 반자본주의적 행동을 하는 자들, '이너
프'라는 사이비 종교로 사람들의 불안을 이용해 치부하는
종교인 등등. 무엇보다 외우주 개척의 선봉에 선 거대자본
의 폭력적인 행태는 현재 세계의 여기저기에서 일어나는 구
차한 삶의 모습을 그대로 붙여놓은 것처럼 기시감을 불러
일으킨다. 또한 작품 속의 인물들이 "우주라는 거대한 선택
지 앞에서 이제 인간은 모두 절대적으로 혼자"이며 "사람은
다른 사람을 구할 수 없"다는 무력감에 휩싸여 있다는 점
도 여러 모로 디스토피아적인 현재의 삶을 연상시킨다.

　　한때 인간초능력자였던 진우가 업그레이드된 마음과
다운그레이드된 능력의 소유자라면 현재에 최적화된 사이
보그 린은 업그레이드된 능력과 다운그레이드된 마음을
갖고 있다. 이들이 서로에 대한 친근함에도 불구하고 상대
를 낯선 존재로 인지할 수밖에 없는 이유는 이 때문이다.
과거에 사로잡혀 현재를 유령처럼 부유하는 진우와 현재
주어진 일을 마치 기계처럼 수행할 뿐인 사이보그 사이에
서 공유될 수 있는 것은 아무것도 없었기 때문이다. 이들에
게 '하나'이면서 동시에 '여럿'인 붉은이들이 등장한다. 이들
은 개체이면서 동시에 운명공동체인 낯선 이들로 외부로부
터의 폭력에 대응해 함께 소멸하는 길을 선택하는 존재들

이다. 이들의 존재는 기계와 같은 존재였던 린이 마음을 업그레이드하는 계기를 마련해준다. 호모데우스인 '린'이 정체성의 변화를 겪는 일은 그러므로 디스토피아적 세상에 대한 어떤 가능성을 모색하기 위한 것으로 보인다.

'린'이 난제를 풀기 위해 선택할 수 있는 방법은 두 가지이다. 첫째는 더 많은 네트워크와의 접속으로 데이터를 축적하여 이를 활용하는 방법일 것이다. 이 경우 린은 데이터 종교에서 예견하는 포스트휴먼의 방향으로 진화하게 될 것이며 그 결과 외계 생명체는 그 어떤 이유도 제시되지 않은 채 계속 소멸될 것이다. 두 번째는 작품에서 진행된 것처럼 한 개인의 내면에 접속하여 감성과 기억, 그가 살았던 시대의 문화를 학습하고 이해하는 방법이다. 린은 두 번째 방법을 택함으로써 마음을 업그레이드할 수 있었고 결국 시스템의 부품이 되는 삶에서 벗어날 수 있었다.

아이들이 없는 불임의 상상력(「마지막 아이들의 도시」, 2007)이나 성인이 없는 아이들만의 도시(「핍」, 2014)를 그렸던 작가에게 미래사회는 세대와 세대, 개인과 개인이 단절되어 있는 세계이다. 다른 세대와의 공존이 불가능해진 도시에서 개인은 공동체를 구성하지 못한다. 이들 작품에서 '미래'란 상상할 수 없는 것이기 때문이다. 여기서 「굿바이」에 등장하는 사이보그 '스파이디'가 '소멸'을 선택하는 상황을 다시 떠올릴 필요가 있다. 스파이디의 자살이 개인적 결단으로 높이 평가되어야 하는 것은 맞지만 그녀의 뇌 정보가 이미 컴퓨터에 업로드되어 있는 한 그녀가 언제든 네트워크 시스템의 결정에 따라 새로운 몸으로 부활될 수 있다는 점은 간과되기 쉽다. 데이터종교에서 주장하는 새로운 인류의 한 유형이라 할 '스파이디'가 소멸에 대한 자신의 의지에도 불구하고 영원불멸의 존재가 될 가능성이 있다는 것은 역으로 새로운 세대의 탄생이 불가능함을 예견하는 것이기도 하다. 시스템은 자기의 요구에 적합한 인간만을 선택적으로 부활시킬 수 있기 때문이다. 불임의 세계를 대체하는 복제물에 대한 상상은 이처럼 세대 단절과 미래 소멸을 암시하는 암울한 세계에 대한 것임에는 틀림없다.

이와 비교했을 때 「캠프 루비에 있었다」에서 그리고 있는 미성년 여성 사이보그의 성장담은 미약하지만 하나의 가능성을 모색하고 있는 것이라 할 수 있다. 서사의 흐름을 끊는 '낯설게 하기'의 비효율성, 영화적 상상력을 다수 차용하고 있는 듯한 상투적인 장면들에도 불구하고 이 작품에서 뚜렷하게 돋보이는 지점이 있다면 바로 다음 세대의 모습을 담고 있는 어린 사이보그가 과거 인류의 마음과 접속하여 자신을 업그레이드한다는 부분일 것이다.

　인간보다 더 인간적인 안드로이드 로봇, 자본의 압도로 기계만큼 획일화된 삶을 영위하는 인간 군상들, 와이파이와의 단절을 두려워하는 접속 불안 현상 등은 오늘날 인간과 비인간, 유기체와 기계의 경계가 더 이상 자명하지 않음을 보여준다. 윤이형 소설에 등장하는 사이보그는 이와 같은 현실을 담아내는 한편, 미래세계에 대한 미약하지만 전혀 불가능한 것도 아닌 희망의 서사를 보여주고 있다.

:: 참고문헌

강유정. (2008). 한국소설의 새로운 문체, SF(Sympton Fiction). 『작가세계』, 76.

모라벡, 한스.(Moravec, Hans). (2011). 『마음의 아이들』. (박우석 역). 김영사.

박상준. (2005). 21세기, 한국, 그리고 SF : SF문학의 개괄과 한국적 SF의 반성. 『오늘의 문예비평』, 59.

박진. (2008). 장르들과 접속하는 문학의 스펙트럼. 『창작과 비평』, 140.

백지연. (2011). 해설 : '세계의 끝'에서 시작되는 이야기의 모험. 『큰 늑대 파랑』. 창비.

베라르디 비포, 프랑코.(Berardi "Bifo", Franco). (2013). 『미래 이후』. (강서진 역). 난장.

복도훈. (2019). 마니교 시대의 아포칼립스와 디스토피아. 『SF는 공상하지 않는다』. 은행나무.

신수정. (2011). 종말의식의 재현과 휴머니티의 기원. 『한국문예비평연구』, 35.

윤이형. (2016). 캠프 루비에 있었다. 『러브 레플리카』. 문학동네.

이양숙. (2019). 포스트휴머니즘 시대의 과학담론과 문학적 상상력. 『도시인문학연구』, 11(1).

이지용. (2019). 한국 SF의 장르적 특징과 의의. 『대중서사연구』, 25(2).

임소연. (2014). 『과학기술의 시대 사이보그로 살아가기』. 생각의힘.

정영훈. (2008). 장르문학과 본격문학이라는 시빗거리. 『창작과 비평』, 140.

정은경. (2011). 제로 옵션의 유토피아. 『키워드로 읽는 2000년대 문학』. 작가와 비평.

피셔, 마크.(Fisher, Mark). (2018). 『자본주의 리얼리즘』. (박진철 역). 리시올.

하라리, 유발.(Harari, Yuval Noah). (2017). 『호모데우스』. (김명주 역). 김영사.

해러웨이, 다나 J.(Haraway, Donna J.). (2002). 사이보그 선언문. 『유인원, 사이보그, 그리고 여자 : 자연의 재발견』. (민경숙 역). 동문선.

_____. (2006). 『겸손한 목격자』. (민경숙 역). 갈무리.

황정아. (2012). 재앙의 서사, 종말의 상상 : 근래 한국소설의 한 계열에 관한 검토. 『창작과 비평』, 40.

디지털 도시화와
사이보그 페미니즘 정치 분석

인정투쟁의 관점에서 본 폐쇄적 장소의 정치와

상상계적 정체성 정치

이현재

1. 디지털 도시화와 디지털 페미니즘

2018년 5월 19일, 혜화역 2번 출구에는 1만 2천여 명의 여성들이 모여들었다. 워마드 발 홍대 몰카 사건에 대한 경찰의 편파 수사를 규탄하는 데서 시작했던 이 시위는 불법 동영상 촬영, 유포 등과 관련하여 "동일범죄 동일처벌"의 구호를 전면에 내세우면서 확산되었다.[1] 이는 분명 전에 없던 새로운 페미니즘 이슈의 분출이었다. 초소형 디지털카메라의 발전은 인간의 몸이 당사자의 동의 없이 영상으로(비물질적으로) 사이버 공간에 떠돌 수 있는 환경을 만들어 내었고, 컴퓨터와 모바일의 기능 향상은 불법동영상의 유포와 소비를 위한 플랫폼을 만드는 데 일조했다. 이는 오늘날 디지털 네이티브에게 가장 핵심적인 젠더 이슈는 불법동영상이 될 수밖에 없음을 보여준다.

그러나 혜화역에 모인 시위대를 바라보는 시선이 곱지만은 않았다. 혹자는 경찰의 성차별적 수사를 비판하기 전에 그 사건을 일으킨 워마드의 사과가 먼저 있어야 하는 것이 아니냐고 했고, 혹자는 이미 불법촬영물에 대한 강력한

---

1. 2018년 한 해 동안 불편한 용기는 제5차 집회까지 주최했으며 1일 최대 시위 참여자는 주최측 추산 최대 6만 5천 명에 육박한다.

규제가 시행되고 있는 상황에서 사건을 일으킨 워마드에 대한 경찰의 대응은 편파적인 것이 아니라고 했다. 시위의 이슈에 대한 반응도 각양각색이었다. 불법동영상 촬영 및 유포에 대한 공포를 이해할 수 없다고 말하거나 일부 여성들이 너무 예민한 게 아니냐는 반응을 보이는 사람들도 적지 않았다. 그렇다면 동일한 사건에 대한 이러한 반응의 차이는 어디에서 연유하는 것인가?

이 글에서 나는 디지털 도시화는 새로운 육체성과 경험의 방식을 낳았고 이러한 새로운 존재론과 인식론에 기반한 디지털 페미니즘은 기존과는 다른 이슈를 제기할 수밖에 없음을 보여줄 것이다. 즉 디지털 시대 사이버 공간에 거주하는, 기계와 육체가 결합된 새로운 인간 종인 사이보그는 새로운 육체, 새로운 세계 경험을 탄생시켰으며, 유기체로만 사는 사람들에게 이들의 공포나 행동은 쉽게 이해되기 힘들 수 있다는 것이다. 나아가 나는 사이보그 페미니스트들이 벌이는 인정투쟁이 예상과 달리 이질적 정체성의 절합이나 혼종이 아니라 정체성의 단일성과 동일성을 강조하는 방향으로 나아갔음을 주장할 것이다. 그들에게 사이버 공간은 자유라기보다 제약이자 상처의 공간이었으며 여성 일반을 육체와 자연으로 환원시켜 열등한 타자로 만들어버리는 도시 상상계의 공간이었다. 따라서 그들은 폐쇄적 공간으로 도피하는 가운에 이 자연적 동일성을 그대로 답습할 위험에 처하게 된다.

2. 사이보그 페미니스트의 등장

최근 20년간 디지털 정보통신 네트워크는 급속도로 확산되었다. 이제 스마트폰 없이 산다는 것을 상상하기 힘들 정도이다. 우리는 스마트폰을 통해 아는 사람뿐 아니라 모르는 사람들과도 접속한다. 이제 우리의 접속반경은 원칙적으로 전 지구적이다. 인터넷 통신망이 있는 곳이면 어디나 나는 존재할 수 있다. 나는 스마트폰을 통해 내 육체의 한계를 넘어서 이동의 능력을 증강시킨다. 그뿐만 아니라 현실과 가상의 경계도 뛰어넘는다. 가령 포켓몬 게임을 한다는 것은 현실과 가상, 육체와 기계가 결합된 새로운 혼종적인 몸과 세계를 산다는 것을 의미한다. 이렇듯 디지털 시대는 기계와 인간, 비인간과 인간을 혼종시킨 몸의 경험, 이 몸을 통한 새로운 세계의 경험을 가능하게 만들었다. 이제 자유를 위해 우리는 물리적 공간으로서의 도시로 이동할 필요가 없다. 사이버 공간에 접속하기만 하면 나는 시골에서도 도시적인 삶을 살 수 있다.

도나 해러웨이Donna J. Haraway는 이러한 "인공두뇌의 유기체", "기계와 유기체의 잡종"을 '사이보그'cyborg로 명명한 바 있다(해러웨이, 1991, 267쪽). 사이보그는 인간의 육체가 과학기술 환경의 변화, 매체의 변화, 사회관계의 변화에 따라 다르게 상상되고 경험될 수 있음을 보여준다.[2] 디지털 도시화의 시대에 인간은 더 이상 사물 그리고 외부세계와 뚜렷이 구분되는 경계를 갖는 유기체가 아니다. "자연과 문화는 재작업된다"(같은 책, 270쪽). 가령 스마트폰은 나의 뇌이고 다리이며 사회관계다. 이를 통해 나는 뇌의 능력을 증강시키고, 내 몸과 정체성에 대한 지식을 획득하며, 원거리 이동을 하면서 인간관계를 형성한다. 즉 나는 내가 접속하는 디지털 기술과 더불어 나의 신체에 대한 이미지를 형성한다. 만약 미래 사회의 과학기술의 변화를 예측할 수 있다면 우리는 이로부터 미래 포스트휴먼 단계에서의 우리 존재의 모습을 상상할 수 있을 것이다.

---

2. "사이보그는 허구의 피조물일 뿐 아니라 사회적 실재의 피조물이다"(해러웨이, 1991, 267쪽). "사이보그는 어떤 역사적 변형의 가능성도 구성하는 두 개의 결합된 중심인 상상력과 물질적 실재의 응축된 이미지다"(같은 책, 268쪽).

〈그림1〉 린 랜돌프, 〈사이보그〉, 1989. 해러웨이가 사이보그를 설명하기 위해 이용하고 있는 이 그림에서 여성은 유색인이며 자판을 통해 컴퓨터와 연결되어 있다. 이러한 혼종이자 타자인 여성의 경험은 컴퓨터 화면을 통해 가시화된다.

위의〈그림1〉린 랜돌프의 〈사이보그〉는 해러웨이의 「사이보그 선언문」 삽화이다. 이 그림의 중앙에는 동양인의 얼굴을 한 여성이 동물 및 기계와 결합된 사이보그의 형상을 하고 컴퓨터 자판을 치고 있다.[3] 해러웨이에 따르면 사이보그 여성이 동양인(유색인)으로 표현된 것은 사이보그의 잡종성 및 주변성을 드러내기 위한 것이다. 잡종이자 주

---

3. "작가인 린 랜돌프는 이 그림이 사이보그를 구현한 것이라고 밝히면서, 그림 속 여성은 제3세계 페미니즘을 암시하는 중국 여성이라고 언급한 바 있다. 그런데 별로 특별하지 않은 제3세계의 보편적 인물로 보이는 이 여인은 광활한 우주를 배경으로 지구 표면을 컴퓨터 자판으로 두들기고 있다. 여기서 컴퓨터 자판은 마치 사이보그와 지구 표면의 지질학적 지형도 사이를 매개하는 듯하다."(허정아, n. d.).

변인인 사이보그 여성은 자판을 통해 세계와 연결되고 있다. 사이보그 여성은 아래로는 광활한 지구의 표면과 연결되어 있으며, 위로는(격자 모양의 틀 안) 우주와 연결되어 있는 것처럼 보인다. 사이보그는 "우리의 사회적·육체적 실재의 지도"를 그린다(같은 책, 268쪽). 위쪽의 배경이 되고 있는 우주가 액자틀 안에 들어 있는 이유는 사이보그 여성이 디지털 매체를 통해 세계와 연결될 뿐 아니라 세계를 개념적으로 구성하고 있음을 보여준다. 여기서 사이보그 여성은 통일적 자연과 동일시되는 단계를 뛰어넘는다. 사이버 공간에서의 육체는 부피와 연장을 가진 공간이라기보다는 부피와 연장을 가진 것 같은 이미지이다. 자연은 더 이상 사이보그 여성들이 자신의 육체를 재현하기 위한 원본도 아니고, 상상은 더 이상 통일성이라는 줄거리에 의존하지 않는다.

우리는 여기서 한발 더 나아가 다음과 같은 추론도 해볼 수 있다. 즉 만약 여성이 과학기술 환경의 변화에 따라, 다시 말해서 어떤 기술 매체와 관계를 맺는가에 따라 다른 몸과 세계를 갖게 된다면, 새로운 매체를 통해 자신의 몸을 증강시키는 여성과 그 매체를 이용하지 않는 여성들은 서로 다른 종이 될 것이며, 다른 세계를 경험하게 될 것이다. 가령 라디오나 TV를 주로 이용하는 여성들은 컴퓨터를 주로 이용하는 여성과 같은 경험의 지평을 갖지 않는다. 『넥스트데일리』에 실린 기사 「너도나도 4G, 본질은 '와이브로 vs LTE'」는 통신사들 간에 벌어진 속도 전쟁을 묘사하기 위해 통신사 스프린트(2020년 T모바일 USA에 합병)의 사진을 인용하고 있는데 이 사진에서 5G를 이용하여 달리는 여성의 얼굴은 4G를 이용하는 여성의 얼굴보다 훨씬 더 일그러져 있다. 이는 LTE로의 변화가 가져올 속도감이 인간의 육체에 미칠 영향이 어떠할지를 극명하게 보여준다(넥스트데일리, 2011). 글자 수의 사용에 차이를 보이는 페이스북과 트위터 그리고 인스타그램 이용자들도 마찬가지다. 달리는 속도에 따라 공간이 휘어진다는 아인슈타인의 상대성 원리는 이 경우에 적절하다. 어느 매체를 이용하느냐에 따라 몸은 다르게 경험되고 세계는 다르게 구성된다. 이런 점에서 해러웨이는 "사이보그는 20세기 말 무엇이 여성의 경험으로 간주되는가를 변화시키는 허구 및 체험된 경험의 문제"라고 언급하였다. 새로운 디지털 기술과 속도를 기반으로 등장한 사이보그 페미니스트들의 몸과 세계에 대한 경험은 이들과 동일한 기반을 갖지 않는 여성들에게 매우 생소할 수 있다.

필자는 2018년 5월 19일 혜화역에 모였던 여성들, 컴퓨터나 스마트폰을 이용하여 사이버 공간에 접속하고 활동하는 이 페미니스트들을 사이보그 페미니스트라 부를 수 있다고 본다. 이들의 몸과 세계에 대한 경험은 이 매체를 이용하지 않는 여성들과 다르다. 사이버 공간에서 몸은 자연이 아니라 디지털 매체를 통한 이미지들이다.[4] 이들은 온라인에서 시위를 조직하고 정보를 교환하며 논쟁을 주도한다. 이들은 사이버 공간에서 익명으로 활동하거나 다중인격을 구사하기도 한다. 자신의 성별을 바꾸어 등장하기도 한다. 사이버 공간에서 이들이 재현하는 젠더와 섹스는 이미지이다. 불법동영상에서 재현되는 몸 역시 비물질적이다. 하지만 이 몸에 대한 이미지들은 실재보다 더 강력한 영향력을 미치는 것이 현실이다. 사이보그 여성들은 사이버 성범죄나 사이버불링 그리고 신상털기에 대해 매우 큰 공포를 느낀다.

---

4. 가령 워마드에서 있었던 성체 훼손 사건이나 낙태된 태아의 사진은 자연으로서의 육체가 아니라 이미지화된 육체를 보여준다. 해러웨이는 「태아: 신세계질서의 버추얼 검경」이라는 논문에서 〈아담의 창조〉를 패러디한 앤 켈리의 만화를 사례로 든다. 그가 〈버추얼 검경〉이라고 명명한 이 그림에서 여성은 컴퓨터 자판을 터치함으로써 컴퓨터가 발생시킨 공간 속에서 태아를 본다. 해러웨이, 2007, 341쪽.

그렇다면 어떻게 이 잡종이자 주변인, 종의 경계를 넘나드는 사이보그 페미니스트들은 다양하게 변화하는 몸의 이미지가 아니라 불변의 통일적 자연인 '생물학적 여성'이라는 자연에 호소하게 되었을까? 해러웨이의 바람처럼 이들은 사이버 공간과 과학기술의 성과를 적극적으로 페미니즘 정치에 이용하고자 한다. 그러나 해러웨이의 바람과 달리 적지 않은 사이보그 페미니스트들은 페미니즘을 '생물학적 여성'이라는 자연적 정체성에 연루시키고자 한다. 사이보그 여성들은 저항을 위해 자신의 주변성과 혼종성을 이용하기보다 중심성과 통일성에 의존하고 있다는 것이다. 어떻게 사이보그는 사이보그를 부정하기에 이르렀는가? 필자는 그 이유를 사이버 공간에서의 폐쇄적 장소의 정치 및 상상계적 정체성 정치에서 찾고자 한다.

3. 사이버 공간과 폐쇄적 장소의 정치

'디지털 유목민'digital nomade이라는 문구를 유명하게 만든 S사의 노트북 광고를 기억해 보자. 이에 따르면 사이버 공간에서의 연결은 시간과 공간의 제약을 극복하며 따라서 이 공간에서 사람들은 전 지구적인 연결을 시도하면서 자유로운 유목민의 생활을 하게 된다. 그렇다면 사이보그 여성들 역시 사이버 공간 속에서 자유로운가? 사이버공간은 젠더중립적인 공간인가?

아쉽게도 사이버 공간은 여성들에게 여성혐오적 공간이었다. 가령 2017년 게임이용자 실태조사 보고서에 따르면 온라인게임 이용률은 남성 50.4%, 여성 26.8%로 약 두 배의 차이가 있으며(장은진, 2018), 인터넷을 이용한 게임의 공간은 남성의 욕망이 지배적인 공간으로 배치된다.[5] 따라서 게임 공간에서 여성들은 자유 혹은 광활함을 경험하기보다 제약을 더 많이 받게 된다.

젠더에 따라 다르게 경험되는 이러한 사이버 공간의 특징을 살피기 위해 이-푸 투안의 공간과 장소에 대한 구분을 도입해 보자. 투안에 따르면 "장소는 안전을 의미하며 공간은 자유를 의미한다"(투안, 2007, 15쪽). 그는 신학자 틸리히의 대도시 경험을 인용하는 가운데 공간을 "개방성, 무한함, 막힘없는 공간", "광활함", 추상성과 같은 특징으로 설

---

5. 이-푸 투안은 인간이 자신의 욕구를 충족시키기 위해 그리고 자신의 신체를 중심으로 공간을 해석하고 조직한다고 본다. 즉 공간은 자신의 욕구를 충족하기에 적절한 방식으로 점유되고 통제되며 질서 지어진다(투안, 2007).

명하는 한편, "우리가 공간을 더 잘 알게 되고 공간에 가치를 부여하게 됨에 따라 공간은 장소가 된다"고 본다(같은 책, 19쪽). 투안에 따르면 공간은 광활하고 자유롭지만 흐릿하고 혼란스럽다. 그러나 공간에 특정한 가치와 의미를 배치함으로써, 즉 공간을 장소로 만듦으로써 우리는 익숙함, 안정감과 더불어 자신의 가치와 지위를 확인할 수 있게 된다. 그렇다면 사이버공간은 구체적인 가치가 배치되지 않은 추상적 '공간'인가, 아니면 가치가 부여된 장소인가? 여성혐오적인 가치가 지배적인 사이버 공간을 여전히 개방적인 공간이라고 할 수 있는가?

마르크 오제Marc Augé는 인터넷 연결망 속의 사이버 공간을 장소 정체성이나 장소감각이 결여되어 있는 '비장소'Non-Lieux로 명명했지만(오제, 2017) 사실 우리는 사이버 공간을 이용하는 순간 그 공간이 누군가의 장소임을 알아챌 수밖에 없다. 가령 사이버공간이 특정 집단의 가치를 반영하지 않는다고 여겨지는 순간에도 그 공간은 지배집단의 경험과 문화 그리고 규범을 보편화하고 확립하는 장소일 수 있다. 게임공간은 누구에게나 열린 공간처럼 보이지만 게임의 내용과 게임 이용자들이 여성혐오적이라면 이 공간은 이미 아이리스 매리언 영이 말한 '문화제국주의'cultural imperialism가 지배하는 장소가 될 것이다. 즉 그 공간은 남성적 욕망에 의해 배치된, 남성에게 익숙한, 그들이 자신의 가치와 지위를 확인하는, 그들에게만 안전한 문화의 장소라는 것이다. 영에 따르면 "문화제국주의를 체험한다는 것은 어떻게 사회의 지배적 의미들이 어떤 개인이 소속된 집단에 상투적인 관념을 부여하여 타자the Other라는 표지를 붙여 버림과 동시에 그 집단이 가지는 특수한 관점을 보이지 않게 만들어 버리는지를 체험한다는 의미"다(영, 2017, 141쪽). 이 남성중심문화에서 여성은 "결핍과 부정"의 성으로, 비가시적인 대상으로 규정된다. 따라서 사이버 공간에서 여성들은 자기 자신과 긍정적인 관계를 맺을 수 없게 되며, 보이지 않는 존재로 취급되는 등의 억압을 겪게 될 것이다. 여성혐오로 가득 찬 일간베스트 저장소나 오늘의 유머 게시판 등은 비록 개방성을 표방하지만, 적지 않은 여성에게는 광활한 자유의 공간이기보다 위협적 타인들로 꽉 들어찬 "과밀"한 장소로 경험될 것이다(투안, 2007, 102쪽).[6]

그렇다면 사이버공간, 이 과밀한 남성중심적 장소에서

---

6. 여기서 과밀하다는 것은 양적으로 높은 분포만을 의미하는 것이 아니라, 자신에게 상처를 주는 존재들을 자주 마주하게 되는 경험을 의미하는 것이다.

여성이 살아남는 방식에는 어떤 것이 있을까? 우선 적응 혹은 동화의 방식이 있을 수 있다. 여성이 남성중심문화의 대상화 요구에 자신을 맞추어 그 문화에 순응한다는 것이다. 그러나 이 경우 여성은 자기 자신에 대한 긍정적인 관계를 맺지 못하게 된다. 즉 여성들은 자신의 주체성이나 긍정적 가치를 인정받기 힘들다. 따라서 동화와 순응을 거부하는 여성들, 긍정적 자기관계를 회복하려는 사이보그 페미니스트들은 또 다른 '장소'를 만드는 정치를 채택하기에 이른다. 아예 안전한 피난처를 따로 만들고 자신들의 욕망에 따라 이 공간에 가치를 배치하여 친밀하고 안전한 장소를 만들고자 하는 것이다. 대표적으로 '메갈리아', '워마드'와 같은 여성 중심 커뮤니티는 과밀한 공간에서 상처받은 여성들이 쉬어가는 장소였고 여성혐오에 대항하는 미러링을 제약 없이 실천할 수 있는 안전한 곳이었다. 이들은 장소의 정치를 통해 안전을 도모했을 뿐 아니라 긍정적 자기관계 역시 확인하고자 했다.

그러나 나는 이러한 장소의 정치가 긍정적으로만 평가되기 힘들다고 본다. 오늘날 장소의 정치는 안전을 넘어 폐쇄성과 연결되는 경향을 보이기 때문이다. 지구화 시대 신자유주의의 확산과 더불어 장소의 정치는 '폐쇄적 공동체'

의 양상을 띠기도 하였고, 혼종적 공간이 될 줄 알았던 흐름의 사이버 공간은 점차 폐쇄적 분리의 장소가 되는 경향을 보였다. 사이버 공간은 개방의 공간일 줄 알았으나 동시에 폐쇄의 장소였고, 탈영토화와 비장소의 공간으로 진단되었으나 재영토화와 장소화가 끊임없이 진행되는 공간이기도 했다. 디지털 도시화의 특성을 '모빌리티'로 보고 있는 요시하라 나오키 역시 '탈영역화에서 재영역화'로의 과정에 주목하면서 "개방성으로 규정된 사회관계적인 영역이 쉽게 폐쇄성으로 반전할 위험을 내포"하고 있다는 점을 지적하였다(요시하라, 2010, 76쪽). 가령 계급, 인종, 민족, 종교 나아가 젠더 등은 그 차이가 서로 인정되는 가운데 공존하기보다 선별되거나 차별되어 분리segregation되는 경향을 갖는다는 것이다. 요시하라에 따르면 로컬한 정체성이나 민족적 전통을 강조하는 가운데 진행되는 정체성 정치뿐 아니라 '안전·안심의 마을 만들기' 역시 이러한 폐쇄적 영역화에 기반하고 있다(같은 책, 134~135쪽). 주목할 것은 차별화를 시도하는 집단뿐 아니라 이 차별화에 저항하는 집단 역시 진정한 장소에 뿌리내림을 열망하는 가운데 확고한 안전의 정치, 집약적 정체성의 정치, 경계를 둘러치는 장소의 정치를 펼치고 있다는 것이다.

그렇다면 왜 오늘날 이런 폐쇄적인 형태의 장소의 정치가 나타난 것일까? 요시하라는 이에 "글로벌한 흐름이 야기한 일련의 위험"을 언급한다. 개인들은 국가의 기능이 매우 미약해진 상황에서 시공간 압축으로 인해 떠돌면서 마주하게 된 해소할 수 없는 "불안"을 개인들 간의 다종다양한 안전망을 두껍게 구축함으로써 해결하려 하며 이 과정에서 차이를 인정하지 않는 사회를 지향한다는 것이다(같은 책, 77쪽). 가령 불안한 개인은 강력한 동일성을 열망하는 가운데 이민을 침입으로 간주하게 되며, 자신의 문화적 전통을 유지함으로써, 즉 자신의 경계와 차이를 지킴으로써 이 위기를 극복하고자 한다. 요시하라에 따르면 이것이 바로 "차이론적 인종주의"라고 일컫는 흐름이 나타난 배경이다(같은 책, 286쪽). 미국이나 유럽의 대선에서 분명하게 나타나듯이 이러한 차이론적 인종주의는 동일화의 열망에 따라 재영토화, 지역적으로 고정된 문화적 정체성을 강조하며 오로지 경계를 분명히 함으로써 자신의 소멸을 막고자 한다. 이런 장소의 정치는 더 이상 집단의 우월성을 강조하지 않는다. 오히려 그것은 "경계나 차이의 소멸이 초래하는 위험만을 강조"한다(같은 책, 287쪽).

동일성을 유지하는 경계를 지키는 대표적인 방법은 바

로 리차드 세넷Richard Sennet이 말한 "출입제한 공동체"gated community(앳킨슨 외, 2011, 291쪽)의 형성이다. 실제 도시 공간에서 형성되는 출입제한 공동체는 익숙한 자들과의 근접성과 차이 나는 자들과의 분리라는 원리에 의해 운영된다. 요시하라는 "'둘러싸는 것'에서 '보안의 과잉화'에 이르기까지를 공통으로 묶는 심성을, '불쾌한 것'을 근본에서부터 없애려고 하는, 이른바 '제멋대로의 야만'이 가진 내면"이라고 설명한다(요시하라, 2010, 295쪽). 벽을 쌓아 외부를 차단함으로써 내부는 완전히 동질화된 영역이 되며, 모든 성원들은 감시의 눈초리로 이질성이 나타나지 않는지를 주시하게 된다. 출입통제 공동체의 규율은 엄격하다. 하지 말아야 할 것의 목록이 정답처럼 정해져 있다. 폐쇄적 장소의 정치는 사이토가 '안전의 파시즘'이라고 언급했던 반동적 흐름과 닮아있다.

그 밖에도 타인을 아주 예의 바르게 대하거나 반대로 무례하게 대함으로써 접촉을 피하는 방법 역시 경계를 공고히 만들어 준다. 전자는 예의를 통해 최대한의 거리를 유지하는 방식이고, 후자는 아예 불쾌감을 주어 서로 대면하는 상황이 없도록 타자를 배제하는 방식이다. 투안은 다음과 같이 말한다. "에티켓과 무례함은 동일한 목적을 위한 정반대의 수단이다. 그 목적은 타인과의 접촉이 너무 격해질 우려가 있을 때 접촉을 피하도록 돕는 것이다"(투안, 2007, 103쪽). '김치녀'나 페미니스트 여성에 대한 조롱, 비난은 결국 무례함을 통해 타자를 배제하는 방식이다. 즉 일군의 남성들은 남성과 여성을 이분법적으로 구분한 후에, 자신의 남성으로서의 동일성을 확보하기 위해 자신의 경계를 확고하게 지켜주지 않는 여성들, 즉 대상화되지 않은 여성들을 무례하게 대하고 추방함으로써 사이버 공간을 남성중심적 문화가 지배적인 장소로 만들고자 했던 것이다.

그러나 나는 이러한 남성중심 문화제국주의적 장소의 정치에 대응하는 과정에서 나타난 사이보그 페미니스트들의 장소의 정치 역시 아이러니하게도 자신이 비판하는 대상만큼이나 분리주의적이고 폐쇄적인 측면을 갖게 되었다고 본다. 가령 사이보그 페미니스트들은 여성혐오를 일삼는 남성 이용자들의 무례함을 피하기 위해 장소의 정치를 시작하였고, 무례함을 미러링으로 맞받아치는 가운데 남성 대 여성이라는 구도를 분명히 하였다. 즉 사이보그 페미니스트들은 여/남이라는 동일한 이분법을 전제로 하는 가운데 남성 공간침입자로부터 자신의 장소를 지켜내기 위해 애를 썼다. 최근 SNS에서는 아예 '여성'이라는 인증을 할 때에만 가입되는 커뮤니티를 형성하는 등 강력한 보안과 감시 체계를 도입하는 경우도 있다.

4. 사이버 공간과 상상계적 정체성 정치

여기서 우리는 매우 아이러니한 결과에 맞닥뜨리게 된다. 인간과 기계의 혼종성을 기반으로 하는 사이보그 여성들, 자유로운 접속을 통해 유목적 생활을 할 것으로 기대되었던 린 랜돌프의 사이보그 여성은 혼종과 흐름의 사이버 공간의 개방성을 거부하기에 이른 것이다. 이들은 사이버 공간에서 이질성들이 접속하는 것을 환영하기보다 동일성의 경계가 확정되는 것을 더 원하고 있다. 이들은 젠더를 이분법적으로 구분하는 가운데 여성들을 비하하고 조롱하는 남성들을 추방하고 생물학적 여성의 몸을 가진 존재들만을 용인하고자 한다. 여성의 몸을 몰래 촬영하고 유포시키는 존재는 생물학적 남성으로 상정되기에 생물학적 여성이 이러한 폭력으로부터 자신을 보호하기 위해서는 생물학적 남성과의 공간적 분리가 필수적이라고 생각한다.

사이보그 여성들은 위협적 지배문화에도 불구하고 사이버 공간을 떠나지 않았다. 그곳에서 여성들은 페미니스트 연대를 위한 장소를 마련할 수 있었기 때문이다. 권력박탈만큼이나 권력쟁취도 가능했기 때문이다. 따라서 여성들은 스스로 울타리가 높은 안전한 장소를 만들어 생존하는 방식을 택한다. 그리고 폐쇄적 장소의 정치를 펼치는 가운데 진정한, 분명하고 통일적인 여성들의 연대를 강력하게 요청한다. 그리고 여성들의 대항권력이 필요함을 역설하게 된다. 안전이 중요해진 이상 이들은 이질적인 것을 거부한다. 아이러니하게도 이들은 과거 여성들의 족쇄로 작동했던 '생물학적 여성', 페미니스트들이 비판했던 그 '생물학적 여성'을 다시금 소환하는 가운데 여성들의 동질성을 강조하게 된다. 그들에게는 여성들만이 경험하는 억압이 있고 따라서 해방을 위해서는 '여자만 챙긴다.' 앞서 언급했던 홍대몰카사건 편파수사 규탄 시위 역시 '생물학적 여성'에게만 참가의 자격을 주었다. 이것은 곧 장소의 정치가 정체성 정치와 맞물려 돌아가고 있음을 보여준다.

그러나 나는 이 글에서 페미니스트 장소 정치의 토대로 전제되는 실체적이고 통일적인 주체로서의 '생물학적 여성'이 상상계적 정체성, 그것도 남성 주체의 상상적 정체성이었음을 다시 한 번 지적하고자 한다. '생물학적 여성'은 그 자체로 순수하게 존재하는 몸, 자연, 원본이 아니었다. 그것은 정신의 문화적 작용과 함께 나타나는 육체적 이미지였다. 생물학적 여성이라는 통일성은 담론권력 이전에 존재하는, 누가 봐도 자명한 자연적 사실이 아니다. 단지 우리는 정신과 문화의 상상계적 작용과 함께 생물학적 여성을 자연처럼, 실체처럼 간주할 뿐이다. 우리가 흔히 표준으로 간주하는 '생물학적 여성'은 실제 여성들의 평균값도 아니다. 그것은 오히려 각종 매체를 통해 반복되는 이미지들이다. 특히 사이버 공간에서 몸은 물리적 연장을 가지는 자연이 아니다. 몸은 비물질의 이미지다. 사이버 공간에서의 몸은 원본도 아니다. 원본이 없는 이미지, 이미지가 원본이기도 하다. 이것은 바로 장 보드리야르가 말한 세 번째 혹은 네 번째 의미의 시뮬레이션이다. 사이보그 여성들은 오히려 이 이미지들에 자신의 몸을 끼워 맞춘다. 표준은 허구이다. 사이버 공간에서 몸은 언제나 논쟁 중이며 갱신되어 왔기 때문이다.

이를 논하기 위해 먼저 엘리자베스 그로츠Elisabeth Grozs의 몸 이론에서 시작해보자. 그로츠는 프로이트와 라캉을 참고하는 가운데 우리의 몸의 형태와 섹스, 그리고 에고를 우리 정신의 환상의 구조와 함께 설명한다. 가령 라캉에 따르면 처음에 아이는 자신의 몸을 파편적으로만 알고 있다가 거울단계에 이르러 거울에 비친 자신의 모습을 보고 자신을 통합된 하나의 게슈탈트로 인식하게 된다. 자신을 파편화된 부분으로만 인식하던 아이에게 거울에 비친 이러한 통합적 모습은 정신이 만들어낸 상상적 구성이다. "안정된 몸 이미지 혹은 상상계적 해부학", 즉 통합이라는 이 정신의 "상상계적 정체성 구성"의 작용이 없다면 아이는 자신의 몸을 통일적으로 인식하지 못하게 된다는 것이다(그로츠, 2001, 128, 121쪽).

그로츠는 생물학적 몸 역시 항상 세계에 대한 경험과 정신적 작용이 함께 만들어 낸 통합적 이미지라고 본다. 가령 프로이트는 인간의 생물학적 몸을 항상 남성의 성기를 가진 몸으로 표준화했다. 프로이트가 언급했던, 대뇌피질 속에 등록되어 있다는 감각운동 난쟁이는 입, 손, 생식기가 강조된 작은 남자의 모양으로 되어 있다. 몸의 표면을 지도로 그려낸 이 난쟁이는 남성 생식기를 중심으로 하고 있고, 특정 부위가 유난히 크게 나타나 있다. 이것이 바로 특정 문화가 구성해 낸 상상계적 해부학이다. 이는 남성중심적 문화가 상상계적 해부학을 만들어 여성을 작은 페니스 또는 페니스를 결핍한 몸으로 이해해 왔음을 보여준다.

그로츠뿐 아니라 요시하라 역시 몸이 자연 그 자체가

아니라 상상계의 결과임을 보여준다. 가령 요시하라가 언급한 발리의 사례는 표준화된 문화적 정체성이 픽션이라는 점을 드러내 보여준다. 요시하라는 나카무라를 인용하면서, 우리가 알고 있는 표준화된 발리 문화는 지금까지 발리 어느 곳에도 존재하지 않았던 것이며, 이런 점에서 '상상/창조'되어왔던 것이라고 주장한다. 그리고 경계나 차이의 소멸에 대한 공포가 이렇게 매끈하고 통일적이며 표준화된 정체성을 형성하게 만드는 근거라고 설명한다(요시하라, 2010, 288쪽).

나는 남성 중심 커뮤니티에서 여성혐오를 일삼는 남성 이용자들 역시 상상계적 해부학을 토대로 삼고 있다고 본다. 그들은 통일적 자아와 통일된 몸으로 대표되는 남성 정체성의 상상계적 표준을 만들고 그 표준적 동일성의 경계를 지킴으로써 불안을 해소하고자 한다는 것이다. 그들은 이미 무너지고 있는 과거의 남성성, 그러나 어디에도 있지 않은 남성성을 상상계적으로 표준화시키는 가운데 그 경계가 이질적 여성들에 의해 무너질까 전전긍긍한다. 그들은 이러한 표준적 남성적 정체성의 경계를 확실하게 보장해 주는 여성들은 환영한다. 가령 남성 중심 인터넷 커뮤니티에 올라온 한 포스팅은 아이를 좋아하고 종교가 없으며 순종적이고 몸매가 좋으면서도 맞벌이를 하는 여성을 자신이 바라는 한국 여성상으로 재현하고 있다(유에프씨, 2013). 그들은 그녀들의 인정을 통해 남성의 경계를 안전하게 지키고 싶다. 이를 지키기 위해 그들은 사이버 공간에서 표준적 남성의 이미지뿐 아니라 표준적 여성의 몸 이미지를 무한 반복적으로 순환시킨다. 반대로 그들은 맘충, 김치녀, 된장녀 등 자신의 경계를 침범하는 여성, 젠더 질서에 이질성을 가져오는 페미니스트들을 공격한다. 페미니스트들처럼 표준적 여성의 몸, 자연적 역할에 도전하는 여성들은 남성중심적 문화가 만들어온 남성의 경계를 위협한다고 여겨지는 것이다.

따라서 경계를 지키려는 자들은 이 상상계적 해부학을 둘러싼 투쟁에서 주도권을 쥐려고 한다. 이것이 바로 에드워드 소자Edward Soja가 말했던 "도시 상상계"the urban imaginary를 둘러싼 투쟁이다. 보드리야르가 말했듯 우리는 이미 "현실이자 상상인"realandimagined(Soja, 2000, p. 325) 현실과 가상을 넘나드는across 초현실hyperreality의 세계에 살고 있다. 그리고 이 초현실은 "도시 상상계"에 의해 규제된다. "도시 상상계라는 용어는 도시 현실에 대한 정신적 또는 인지적 지도 그리기를 의미하며, 또 우리가 살아가는 장소, 공간, 공동체에서 생각하고, 경험하고, 평가하고, 결정하는 행동에 필요한 해석의 기준을 의미한다"(같은 책, p. 324). 우리는 이 상상계의 기준에 따라 생각하고 행동하며 정신적, 육체적 자아를 만들어간다. 세계를 구성한다. 따라서 도시 상상계를 구성할 힘을 획득하는 자가 사이버 정치에서 승리한다.

소자에 따르면 도시 상상계, 즉 인지적 지도를 통해 우리는 이해할 수 있는 것의 경계를 갖게 된다. 그것은 곧 주디스 버틀러Judith Butler가 말한 존재에 대한 "인지가능성"intelligibility이다. 우리는 우리의 몸 역시 이 지도에 끼워 맞춤으로써 이해하고 자신의 경계를 지키고자 한다. 따라서 국가는 사회의 질서 유지를 위해, 자본은 욕망과 소비를 촉진시키기 위해 도시 상상계를 이용한다. 국가는 인구 정책을 위해 생물학적 여성의 통합적 이미지를 생산하고, 자본은 이윤을 위해 섹시한 여성의 몸을 생산한다. 세력을 얻으려는 집단, 미디어, 인터넷 방송국 등은 모두 상상계를 둘러싼 전쟁에 참여하고 있고 자신이 만들어 낸 이미지를 수용자의 현실로 만듦으로써 득세하고자 한다. 소자에 따르면 이러한 규제형식이야말로 말 그대로 그리고 비유적으로 "'정신을 가지고 노는'plays with the mind 방식"이다(같은 책, p. 324). 컴퓨터 통신망에서 반복적으로 제시되는 이미지 지도는 현실 공간에서의 지침이 된다. 따라서 누가 권력을 잡는가는 누구의 상상계가 득세하느냐의 문제가 된다.

도시 상상계를 장악하기 위한 중요한 전략은 두 가지인 것으로 보인다. 하나는 사이버공간에서 많은 대중의 '좋아요'를 얻어서 자신이 만들어낸 이미지의 회전율을 높이는 것이다. 스펙터클함과 자극성, 재미, 조롱 등은 여기서 가장 빈번하게 사용되는 전략이다. 소자의 분석에 따르면 인종주의를 자극하거나 경기침체의 문제를 가리기 위해 사용했던 레이건 시대의 시뮬라시옹, 즉 '작을수록 좋은 정부' 이데올로기는 그 전형적인 사례라고 할 수 있다. 특정 이미지의 회전율을 높이기 위해 댓글부대를 사용하는 일도 벌어진다. 러시아에서 만든 가짜 계정 470개가 미국의 대선에 개입하고, 미국 정부가 만들어낸 3천여 개의 정치성 광고가 이민자에 대한 부정적 이미지를 강화했다는 사실은 정치와 이미지 회전의 긴밀성을 보여준다. 유권자에게 특정 이미지를 반복적으로 보여주는 것은 시민들의 정서와 판단에 막강한 영향을 끼친다. 한국 사회를 떠들썩하게 만들었던 국정원 댓글부대 사건이나 드루킹 사건을 생각해 보라.

두 번째는 회전율을 높이는 가운데 특정 이미지와 정보를 '진짜' 또는 '자연'으로 만드는 것이다. 인터넷 방송은

주로 해석이 들어갈 수밖에 없는 한 컷의 사진으로, 요약된 카드뉴스로, 촌철살인의 한마디로 이루어지는데 이것이 반복적으로 노출될 때 '팩트'가 된다. 한 컷의 이미지에는 "리얼 예능" "이거 실화냐?", "팩트?"와 같은 반응이 줄줄이 붙고 있다. 이는 실재가 완전히 소멸했다기보다 현실이 이미 많은 부분 현실이자 상상인, 현실과 상상을 넘나드는 초현실로 전환되고 있음을 보여주는 현상이다.

이것은 여성의 몸에 대해서도 마찬가지다. 여성의 몸에 대한 특정 이미지는 반복적으로 회전될 때 진짜 몸으로, 자연적 몸으로 경험된다. 그것은 표준으로 작동하며, 우리는 모든 여성들이 자연적으로 그렇다고 착각하게 된다. 따라서 관건은 조회수이다. 인터넷 서핑을 하는 사람이면 누구나 스펙터클하고 자극적인 이미지와 말이 수없이 회전되는 것을, 심지어 재미를 가장한 혐오발언들이 인기를 얻고 있는 것을, 그 '상상계'가 '현실'을 만들어 내고 있음을 목도할 것이다. 한 이미지가 조작된 것임이 밝혀지더라도 대중들의 피부에는 수없이 반복되었던 이미지의 감각이 남는다.[7] 언론이 성폭력 피해 여성을 꽃뱀으로 이미지화하면,

---

7. 가령 한 성폭력 사건의 기사가 "꽃뱀"이라는 선정적 제목으로 인해 회전율을 올리게 된다면, 그 이미지를 통해 여성 피해자의 몸을 꽃뱀으로 인식하

그리고 그것이 수없이 사이버 공간을 떠돌았다면, 그 여성의 무고가 밝혀지더라도 그녀는 꽃뱀이 된다. 모든 성폭력 피해 여성은 꽃뱀일 수 있다는 비논리적인 비약은 바로 사이버 도시 상상계가 그런 식의 이미지 정치에 의해 돌아가고 있기 때문에 가능한 것이다. 만약 강간의 공포에 떨고 있는 여성들의 이미지가 반복된다면, 생물학적 여성, 자연으로서의 여성은 무력하고 수동적인 육체로 간주될 것이다. 이렇듯 여성의 몸은 사이버 공간의 질서를 규율하는 도시 상상계를 통해 구성되고 인식된다. 그리고 이러한 규제를 통해 사회는 사이버 공간을 지배하기 좋은 장소로 만든다. 이런 의미에서 들뢰즈는 우리의 행동을 틀 짓던 규율사회가 컴퓨터 테크놀로지에 의해 원활하게 운영되고 통제되는 사회로 나아갈 것이라는 입장을 견지하기도 했다.[8]

5. 여성 정체성의 해체적 재구성

사이버 공간에서의 여성 이미지가 여성을 대상화하기

게 되는 우리의 감각이 강화된다.

8. 이상의 네 문단은 필자의 졸고 「페미니즘 트러블: 도시 상상계와 편집증적 주체의 탄생」, 『여/성 이론』, 2017 겨울호를 수정·보완하여 가져왔다.

위해 만들어 낸 도시 상상계의 이미지라면, 현재 사이보그 페미니스트들이 주장하는 '생물학적인 여성'은 어떤가? '보지' 달린 여성의 몸은 상상계의 결과가 아니라 생물학적 사실인가? 그것은 매우 자명하고 통일적인가? 보지와 포궁이 있으나 염색체가 XY인 자는 여성인가? 다른 곳은 놔두고 가슴만 절제한 F to M는 여성인가? 만약 생물학적 여성의 몸이 그 자체로 존재한다고 할지라도 이 몸을 가진 여성들은 모두 같은 경험을 하는가?

나는 폐쇄적인 장소의 정치와 함께 매우 분명하고 통일된 생물학적 정체성을 고집하고자 하는 사이보그 페미니스트들 역시 자신들이 마련한 장소에서 이질성을 제거하려는 심리적 기제에 따라 움직이고 있다고 본다. 알 수 없는 불안감 때문에 동일성의 경계를 공고히 하는 것이 아니라 실제적인 위협과 피해로부터 안전하기 위해 이질성을 제거하고 경계를 공고히 하고자 한다는 것이다. 피해의 경험이 강고한 만큼, 자신과는 다른 몸과의 조우는 자신의 경계를 허무는 것으로 느껴질 수 있다. 사이버 공간에서 강한 공포감을 느꼈다면, 이질성을 차단하려는 경향도 강할 것이다. 이들은 강력한 내적 동일성을 욕망하게 될 것이다. 그렇다면 생물학적 여성의 몸을 전제로 했을 때 동일한 억압 경험이나 동감이 가능한가? 만약 그런 동일성이 가능하다면 왜 소위 생물학적 여성들조차 가령 낙태에 대해 입장을 달리하는가? 왜 생물학적 여성들은 가부장에 대해, 화장에 대해, 결혼에 대해, 성희롱에 대해 다른 입장을 갖고 있는가?

이 페미니스트들은 여성들 간의 이질성을 보는 데는 관심을 기울이지 않는다. 상처로부터 자신을 지켜내기 위해, 침입자로부터 안전한 공간을 마련하기 위해 단단한 통일성으로서의 생물학적 여성을 확증하는 것이 훨씬 더 중요하게 여겨지기 때문이다. 다시 말해서 여성들 간의 이질성이 없어서가 아니라 이러한 내부적 이질성을 근본부터 차단하기 위해서 강력하게 통일적인 생물학적 여성의 이미지를 순환시킨다는 것이다. 즉 이 여성들은 생물학적 여성이기에 공감하는 것이 아니라 생물학적 여성이 동일한 피해를 경험한다는 상상계적 이미지를 자신의 것으로 전유함으로써 상상의 공동체를 촉진시킨다. 즉 생물학적 여성은 안전을 제일로 하는 폐쇄적 장소 정치가 전제로 할 수밖에 없는 상상의 정체성인 것이다.

공격에 대한 보호의 과정에서 수행된 이러한 통일된 여성 이미지의 전유는 상상계적 몸을 실제의 몸이라고 생각하는 데까지 나아간다. 케레스테 올랄키아가는 『메가시

티 : 현대적 문화 감수성』(Olalquiaga, 1992)에서 커뮤니케이션 혁명이 가져온 불안감을 공간적 정신쇠약psychasthenia이라 부르고 이를 공간성의 문제와 연관시킨다. 즉 그는 상상계적 이미지와 현실 간의 간극 속에서 사람들이 갖게 되는 자기 분열을 "공간에서 길을 잃음" 또는 "자아와 그 주변의 영토 사이의 관계의 어긋남" 등으로 설명한다. 사이버 세계에 상주하는 사람들에게 이미지는 현실보다 더 막강한 영향력을 발휘하기도 한다. 즉 가상세계의 이미지가 나의 몸을 "어떤 둘레를 갖는 것"으로 재현하는 순간, 그것은 곧 반대로 실재하는 나의 몸을 파악하고 이해하는 데 결정적인 영향을 미치게 된다는 것이다. 올랄키아가에 따르면 소셜미디어 안에서 살다시피 하는 우리는 자신의 신체 즉 "달라붙은closest-in 지리"와 "재현된 공간"represented spaces을 뒤섞게 된다(같은 책, pp. 1~2). 정확히 말하자면 우리는 달라붙은 물리적 신체가 아니라 재현된 공간으로서의 신체를 기준으로 물리적 신체를 뒤섞는다. 만약 재현된 이미지에 끼워 맞춰지지 않는 현실이나 실재가 있다면 정신쇠약에 빠질 수 있다. 가령 사이보그 페미니스트들은 도시 상상계의 결과인 생물학적인 여성과 달리 실재의 여성들이 서로 다른 몸을 가지고 있음을 인식하게 될 때 신경쇠약에 빠질 수 있다.

현실에서 존재하는 여성 신체의 차이는 신경쇠약에 빠진 이들에게 견딜 수 없는 것이 된다. 이들은 신경쇠약을 극복하기 위해 더더욱 강력하고 통일적인 여성 범주와 서사에 의존하게 된다. 나는 이 강력한 서사가 바로 '보지'를 갖는 '생물학적 여성'이었다고 본다.

그러나 낸시 프레이저는 이런 식의 강력하고 통일적인 이미지 정체성을 동원하는 페미니스트들의 정체성 정치를 비판한다. 결국 이들은 단일하고 통일적인 집단 정체성을 통해 성차별의 문제를 해결하고자 했으나 그 과정에서 내부의 차이를 사상시키고 여성의 정체성을 물화시킨다는 것이다. 아이리스 매리언 영 역시 이들이 외부와의 차이를 강조하는 가운데 분리주의로 나아가게 되었다는 점을 지적한다(영, 2017, 351쪽). 이것은 자신의 정체성과 경계가 완전히 상실될까 봐 자신 안에 있는 이질성과 차이를 제대로 마주하지 못하고 이에 대한 공포와 혐오를 극단화시켰기 때문에 벌어진 일이라는 것이다. 영은 여성들만 존재하는 기관들 속에서 고립화로 빠져버린 이러한 정체성 정치가 고립된 장소의 정치와 직결되어 있음을 통찰한다.[9]

---

9. "페미니스트 분리주의는 자기 조직화를 통하여, 즉 여성들이 자신의 경험을 나누고 분석할 수 있고 자신의 분노에 대해 말할 수 있고, 서로 같이 놀

그렇다면 여성들은 장소의 정치를 포기해야 하는 것인가? 나는 사이보그 여성들이 완전히 장소의 정치를 포기하고 정체성 해체로만 나아가기 힘들다고 본다. 문화제국주의의 상황에서 여성이 완전히 도피처를 포기한다는 것, 집단적 정체성을 포기한다는 것은 개별화되어 소멸될 수 있음을 의미한다. 이 경우 여성들은 개별화된 채 남성의 시각에서 대상으로 상상된 자신을 조롱과 연민으로 바라보는 일 외에 달리 할 수 있는 방법이 없다(같은 책, 144쪽). 그렇다면 이제 우리는 여성의 정체성에서 시작하되 이를 실체화하거나 물화하지 않는 방식을 고민해야 한다. 가령 성차에서 시작하되 이 성차를 가능하게 했던 힘의 관계를 계보학적으로 분석해 보여주는 방법, 성차에서 시작하되 여기서 여성의 정체성을 단일한 것으로, 완전히 통일된 것으로 등치시키지 않는 방식 등이 있을 것이다.

이러한 여성 정체성의 해체적 재구성의 가능성을 논하기 위해 나는 그로츠의 여성의 몸에 대한 논의를 다시 한 번 환기하고자 한다. 그로츠는 한편으로는 사회구성론을

면서 유대를 창출할 수 있고, 새롭고 더 나은 제도와 관행을 발전시킬 수 있는 독립된 안전한 공간의 창출을 통하여 여성의 권한강화를 수행하였다"(영, 2017, 350쪽).

비판하면서 여성의 몸은 언제나 자연적인 것과 문화적인 것의 "상호연관성" 속에서 이해되어야 한다고 주장한다(그로츠, 2001, 83쪽). 다른 한편으로 그로츠는 생물학주의에 대항하기 위해서는 "문화적인 생물로서의 몸"을 강조할 필요가 있다고 주장한다. 여기서 몸은 생물학적인 것도 문화적인 것도 아닌, "이분법적인 쌍의 중추적인 지점에서 비결정적으로, 위태롭게 배회하는 문지방이자 경계선 개념"이다(같은 책, 87쪽). 이에 따르면 문화적이자 생물학적인 몸은 항상 변화할 수밖에 없다. 이 몸은 새로운 환경에서 변화에 열려있다.

몸은 변화하지만 그렇다고 성차가 완전히 소멸될 정도로 변하는 것은 아니다. 그로츠에 따르면 환원불가능한 "전前존재론적" 성차가 존재한다(같은 책, 395쪽). 이 말은 성차가 순수한 생물학적 차원에서 그 자체로 존재한다는 뜻이 아니다. 그에게 성차는 "최초의 원형이면서도 구성"되는 것이다. 성차로 인해 어떤 존재가 존재 가능해지고 인식 가능해진다는 의미에서 그것은 구성하는 것이면서 구성되는 것이다. 그로츠는 전존재론적인 성차가 "육체적 스타일", "열려있는 물질성", "경향성과 잠재력" 등으로 존재한다고 본다(같은 책, 364쪽). 즉 스타일과 경향으로서의 성차는 이미 인간 존재의 조건으로 존재하고 있으며 이 조건 위에서 문화적인 작용과 함께 성차는 다시 산출되기도 한다. 이 경우 성차의 몸은 시작점이자 결과이며 조건이자 개방성이다. 성차는 존재하나 이 성차의 내용은 변화될 수 있기 때문이다. 따라서 생물학적 여성의 몸이 전존재론적으로 존재한다고 할지라도 이 몸은 닫혀있지 않다. 즉 생물학적 여성의 몸은 변화를 가능하게 하는 이질성을 포함한다. 변화하지 않는 통일적 안정성으로서의 생물학적 여성의 몸은 상상의 산물이다

여성의 몸과 정체성을 스타일로 읽는 방식은 성차에서 시작하여 그 성차가 가져오는 육체적 스타일이 어떤 권력관계 안에서 생산된 것인지를 분석할 수 있게 한다. 나아가 이런 방식은 여성의 육체적 스타일과 관련하여 변화와 열림을 가능하도록 하는 방식이며 그 육체적 경향성 안에 예외적인 것이 있을 수 있음을 인정하는 방식이다.

6. 개방적 장소와 위치변경의 정치

그러나 여성의 몸과 정체성의 변화와 다양성은 동일적인 규칙의 반복이 통제를 통해 강력하게 실현되고 있는 폐

쇄적 장소에서는 불가능하다. 폐쇄적 장소는 동일화의 지점이며 따라서 이 장소에서 여성의 억압 경험은 동일한 규칙에 따라 반복적으로 환기된다. 그곳에서 여성들은 가상이자 현실인 세계에서 받은 상처를 이제 자신이 만들어낸 장소 안에서 집단적으로 기억하고 환기하는 가운데 공포를 지속시키게 된다는 것이다. 폐쇄적 장소 안에서 지속적으로 공포의 경험을 하게 되는 경우 그 장소는 공포를 벗어나기 위한 기지가 아니라 공포를 배가시키는 장소가 될수도 있다. 생물학적 여성이라는 이유로 함께 폐쇄적 장소에 모여 있을수록 여성들은 여성을 동일한 피해와 분노를 갖는 단일한 집단으로 상상하게 된다. 여기서 이질성과 타자성은 근본적으로 배제된다.

따라서 단단하게 고정된, 과잉 통합된 상상계적 여성 정체성을 변화시키기 위해서는 개방적 장소의 정치가 필요하다. 이는 페미니스트들이 장소를 완전히 포기하고 광활한 공간으로 나아가라는 말이 아니다. 비슷한 육체적 스타일을 중심으로 모이는 안전한 장소를 형성하되 그곳을 내적/외적 타자들과의 대면이 전혀 불가능한 곳으로 만들지말아야 한다는 것이다. 페미니스트들은 타자들과의 대면을 통해서 여성의 정체성이 고정되지 않는 유동체 즉 비체임을 지속적으로 인식할 필요가 있다. 이 경우 사이보그 페미니스트들이 모이는 장소는 통일적 정체성이 반복적으로 실현되는 공간이 아니다. 이 경우 장소는 변주가 가능한 곳이 된다.

타자와의 대면이 가능하다는 것은 장소 내적으로 새로운 관계와 맥락이 창출된다는 것이고 그 새로운 맥락에서 기존의 정체성을 창조적으로 반복할 수 있음을 의미한다. 이것이 바로 버틀러가 말한 "위치 변경"의 전략이다. "그것은 법의 강화가 아닌 법의 위치변경이라는 법의 반복 가능성을 제시한다"(버틀러, 2008, 143쪽). '생물학적 여성'은 그 말의 위치를 변경하여 적용하는 가운데 패러디적으로 반복될 수 있다. 2016년 촛불집회에서 들렸던 "나라를 바꾸는 계집"은 계집의 위치를 사적 공간이 아니라 공적 공간에 위치시킴으로써 생물학적 여성의 의미를 뒤틀고 재구성했던 수행적 전략이었다. 이는 규제적 반복 관행을 문제 삼을 수 있는 "전복적 반복"이기도 하다(같은 책, 146쪽). 법의 위치를 변경할 수 있는 타자 연관이 가능한 장소를 형성할 때, 이로서 법을 탈맥락화시킬 때 우리는 관례적 반복을 통해 획득했던 자신의 위치, 정체성이 환영임을 인정하고 '여성 자체가 과정 중에 있는 용어'임을 인정할 수 있게 된다. 여기서 장소는 "흔들리는 과정의 총체"이다. 그 안에서 "관계가 만들어졌다가 허물어지고, 다시 형태화되어 가는 생성의 노정에 깊이 관계되어 있다"(요시하라, 2010, 300쪽).

:: 참고문헌

그로츠, 엘리자베스. (Grosz, Elizabeth). (2001). 『뫼비우스의 띠로서의 몸』. (임옥희 역). 도서출판 여이연.

넥스트데일리. (2011년 6월 29일). 너도나도 4G, 본질은 '와이브로 vs LTE'. 『넥스트 데 일리』. http://www.nextdaily.co.kr/news/article.html?id=2011062980000.

유에프씨. (2013년 10월 14일). 일베에서 원하는 여성. 〈UFC공식카페〉. http:// cafe.daum.net/ufc1point/FEBD/80412?q=%C0%CF%BA%A3%20 %BF%A9%BC%BA&re=1.

버틀러, 주디스. (Butler, Judith). (2008). 『젠더 트러블』. (조현준 역). 문학동네.

앳킨슨, 데이비스 외 편저. (Atkinson, David et al.). (2011). 『현대 문화지리학 : 주요개념 의 비판적 이해』. (이영민 외 역). 논형.

영, 아이리스 매리언. (Young, Iris Marion). (2017). 『차이의 정치와 정의』. (김도균 · 조 국 역). 모티브북.

오제, 마르크. (Augé, Marc). (2017). 『비장소』. (이상길 · 이윤영 역). 아카넷.

요시하라 나오키. (吉原直毅). (2010). 『모빌리티와 장소 : 글로벌화와 도시공간의 전 환』. (이상봉 · 신나경 역). 심산.

이현재. (2017). 페미니즘 트러블 : 도시 상상계와 편집증적 주체의 탄생. 『여/성 이론』, 37.

장은진. (2018년 3월 28일). 검색어 오른 게임 '소울워커', 최근 인기의 이유는? … 페 미니즘과 반페미니즘의 갈등 깊어진 게임업계. 『톱스타 뉴스』. http://www.top-starnews.net/news/articleView.html?idxno=384419#08e1.

투안, 이-푸. (Tuan, Yi-Fu). (2007). 『공간과 장소』. (구동회 · 심승희 역). 대윤.

해러웨이, 다나. (Haraway, Donna J.). (1991). 사이보그 선언문. 『유인원, 사이보그, 그 리고 여자』. (민경숙 역). 동문선.

_____. (Haraway, Donna J.). (2007). 태아 : 신세계질서의 버추얼 검경. 『겸손한 목격 자』. (민경숙 역). 갈무리.

허정아. (n.d.). 사이보그. 『다음백과』. http://100.daum.net/encyclopedia/view/ 136XX68400037.

Olalquiaga, Celeste. (1992). *Megalopolis : Contemporary Cultural Sensibilities*. Min-neapolis : University of Minnesota Press.

Sennett, Richard. (1970). *Uses of Disorder*. Hamondsworth : Penguin.

Soja, Edward W. (2000). *Postmetropolis : Critical Studies of Cities and Regions*. Oxford : Blackwell. [『포스트메트로폴리스 1』. (이성백 · 남영호 · 도승연 역). 라움. 2018.]

3부 디지털 감각의 변화와 포스트휴먼 윤리

포스트휴먼과 관계의 인문학

이중원

디지털 포스트휴먼 시대의 윤리 :

플랫폼, 개인, 그리고 디지털 쓰레기

홍남희

감염병 재앙 시대 포스트휴먼의 조건 :

인터넷과 사회적 감각 밀도의 공진화

이광석

포스트휴먼과 관계의 인문학

이중원

1. 21세기는 포스트휴먼 시대

현재 우리는 인공지능 시대에 살고 있다. 첫째, 비록 특정 영역에 국한되지만 인간의 지적 능력을 훨씬 뛰어넘는 그리고 인간의 육체적 활동을 뛰어넘어 인간의 정신적 활동까지 대신해 주는 자율적인 인공지능들이 이미 우리의 생활세계 깊숙이 들어와 있다. 암 질환과 유전학 분야에서 인공지능 의사로 실제 활동하고 있는 '왓슨', 미국 대법원에서 양형 결정이나 재범 가능성 판단 등 실제 실무를 담당하고 있는 인공지능 판사 '컴파스'와 로펌에서 변호사로 활동하고 있는 인공지능 '로스', 주식 투자의 달인인 인공지능 '로보 어드바이저', 전문 심리상담사로 활동하고 있는 상담 인공지능 '실비아', 판타지 소설이나 뉴스, 산문 등의 다양한 글을 자연스럽게 작성할 수 있는 문장 생성 인공지능 'GPT-2' 등이 그것이다. 둘째, 인간처럼 생각하고 말하며 행동하는 인공지능 로봇의 개발도 가속화되고 있다. 손님맞이를 잘하는 최초의 휴머노이드 로봇인 '아시모', 인간의 감정을 언어로 표현하고 인간과 감성적 대화를 나눌 수 있는 감성 로봇 '페퍼', 유머 감각을 지니면서 민감한 사회적 쟁점에 대해 인간과 서슴없이 대화를 나누는 최근 사우

디아라비아로부터 시민권도 획득한 '소피아', 리얼돌과 같은 섹스 로봇 등이 그 좋은 사례다. 먼 미래에는 전반적으로 인간과 거의 동일하게 생각하고 느끼며 말하고 행동하는 새로운 종으로서 '로보 사핀엔스'가 등장할지도 모른다. 이 외에도 휴머노이드는 아니지만 자율형 군사킬러 로봇, 자율주행 자동차, 인간 돌봄 로봇과 같은 로봇들도 빠르게 발전하고 있다. 이처럼 인공지능의 등장으로 기계의 인간화 경향이 한층 강화되는 추세다. 셋째, 이와는 정반대인 인간의 기계화 경향도 점차 강화되고 있다. 신체의 일부를 인공 장기 혹은 로봇 팔·다리 등으로 대체하는 신체보강기술, 유전자가위를 활용한 생명편집기술, 면역력이 강한 인공세포나 혈액을 생산하는 나노바이오기술 등을 이용한 인간의 능력증강Human Enhancement 혹은 증강 인간의 출현 가능성도 충분히 예견된다. 나아가 인간의 신체 일부가 기계로 대체된 사이보그의 등장도 먼 미래의 일만은 아닐 것이다.

이렇게 보면 21세기는 한마디로 인간과 기계의 탈경계에 기반한 포스트휴먼 시대라 말할 수 있다. 특히 인간에게만 고유한 것으로 간주됐던 능력들(감성, 이성, 자율성 등)이 인간이 아닌 기계에서도 구현 가능한 시대이자, 그래서 기계가 더 이상 인간에 의해서만 수동적으로 작동하는 객체로서의 도구에 머무는 것이 아니라 (일정 수준이지만) 인간처럼 스스로 생각하고 행동할 수 있는 주체로서의 자율적인 행위자가 될 수 있는 시대라고 말할 수 있겠다. 이러한 포스트휴먼적 흐름은 우리가 과거에 경험하지 못했던 새로운 질문들을 던져 준다. 존재론적 차원에서 이러한 기계들을 어떤 존재자로 규정할 것인가, 이러한 존재자들과 인간은 어떤 관계를 맺게 될 것인가, 이러한 존재자들의 등장으로 인간의 생활세계는 어떻게 달라지고 달라진 생활세계에서는 어떤 윤리적·법적·사회적 문제들이 새로이 발생할 것인가, 인간은 이들과 어떻게 공존할 것인가, 이러한 인공지능 시대에 인간의 정체성에 어떤 변화가 올 것인가 등의 질문이 제기될 수 있다. 궁극적으로 인공지능 시대에는 이러한 인공지능(로봇)의 등장을 계기로 그동안 인간을 배타적 중심에 놓고 탐색해 온 인간중심주의적인 인문학에 대한 지속적인 재귀적 성찰이 요구된다. 인공지능 시대에 인간의 존재적 가치와 의미가 진정 무엇인지, 그에 따른 인문학의 역할은 무엇인지, 인공지능 시대의 인문학에 대한 새로운 탐색이 필요하다.

그러면 왜 인문학이 이러한 문제들에 주목해야 하는가? 두 가지 배경을 생각해 볼 수 있다. 아무리 첨단 과학기술이 발달하여 인간의 육체적·정신적 활동을 대신할 똑똑한 존재자들이 개발된다 하더라도, 이들이 인간 사회에 구성원으로 실질적으로 참여하려면 사회적·법률적·제도적 틀 안에 공식적으로 편입돼야 한다. 이를 위해 선제적으로 요구되는 것이 이들의 정체성에 대한 보다 근원적이면서도 명확한 규정이다. 이것이 인문학에서 먼저 시작해야 하는 첫 번째 이유다. 한편 그동안 인문학은 인격성과 관련된 모든 능력들을 전적으로 인간에게만 국한하여 이해하고 설명해 왔는데, 인공지능(로봇)의 등장이 인격성에 관한 논의를 인간이 아닌 존재자들에게로까지 확대하도록 압박하고 있다. 인문학에서 먼저 빗장을 푸는 재귀적 성찰이 필요하다. 이것이 두 번째 이유다.

2. 비인간 인격체로서의 인공지능

그러면 인간처럼 생각하고 판단하며 행동할 수 있는 능력을 지닌, 지금까지 유례가 없는 인공지능(로봇)에게 우리는 어떤 존재적 지위를 부여하고 인간의 생활 공동체 안에 어떻게 받아들일 것인가? 이는 단지 인공지능(로봇)의 존재론적 본질을 규명하는 문제를 뛰어넘어, 이러한 존재론적 지위로 말미암아 인간과 인공지능 간의 관계가 새롭게 정립되고 그로 인해 인간의 생활양식도 변화하며 인간 정체성의 의미조차 변화할 가능성을 포함한다. 인문학이 바로 인공지능(로봇)의 정체성에 주목하는 이유다. 존재적 지위와 관련하여 가장 쟁점이 되는 것은 인격성 문제다. 인공지능(로봇)은 과연 (가까운 미래 혹은 먼 미래에) 인격체가 될 수 있을까?

영국의 경험론 철학자인 로크는 인간human being과 인격체person의 개념을 구분하였다. 인간은 생물학적 종 개념이고, 인격체는 '합리성을 갖고 반성하며 시간과 장소에 구애됨 없이 자기 자신을 자기 자신으로 생각할 수 있는 지능을 가진 지적 존재자' 개념으로 보았다.[1] 즉 합리성에 기반한 지적 사고와 반성적 사고 능력, 자의식 혹은 자아 형성 능력, 자아 동일성을 확인하는 기억 능력을 인격체의 핵심 요소로 본 것이다. 따라서 만약 이런 능력을 가진 존재자가 있다면, 비록 인간이 아니더라도 로크적인 의미에서 인격성

---

1. "내가 생각하는 바로는 인격(person)은 이성과 성찰을 지니고 자기 자신을 자기 자신으로 생각할 수 있는, 사고하고 지능 있는 자, 다른 시간과 장소에서 똑같이 사고를 하는 것이고, 이와 같은 것은 사고와 분리할 수 없는, 사고에 본질적으로 생각되는 의식에 의해서만 이루어진다." (로크, 2011, 406쪽).

을 가졌다고 말할 수 있다. 그렇다면 이러한 인격성의 조건
은 인공지능(로봇)에게 적용 가능한가?

인공지능(로봇)의 알고리즘은 최우선적으로 논리적 추
론이라든가 합리적 분석 및 판단과 같은 이성적인 영역의
작업을 가장 효과적으로 수행할 수 있도록 설계돼 있다. 또
한 알고리즘 안에는 수준별로 여러 단계적 층위들이 존재
하고 매 단계마다 피드백 시스템이 작동함으로써, 입력정
보를 바탕으로 한 분석과 판단 그리고 최종 결정이 이루어
지는 일련의 정보처리 과정에 대해 지속적인 자기 점검 활
동(오류 확인 및 수정 등)이 가능하다. 그러한 의미에서 (아
직 인간의 수준에는 많이 못 미치지만) 어느 정도 혹은 어
느 수준의 비판적 사고와 반성적 성찰이 가능하다고 말할
수 있다. 또한 자아 혹은 자의식의 형성도 경험론적 관점에
서 본다면, 비록 아직은 매우 초보적인 수준이겠지만 미래
에는 전혀 불가능해 보이진 않는다. 외부 세계에 대한 다양
한 정보(빅데이터)에 실시간으로 접근하여 스스로 학습할
수 있고, 이를 바탕으로 자신만의 다양한 경험들을 하나
의 다발로 묶어 자아를 구성할 수 있을 것이기 때문이다.[2]

---

2. 경험론자인 로크에 따르면 자아는 백지상태에서 출발하여 무수한 경험을
통해 형성된다. 철저한 경험론자인 흄(D. Hume)의 경우 자아는 단지 다양

이는 마치 어린아이가 다양한 학습과 경험을 통해 스스로 자아를 형성해 나가는 것과 매우 흡사하다. 한편 자아 동일성을 확인하는 기억 능력은 기술적으로 충분히 구현가능하다. 앞서 언급한 의미로 자아가 형성 가능하다면, 이에 해당하는 중추적인 내용을 빅데이터 형태로 특정한 메모리에 저장하고 이를 필요할 때 다시 불러오는 방식으로 기억을 재생할 수 있기 때문이다. 이렇게 본다면 인공지능(로봇)은 적어도 로크적인 의미에서 인격성을 지닌 존재로 혹은 그런 가능성을 지닌 존재로 볼 수 있다.

한편 동물 윤리학자인 피터 싱어P. Singer의 경우 로크를 좇아 합리성과 자의식을 인격의 핵심 요소로 보고 고통을 느낄 줄 아는 능력이 자의식을 구성하는 토대임을 강조하면서, 이 두 요소를 지닌 고등동물 역시 인격체임을 주장하고 있다. 나아가 철학자 화이트헤드N. Whitehead는 보다 급진적으로 순차성, 시간성, 연속성을 지닌 질서화된 개체들 또는 결합체들이 모두 인격체임을 강조하면서, 인격성을 일반 사물로까지 확대하고 인간, 의식, 생명과도 구분하고 있

___

한 지각들의 다발이나 집합에 다름 아니다. 자아란 무엇을 인식하고 의식하고 행위하기 위해 선험적으로 있어야 할 어떤 것이 아니라, 인식하고 의식하고 행위하는 경험의 과정을 통해 형성되고 만들어진다는 것이다.

다. 그에 따르면 비인간적 인격뿐 아니라 비의식적인 인격, 비생명적인 인격 모두가 가능해진다. 이처럼 인격 개념은 로크적인 의미 외에도 다양한 의미로 오늘날 인간 개념과 구분하여 실제로 사용되고 있다. 정리하면 인간이 아니더라도 자연적 존재이건 인공적 존재이건 그것이 각기 어떤 특정한 요건을 충족한다면 다양한 의미로 인격성을 부여해 볼 수 있다.[3]

한편 인격성 개념을 인공지능(로봇)에게 확대·적용하고자 한다면, 다음 두 방향의 전략이 요구된다. 하나는 과학(뇌과학, 인지과학)을 통한 인격성에 대한 풍부한 경험적인 분석이고, 다른 하나는 이 분석 결과를 토대로 철학적·인문학적 차원에서 인격성 개념을 보다 정교하게 재규정하는 것이다. 즉 인격성 개념을 유형/정도/수준 등에 따라 차등화하여 세분화하는 것이다. 인격성의 사실상 핵심 요소라 할 수 자율성과 도덕성을 중심으로 이에 대해 구체적으로

---

3. 2016년 5월 31일, 유럽의회의 법률위원회는 로봇에 관한 민법규정 초안을 제안하면서 인공지능 로봇을 "전자인격체"(electronic person)로 규정하고, 가장 정교한 자율형 로봇의 잠재적인 법적 상태를 다음과 같이 기술하였다. "로봇이 현명한 자율적 결정을 내리거나 제3자와 독립적으로 상호작용하는 경우 전자 인격성(personality)을 적용하는 등 특정 권리와 의무를 가질 수 있다." European Parliament News, 2017.

살펴보자.

인공지능의 심화학습 프로그램은 인공지능(로봇)에게 어느 정도의 자율성을 담보해 준다. 지도학습이든 비지도학습이든 인간이 이 프로그램들을 설계·제작하고 조작하지만 인공지능이 구체적으로 무엇을 어떻게 학습하는지, 학습의 결과로 어떤 판단을 내리고 행동하는지 인간은 그 과정을 알 수도 없고 직접적으로 통제할 수도 없다. 그렇다면 다음의 질문이 제기될 수 있다. 인공지능(로봇)에 부여된 이러한 자율성은 인간의 자율성과 동일한가 아니면 다른가, 다르다면 어떻게 다른가이다. 달리 말하면 인공지능(로봇)에게 인간의 자율성과 동일하지는 않지만 어느 수준/등급/유형으로 자율성을 차등화하여 부여할 수 있는가이다. 기존의 철학적 전통 안에서 자율성은 인간에게 배타적으로 적용되어왔다. 철학자 루소는 인간이 자기 자신에게 부과한 법에 복종함으로써만 비로소 자유로울 수 있다는 의미로 자율성을 강조하였고(Rousseau, 1977), 나아가 칸트I. Kant는 자율성은 선험적으로 주어진 도덕 법칙들을 스스로 내면화하고 따르는 성향, 곧 이성적 개인의 자기 입법을 의미한다고 보았다. 칸트는 자율성을 도덕성과도 연관시키고 있다. 한마디로 전통적인 자율성 개념은 이성적인 인간의 내재적 속성으로 인식돼 왔다. 이렇게 인간 자아의 본성으로 간주된 자율성 개념을 인공지능(로봇)에 그대로 적용하는 것은 쉽지 않아 보인다. 인공지능(로봇)의 자율성을 논하고자 한다면, 이와 다른 기능적인 접근이 필요해 보인다. 인공지능 기술의 발전에 비추어 인공지능(로봇)의 자율성을 기능적 측면에서 그 수준과 정도에 따라 크게 세 가지로 유형화해 볼 수 있다. 첫째는 자동성automaticity으로 외부로부터 자극이 주어지면 이에 자동적으로 반응하는 아주 낮은 수준의 자율성이고, 둘째는 외부로부터의 자극을 분석·판단하여 행위를 선택하는 기본적인 의사결정 구조를 지니되 그 일련의 과정이 아직은 불완전하고 미성숙한 준자율성semi-autonomy이고, 셋째는 순전히 자유의지에 따라 자신의 사고 및 판단과 행동을 성숙하게 결정하는 완전한 자율성fully-autonomy이다. 여기서 자동성은 특정 입력 자극에 반응하도록 프로그램화된 자동기계에게, 준자율성은 패턴 인식에 바탕하여 자기 주도적인 학습을 하는 알파고와 같은 약인공지능(로봇)에게, 완전한 자율성은 인간처럼 개념적 사고가 가능한 미래의 강인공지능(혹은 초지능)에게 부여해 볼 수 있을 것이다.

인공지능(로봇)에서 자율성의 문제는 행위의 도덕성 문

제와 연결될 뿐 아니라 책임의 문제와도 직결된다. 하지만 전통적으로 도덕성이나 책임은 인간에게만 부여되어왔다. 그럼에도 불구하고 오늘날 인공지능(로봇)에 대해 도덕성과 책임 문제를 거론하는 이유는 무엇인가? 첫 번째 이유는 인공지능(로봇)이 작동하는 과정의 복잡성에 따른 '많은 손'의 문제다. 인공지능(로봇)이 작동하는 과정에는 수많은 기술적 요소들과 수많은 행위자들(사용자, 설계자와 제작자들, 가령 빅데이터 공급자, 클라우드 컴퓨팅 환경 설계 및 운영자, 사물인터넷 제작자, 정보 수집 센서 제작자 등등)이 관여하는데, 여기서 행위 결과에 책임을 져야 할 행위자들을 인과관계의 바탕 위에서 구체적이고 명시적으로 지정하기가 매우 어렵고 복잡하다. 두 번째 이유는 '책임 공백'의 문제다. 인공지능(로봇)이 점점 더 복잡해지고 자율성이 한층 강화되면, 인간이 직접 통제하거나 개입할 여지가 점점 더 적어지고 그만큼 인간이 책임져야 할 부분도 적어지게 된다. 다시 말해 사고의 책임을 전적으로 인간─설계자, 제작자, 사용자 등등─에게만 묻기가 점점 더 어려워진다. 이런 상황에서 만약 책임을 인간에게만 부과하려 한다면, 결과적으로 '책임의 공백'responsibility gap 문제가 발생할 수 있다.

자율주행 자동차와 자율형 군사킬러 로봇에서 볼 수 있듯이, 인공지능(로봇)의 자율적 판단과 행동에 의해 사고가 발생하거나 살인이 행해지는 경우 그 행위 자체는 매우 민감한 도덕적 판단의 대상이 된다. 하지만 지금까지 인간의 고유한 본성으로 언급돼 온 전통적인 도덕성 개념을 인공지능(로봇)에 적용하는 것은 쉽지 않아 보인다. 행위의 도덕적 판단은 행위자의 자율성 여부에 달려 있고, 자유는 책임을 묻기 위한 전제조건이며, 자율성이나 자유의지는 인간만이 가지고 있다고 보았기 때문이다. 그래서 인간이 아닌 다양한 자율적 존재자에게까지 적용될 수 있는 도덕성 개념에 대한 재조명이 필요하다. 가령 인간의 도덕성을 완전한 도덕성 개념으로 규정한다면, 이와 대비해서 한 차원 낮게 기능적 도덕성 개념을, 다시 한 차원 더 낮게 조작적 도덕성 개념을 새롭게 정립해 볼 수 있을 것이다. 여기서 조작적 도덕성은 도덕적 판단과 행위가 알고리즘에 의해 완벽하게 제어되는 도덕성으로, 가령 아시모프의 세 가지 법칙처럼 인공지능(로봇)이 지켜야 하는 기본적인 윤리적 규범들이 이에 해당된다. 한편 기능적 도덕성은 알고리즘에 기반하지만 이에 완전히 의존하지 않고 일정 정도의 자율성에 의거하여 도덕적인 기능을 수행하는 경우에 해당된다. 가령 자율주행 자동차나 자율형 군사킬러로봇에서는 그때그때 실제 상황에 맞는 윤리적 결단이 필요하다. 이러한 기능적 도덕성의 발현을 위해서는 인간의 윤리적 판단과 행위에 관한 빅데이터를 학습하는 것이 매우 중요하다. 이처럼 앞서 자율성 개념과 유사하게, 도덕성 개념도 기능적 측면에서 정도/수준/등급을 나누어 차등적으로 규정해 볼 수 있을 것이다.

한편 책임의 공백 문제를 피하려면 인공지능(로봇)에 대해서도 책임의 문제를 거론할 필요가 있다. 문제는 어떤 책임을 어떻게 물을 것인가이다. 그런데 책임에 관한 전통적인 관점에 따르면, 책임은 자유의지를 갖고 이에 의거하여 행동하는 인간만이 질 수 있다. 인공지능(로봇)이 어느 정도 혹은 어느 수준의 자율성을 가졌다 하더라도 이러한 책임을 가질 수 없게 된다. 그렇다면 이 문제를 어떻게 헤쳐 나갈 것인가? 이를 위해 다음의 접근을 시도해 볼 수 있다. 하나는 전통적인 책임 개념을 뛰어넘어 인간이 아닌 다른 자율적 행위자에게도 확대 적용될 수 있는 책임 개념의 확장 가능성을 검토해보는 것이다. 이는 아마도 강인공지능에 적용해 볼 수 있을 것이다. 다른 하나는 적용 범위가 확장된 책임 개념일지라도 현재나 가까운 미래의 약인공지능에 적용하는 것은 쉽지 않기에 책임 개념 대신 책무accountability 개념을 도입하는 것이다. 현재로서는 두 번째 접근 방식이 의미가 있다.

일반적으로 인공지능(로봇)이 사고를 일으켰을 때, 우리는 인공지능에게 사고에 대한 합당한 설명을 요구할 수 있다. 이처럼 합당한 설명을 요구하는 경우, 논란이 많은 책임 개념 대신, 설명에의 의무에 바탕한 책무accountability 개념을 인공지능(로봇)에게 적용해 볼 수 있을 것이다. 의사결정 과정에 어떤 내용 요소들이 중대한 역할을 했는지, 알고리즘의 작동에는 이상이 없었는지 등, 인공지능(로봇)이 자체적으로 의사결정 과정을 분석하여 오류를 식별할 수 있다면 설명에의 의무를 책무로 부과할 수 있다. 이를 토대로 책임 개념은 인간에게, 책무 개념은 인간 이외의 행위자에게 적용해 볼 수 있을 것이다. 최근에 '설명가능한 인공지능'explainable AI, XAI에 대한 연구 개발은 이러한 문제의식을 반영한 중요한 시도로 볼 수 있다.

3. 관계론적 관점에서 다시 보는 인공지능

지금까지 우리는 인공지능 시대를 관통하는 핵심적인

문제인 인공지능(로봇)의 인격체로서의 가능성을 놓고, 인공지능(로봇)도 인간처럼 과연 인격성의 요소들인 이성, 반성 능력, 자의식, 자율성, 도덕성 등을 내적 속성으로 가질 수 있는가에 대해 논의해 왔다. 만약 경험과학의 도움을 받아 요소 각각을 유형/정도/수준에 따라 세분화하여 차등화할 수 있다면, 인간과 동일할 수는 없지만 그 기능에 적합한 인격성을 내적 속성으로 부여해 볼 수 있을 것이다. (이를 앞으로 속성적 접근 방식이라고 부르겠다.) 이는 미래의 포스트휴머니즘을 위한 논의에서 매우 핵심적인 논제다. 하지만 인격성을 내적 속성의 측면에서만 강조하는 경우 많은 어려움이 뒤따른다. 세분화와 차등화 자체가 (아직까진 연구성과가 미흡한) 경험과학의 도움을 받아야 하는 매우 복잡한 문제일 뿐 아니라, 인격성이 사회적 관계를 통해 형성될 수 있는 측면이 배제되기 때문이다. 그런 까닭에 인격성과 관련하여 개체들 간의 사회적 관계에 대한 분석이 필요하다. 특히 인간과 인공지능(로봇)과의 상호작용적 관계가 중요하다. 자연적 존재자이건 인공적 존재자이건 인간에게 어떤 사회적·윤리적 영향을 끼치는 판단과 행위를 한다면, 그러한 존재자는 인간에게 분명 어떤 사회적·도덕적 지위를 갖는 존재자로 다가올 수 있기 때문이다.

반려견의 사례를 통해 이를 비유적으로 살펴보자. 인간의 역사에서 개는 야생늑대에서 시작하여 집을 지키거나 가축을 돌보는 집 개로, 이어 아이와 함께 놀아주고 가족에게 즐거움을 주는 애완견으로, 지금에 와서는 우리의 삶의 동반자인 반려견으로 그 존재적 지위가 끊임없이 변화해 왔다. 이러한 변화는 각 존재적 지위에 대응하는 개의 내적 속성이 있고 이것이 생물학적으로 진화한 결과가 아니다. 이는 인간과 개의 사회적 관계, 구체적으로 말하면 개가 인간의 생활세계에 끼친 영향으로 인해 인간이 개에게 특별하게 부여한 사회적 지위 및 관계가 끊임없이 변화한 결과다. 개의 내적 속성이 무엇이든, 개의 존재가 인간의 삶에 어떤 가치와 의미를 형성하는 방식으로 인간의 삶에 영향을 주게 된다면, 인간은 개에게 그 가치와 의미에 상응하는 존재적 지위를 부여하게 되는 것이다.

이러한 접근 방식(이하 관계적 접근 방식)은 인간처럼 생각하고 말하며 행동하는 인공지능(로봇)에게도 그대로 적용될 수 있다. 로봇 강아지 '아이보'가 작동을 멈췄을 때, 마치 실제의 강아지인 양 장례를 치르고 신사에 안치한 사건, 인간과 문명사회에 대한 통찰을 보여준 휴머노이드 로봇인 '소피아'에게 마치 실제의 사람인 양 시민권을 부여한 사건, 섹스 리얼돌을 실제 연인으로 생각하여 사랑하고 결혼한 사건 등은 이를 단적으로 보여준다. 이 사건들 모두는 인공지능(로봇) 자체에 인간에게서와 같은 인격성이 존재하였기 때문에 발생한 것이 아니다. 그러한 속성이 있든 없든, 있어도 그것이 무엇이든 이에 상관없이 인간과 인공지능(로봇) 사이의 상호 관계가 만들어 낸 산물이다. (이의 해명을 위한 하나의 단초로 후설이 제시한 의식의 지향성을 생각해 볼 수 있다.)

그렇다면 이러한 관계적 접근 방식을 인공지능(로봇)의 인격성 문제에 어떻게 적용할 것인가? 자율성 개념을 살펴보자. 자율주행 자동차, 인공지능 의사 왓슨 그리고 인공지능 판사 로스의 자율성은 다양한 입력정보를 자기 주도적으로 학습할 수 있는 능력(혹은 방법)으로서의 심화학습 알고리즘과 이러한 알고리즘이 실제로 작용하는 대상(혹은 내용)인 빅데이터에 기반하고 있다. 여기서 자기주도적 학습능력이 속성적 측면과 관련된다면, 사회 관계적 측면에서 주목해야 할 것은 바로 빅데이터다. 실제로 빅데이터는 가령 운전 및 교통 환경 관련 빅데이터, 환자의 진료기록 및 의학 전문지식에 관한 빅데이터, 법률 및 각종 판결 관련 빅데이터 등으로 사실상 인간의 생활세계 곳곳에서

일어나는 실제적인 사회적 관계들을 총체적으로 반영하고
있다. 인공지능(로봇)은 실제의 사회적 관계들이 반영된 정
보에 근거하여 사고하고 판단하며 행동하는 하나의 자율
적인 행위자인 만큼, 인공지능(로봇)의 자율성은 사회적 관
계들에 의존하는 바가 매우 크다고 할 수 있다. 그런 의미
에서 인공지능(로봇)에게 관계적 자율성 개념을 적용해 볼
수 있겠다.[4] 여기서 관계적 자율성 개념의 핵심은 개인의 자
기 결정능력과 더불어 사회적 관계망에 기초한 자아에 대
한 사회적 구성성이다. "관계적 자율성은 비非개별화된non-
individualized 개념으로, 한 공동체 내에서 개인은 사회적으
로 체화되고, 행위자의 정체성은 인종, 계급, 성gender, 그리
고 민족과 같은 사회적 믿음이 교차하며 복합적으로 형성
되며, 사회적 관계의 맥락 내에서 형성됨을 의미한다"(이은
영, 2014, 5쪽). 사회적 구성성의 핵심은 바로 빅데이터에 있
다. 한마디로 관계적 자율성 개념은 자기 주도적 학습능력
과 같은 내적 속성의 측면보다 사회적 관계의 측면을 보다

---

4. 철학자 네델스키는 '관계적 자율성'이라는 개념을 주장하는데, 자아(혹
   은 개인) 중심의 고립된 자율성이 아닌 다자간의 관계적 자율성 개념을 강
   조한다(Nedelsky, 2001). 그리고 관계적 자율성이라는 용어는 네델스키
   이외에도, 맥도널드(C. Macdonald), 크리스먼(J. Christman,), 매켄지(C.
   Mackenzie) 등도 언급하고 있다.

중시하고 있음을 알 수 있다.

4. 관계의 인문학

포스트휴먼 시대의 중요한 특징 가운데 하나는 인간과 기계의 관계가 과거와 다르게 변화하고 있다는 점이다. 인간의 기계화 경향과 기계의 인간화 경향이 두드러지면서 인간과 기계 간 경계가 약화되고 있다. 이러한 양방향에서의 변화와 이로 인한 인간과 기계의 탈경계화는 기계를 바라보는 인간의 시각을 바꾸고, 인간과 기계의 관계를 새롭게 정립하며 궁극적으로 휴머니즘에 어떤 변화를 야기할 것으로 예상된다.

지금까지 인간은 기계를 그 존재적 특성과 무관하게 인간중심적 관점에서 단순한 도구로 간주해 왔다. 하지만 인공지능(로봇)에서 보듯이 기계는 인간의 어떤 목적을 위한 수단이 아니라, 그 자체가 어떤 목적을 갖고 세계를 구성하는 실존적 존재자로 변화하고 있다. 단순히 인간 사회를 떠받쳐주는 물리적 기반이 아니라, 인간과 복잡하게 연결된 관계망 속에서 사회를 구성하는 하나의 행위자(actor 혹은 agency)다. 한마디로 포스트휴먼 시대에 기계는 더 이상 인간의 외부에 존재하는 객체가 아니라, 인간의 몸과 마음의 일부로 주체화가 가능한 존재인 셈이다. 인공지능(로봇)을 이처럼 인간 사회 내의 실존적인 행위자로 인정한다면, 포스트휴먼 시대의 사회는 인간과 기계가 상호 행위자로 긴밀히 연계되는 행위자 연결망 사회가 될 것으로 전망된다. 인간은 비인간적인 다양한 요소들과 더 이상 분리되지 않고 광범위한 연결을 통해 형성된 관계적 존재가 될 것이다. 즉 사물·기계들과 서로 연결·교차하면서 상호작용하는 관계 네트워크의 한 노드가 될 것이다. 전통적인 근대 사회에서 사회관계가 근대적 개인들의 인간관계에 기반하고 있었다면, 포스트휴먼 시대의 행위자 연결망 사회에서 사회관계는 인간과 인간, 인간과 기계, 기계와 기계 간 복잡한 상호 관계에 기반할 것이다. 따라서 인간과 기계가 사회적 행위자로서 상호 공존하는 것이 중요해진다. 이는 인문학의 탐구 대상이 전통적인 인간 중심에서 인간의 삶에 관여하는 모든 행위자 중심으로 확대됨을 의미한다.

그렇다면 이러한 탈-인간중심적 관점의 행위자 연결망 사회에서 인문학은 앞으로 무엇을 해야 할까? 개략적으로 다음의 세 가지를 미래의 과제로 제시하는 것으로 논의를 마치고자 한다.

첫째, 사회를 구성하는 또 하나의 인격적 행위자로 인공지능(로봇)을 수용할 수 있는 새로운 존재론적 담론이 필요하다. 인공지능(로봇)이 인간의 삶에 직간접적인 영향을 미치는 하나의 사회적 행위자(피동적 행위자, 능동적 행위자)로 등장하게 될 텐데, 사회의 한 구성원으로 인공지능(로봇)의 사회적 지위를 부여하고자 할 때 그의 존재론적 특성을 명확히 규명해 줄 필요가 있기 때문이다. 우선 그동안 인간의 전유물로 간주됐던 이성, 감성, 자율성, 도덕성, 자의식, 자유의지 등이 인간이 아닌 다른 존재자에게도 적용될 가능성을 열어 놓기 위해 이러한 요소들에 관한 인지과학과 인공지능 및 컴퓨터과학 그리고 뇌 과학 분야에서의 다양한 과학적 연구성과들에 주목할 필요가 있다. 경험과학에서의 분석은 인격성의 여러 요소들의 작용에 관한 현상적 관찰을 통해, 인격성의 요소들이 여러 유형으로 분류가능하고 정도 또는 수준에 따라 차등화하여 다르게 규정될 수 있음을 보여주는 다양한 자료들을 제공해 줄 수 있다. 이러한 경험 과학적 연구 성과들에 바탕해서 인격성 요소들의 본성에 대한 보다 심화되고 폭넓은 철학적 또는 인문학적 분석과 재정의가 필요하다. 특히 인격성의 요소들을 정도/수준/등급에 따라 다양하게 차등화하고 범주

화함으로써, 고등동물이나 인공지능(로봇)에게도 적용될 수 있는 길을 열어 놓을 필요가 있다.

둘째, 인공지능(로봇)의 존재성 나아가 정체성을 규정함에 있어 앞서 언급한 속성적 접근방식 외에 관계적 접근방식이 반드시 필요하다. 오늘의 초연결사회에서 인간에 관한 모든 정보는 빅데이터로 귀속되기에, 빅데이터에 대한 학습은 인공지능(로봇)을 인간과 유사하게 사회적 존재화하는 데 매우 중요하다. 인공지능(로봇)의 인격성 문제 역시 내적 속성에 무관하게 사회적인 관계망 속에서 새롭게 규정될 수 있다. 가령 인공지능(로봇)은 그것이 도덕적 속성을 지니는가의 논쟁과 상관없이, 그들의 자율적인 활동 자체가 인간 사회에 도덕적·윤리적 영향을 충분히 끼칠 수 있다는 면에서 사회 관계적 차원에서 도덕적·윤리적 존재자로 볼 수 있다. 그렇다면 이런 관계론적 관점에서 인공지능(로봇)의 도덕적 지위를 어떻게 부여할 것인가, 이들의 행위에 대한 윤리적 판단과 그에 따른 책임의 문제를 어떻게 설정할 것인가 등에 관한 심도 있는 논의가 필요하다. 또한 이러한 논의의 성과들을 법적·제도적 장치 안에 어떻게 구현할 것인가, 공존에 필요한 사회 제도를 어떻게 구축할 것인가와 같이, 공존을 위한 사회 거버넌스에 관한 논의도 필요하다.

셋째, 이러한 논의의 바탕 위에서 근대적 휴머니즘에 대한 반성과 함께 인간의 정체성에 대한 새로운 성찰이 필요하다. 인류 역사에서 17세기의 근대혁명은 인간 개인의 존엄성과 주체성을 강조한 인본주의 곧 휴머니즘을 탄생시켰고, 이로부터 인간의 본성에 해당하는 이성, 감성, 자율성, 도덕성, 자의식, 자유의지 등에 대한 논의도 본격화되었다. 또한 인간을 중심에 놓고 인간과 신, 인간과 자연, 인간과 기계의 관계를 사유하는 인간중심주의가 정착하였다. 인간이 모든 것의 중심에 있고 사물·기계 등이 주변에 객체로 대상화되는 인간중심주의는 인간 대 비인간, 정신 대 신체, 자연 대 인공, 생명 대 기계라는 이분법적 구도를 만들고 다양한 위계를 산출하며 차이에 따른 차별을 정당화하였다. 이제 인간과 기계가 모두 주체로서 세계를 구성하는 탈-인간중심주의로의 전환이 필요하다. 현재 그 대안으로 논의되고 있는 포스트휴머니즘이나 트랜스휴머니즘은 그 의미 자체가 너무나 폭넓고 다양할 뿐 아니라, 단지 미래의 큰 흐름 혹은 경향성을 표현하고 있어 현실적 대안으로서 아직은 적절치 않아 보인다.[5] 따라서 현재적 차원에서 탈-인간중심적 휴머니즘이 현실적 의미가 있는 하나의

대안으로 제시될 수 있기에 이에 대한 연구가 필요하다고
생각한다.

---

5. 철학자 페란도(F. Ferrando)는 포스트휴머니즘을 일곱 가지의 다양한 의
   미로 구분하고 있다. 첫째 반인간주의, 둘째 문화적 포스트휴머니즘, 셋째
   철학적 포스트휴머니즘, 넷째 포스트휴먼 조건, 다섯째 트랜스휴머니즘, 여
   섯째 AI에 의한 대체, 일곱째 자발적인 인간 멸종이다. (Ferrando, 2013,
   pp. 26~32.)

:: 참고문헌

이은영. (2014). 생명의료윤리에서 자율성의 새로운 이해 : 관계적 자율성을 중심으로. 『한국의료윤리학회지』, 17(1).

로크, 존. (Locke, John). (2011). 『인간지성론』. (추영현 역). 동서문화사.

European Parliament News. (2017, December 1st). 〈European Parliament News〉. http://www.europarl.europa.eu/news/en/press-room/20170110IPR57613/.

Ferrando, Francesca. (2013, August 2nd). Posthumanism, Transhumanism, Anti-humanism, Metahumanism, and New Materialisms : Differences and Relations. *Existenz : An International Journal in Philosophy, Religion, Politics, and the Arts.*

Nedelsky, J. (2001). Judgement, Diversity, and Relational Autonomy. In Ronald Beiner and Jennifer Nedelsky (Eds.), *Judgement, Imagination, and Politics : Themes from Kant and Arendt.* Lanham, Boulder, New York, Oxford : Rowman & Littlefield Publishers.

Rousseau, J. J. (1977). *Rousseau, Politische Schriften. Bd. I.* Paderborn : Schöningh.

디지털 포스트휴먼 시대의 윤리

플랫폼, 개인, 그리고 디지털 쓰레기

홍남희

들어가며

기술의 발전은 사회의 주요 소통 방식에 변화를 야기해 왔다. 코로나19 감염병 유행으로 인한 재택 생활 증가는 소셜 미디어 이용 시간의 증가로 나타나고 있다. 특히 하루 평균 이용 시간이 가장 큰 폭으로 증가한 매체는 유튜브로 2시간 22분에서 코로나19 이후 3시간 23분으로 늘었으며, 카카오톡, 인스타그램 등 다른 소셜 미디어 이용 또한 증가한 것으로 나타났다(손영준·허만섭, 2020, 1971쪽).

이렇게 이용 시간이 늘어난 소셜 미디어는 코로나19 이후 전염병 경로 및 치료 방법과 관련한 일명 가짜뉴스fake news와 혐오표현hate speech의 주요 유통 경로가 되었다. 인권단체 〈휴먼 라이츠 워치〉는 코로나19 확산 초기 아시아인들에 대한 인종주의적 혐오표현과 외국인혐오 관련 신고가 급증했으며 각국 정부가 이에 대해 적극적인 개입을 해야 한다고 발표하기도 했다(Human Rights Watch, 2020). 이용자생산 콘텐츠User-Generated Content 중심의 플랫폼 미디어 환경에서 혐오표현과 같은 '독성 디지털 쓰레기'toxic digital trash는 로버츠Sarah Roberts가 설명한 '상업 콘텐츠 관리 과정'[1]에서 스크리닝되고 검토되는 대상이다. 주로 성적이거나 포르노그라피적인 콘텐츠, 아동 및 성인에 대한 성적, 육체적 학대, 동물 학대나 고문, 전쟁이나 분쟁 관련한 폭력적 콘텐츠, 충격을 주거나 호색적 관심에 호소하는 음란한 콘텐츠 혹은 불쾌한 콘텐츠 등이 이에 포함된다.

디지털 병리 현상에 대한 학술적, 정책적 논의는 문제 현상에 대한 규제적 접근을 취해 왔다. 하지만 이 글은 미디어 생태학적 접근을 통해 미디어, 문화, 인간 간 '관계'에 관심을 갖고 현상을 맥락적, 역사적으로 이해하고자 한다 (Roberts, 2016b, p. 5). 미디어 생태학은 닐 포스트만Postman 에 의하면 "환경으로서의 미디어"에 대한 연구이다. 이동후 (2015)는 미디어 생태학이 사람과 기술 간의 공생적 관계를 탐구하는 시각이라고 설명한다. 사람, 미디어, 다른 사회적 힘들 간의 복잡하고 다층적인 상호작용을 고려하면서 미디어의 영향력을 세밀하게 이해하려는 시각이 바로 미디어 생태학의 입장이라 볼 수 있다(같은 글, 36~37쪽).

이러한 입장에서 디지털 쓰레기는 플랫폼 자본주의의

---

1. CCM : Commercial Content Moderation. 콘텐츠 모더레이션이란 유튜브, 페이스북, 트위터 등 소셜 플랫폼 기업들이 이용자 콘텐츠에 대한 삭제 및 차단, 이용자 계정 정지 등의 조치를 취하는 활동을 말한다. 이러한 과정이 상업화, 체계화되는 과정을 로버츠는 CCM으로 표현하고 있다.

글로벌 네트워크, 타자화와 폭력의 인류 역사, 기술적 장치의 배치 등 다양한 인간-비인간 행위자 간의 네트워크를 통해 유통되고 있다. 구체적으로 이 글에서는 오늘날의 기술 중심 미디어 환경을 미디어와 인간-비인간 관계에 따른 포스트휴먼 논의를 통해 살피고, 디지털 쓰레기의 생산·유통·소비 과정을 둘러싼 인간·기술·문화의 상호작용을 살펴보면서 오늘날 디지털 문화를 그려내고, 팬데믹 이후 디지털 문화의 방향성을 고민해 보고자 한다.

기술의 발전과 포스트휴먼 논의

미디어 테크놀로지 발전은 인간과 미디어, 인간과 인간의 소통 방식의 변화와 새로운 주체성에 대한 질문을 던져 왔다. 미디어를 인간과 상호작용하는 환경의 일부로 보는 미디어 생태학에서 미디어는 단순히 메시지 전달 도구가 아니라 그것을 이용하는 인간의 사고, 의식, 생활양식에 변화를 야기하는 그 자체의 '편향성'을 가진 것이다. 인간은 기술 자체가 전제하는 가치나 이데올로기를 함께 받아들이게 된다(김선희, 2009, 132쪽).

포스트휴먼 논의 또한 기술과 인간 간의 관계가 긴밀해

지면서 등장한 인간 존재의 조건과 주체성의 향방에 대한 담론이라 볼 수 있다. 이는 기술 시대 인간성에 대한 물음이자 근대적 인간관, 기술관에 대한 물음이기도 하다(박은주, 2014, 1쪽). 기술이 도구를 넘어 인간의 신체와 접속해 인간 삶의 근본적 조건으로 부상하면서 포스트휴먼에 대한 논의가 촉발되어 왔다(김재희, 2014, 215~242쪽).

브라이도티Braidotti는 인간이라는 개념이 "현대의 과학적 진보와 지구적 경제 문제라는 이중의 압력으로 파열"되고 있으며, 근대적 자본주의 질서와 가부장제, 유럽 중심주의 패러다임에 기반한 휴머니즘적 주체상은 "자아와 타자의 변증법을, 그리고 동일성과 타자성의 이분법적 논리"에 입각해 왔다고 비판한다(브라이도티, 2015, 13쪽). 이는 동일성에 기반한 보편적 주체를 전제함으로써 나/타자를 이분화하는 인종주의적 함의를 내포하게 된다.

주체성은 의식과 보편적 합리성과 자기규율적 윤리적 행위와 동일시되고, 타자성은 주체성의 부정적인 짝, 주체성을 거울처럼 반사하는 대응짝으로 정의된다. 차이가 열등성을 의미한다면 이것은 '타자들'로 낙인찍히는 사람들에 대한 본질주의적이고 치명적인 함의를 갖게 된다. 이들은 성차화된, 인종화된, 자연화된 타자들이며, 쓰다 버릴 수 있는 신체라는 인간 이하의 지위로 격하된다. … 유럽과 다른 곳에서 이들의 역사가 치명적인 배제와 자격 박탈의 역사였기 때문에, 이 '타자들'은 권력과 배제의 문제를 제기한다.(같은 책, 26쪽)

이러한 배경에서 브라이도티는 과학과 기술 연구가 철저하게 정치적 중립성을 표방하는 대신 주체성에 초점을 맞출 필요가 있다고 주장한다. 포스트휴먼 논의는 기술 발전과 더불어 근대적 주체성의 한계에 대한 성찰과 새로운 주체성에 대한 가능성을 모색하려는 시도인 셈이다. 이러한 문제의식은 기술 발전으로 인한 새로운 병리 현상에 대한 분석과 함께 해결책을 탐색해야 한다는 논의로 나아갈 수 있게 한다. 인간중심적-개체중심적 인간관을 넘어 기술, 환경, 문화와 상호작용하는 적극적 주체성의 함양이 필요한 시점이다.

디지털 포스트휴먼 : '몸'과의 관계

기술 발전에 따른 새로운 주체성 논의가 포스트휴먼 담

론에 핵심이었다면 디지털 포스트휴먼 논의는 생산-소비 위계의 붕괴와 생산의 대중화, 익명성과 상호작용성 등을 특징으로 하는 디지털 미디어 공간을 배경으로 한다. 뉴미디어 공간은 근대적 휴머니즘 주체 중심의 질서가 소멸되고 모든 이가 자유롭고 평등한 새로운 세상을 열어줄 것이라는 기대를 갖게 했다.[2] 그러나 기술은 기존의 인종적, 젠더적 위계질서를 효과적으로 붕괴시키지 못했다. 오히려 '몸'의 물질성은 디지털 공간에서 강화되고 있는 듯 보인다.

박선희는 포스트휴먼 논의를 '몸'과의 관계 속에서 탈육화disembodiment, 육화embodiment, 재육화re-embodiment로 정리한다. 탈육화는 트랜스휴머니즘의 담론으로 인간이 기술을 통해 육체의 한계를 극복할 수 있을 것이라는 입장이고, 육화는 인간과 기계가 결합한 포스트휴먼을 받아들이면서도 '몸'의 구속성을 중시하는 비판적 포스트휴먼 담론과 일치한다. 후자는 인간 육체의 유한성과 물질성을 인정하고 인간의 몸과 기술이 결합하는 '육화'를 통해 세계를 경험하고

---

2. 물론 네트워크 기술로 인해 권력에 대한 비판이 일상화되고 미투 운동 (#MeToo)과 같은 해시태그 페미니즘 운동이 근대의 가부장제 권력 질서를 뒤흔들기도 했다. 그러나 그만큼 인터넷 공간에서 일상화된 여성 및 약자에 대한 괴롭힘과 비하, 혐오표현이 더욱 심화되었다는 점을 지적해야 할 것이다.

관계를 확장하는 포스트휴먼 주체성을 강조한다.

그러나 이러한 가능성에도 불구하고 실제 기술은 기존의 젠더 질서를 강화하고 공고히 하는 데 활용되는 '재육화'로 나아가고 이는 포스트휴먼 젠더화를 야기하고 있다(박선희, 2019, 71쪽). 인공지능 로봇, 인공지능 스피커, 음성인식 기술, 돌봄 로봇 등에 기존에 '여성적'인 것으로 구분된 비서나 하녀와 같은 돌봄 노동 업무를 부여하고 여성의 목소리나 외양을 기계로 구현하는 등의 사례는 기술에 사회의 고정관념을 부여하여 지속시키는 역사적, 정치적, 사회문화적 과정이다(이희은, 2018, 126쪽).

디지털 공간과 연관된 사람들의 동질적 네트워크는 기술 디자인과 지식의 구성에 특정한 방향성을 갖게 한다. 사피아 우모자 노블은 구글 등의 검색 엔진에서 '흑인 여성' 혹은 '흑인 소녀'를 검색하면 포르노그라피로 연결된다는 점을 제시하면서 이것이 포르노그라피 산업, 알고리즘의 설계 및 배치에서의 편향성과 연관되어 있음을 비판한다. 검색된 지식이 플랫폼 시대 대중적이고 중립적인 것으로 유통되고 있으며, 특히 인공지능 기술은 사회의 편향성을 중립으로 둔갑시키고 있다는 것이다(노블, 2019, 166쪽).

위키피디아 등 '집단지성'이라는 이름의 지식생산 과정

에서도 젠더 편향은 체계화되어 왔다(김수아, 2020, 149쪽). 이는 기술의 문제만이 아니라 상호익명성, 성별로 다르게 조건화된 개별 성향, 상위 활동가 중 높은 남성의 비율 등이 복합적으로 작용한 원인으로 여성 인물을 등재할 때의 결정이나 인물의 개인사에 집중하는 정도 등에서 성별 차이가 나타나고 있다(Wagner et al., 2016, p. 2 ; 김수아, 2020, 149쪽에서 재인용).

또한 다수 이용자들의 반복된 검색 행위가 알고리즘을 훈련시키는 작업이라는 점은 이지은의 연구(2020)에서 확인된다. 구글 검색창에서 한국어로 '길거리'를 검색했을 때 한국 여성들을 관음증적으로 대상화하는 사진들이 검색된다는 점은 여성혐오와 무관한 단어가 특정한 인구 집단을 중심으로 일상적인 문화로 공유되고 있음을 확인시켜 준다. 이러한 사실은 혐오표현을 특정한 언어적 표현에 국한해 규제하는 방식이 실패할 수밖에 없음을 드러낸다. 또 대중의 정보 탐색 과정에서 알고리즘의 영향력이 강조되지만 알고리즘을 사용하는 사람들의 행위자성의 문제는 상대적으로 간과되었다는 점을 상기시킨다. 다시 말해 알고리즘 자체를 분석과 정치적 개입의 대상으로 삼을 것만이 아니라 알고리즘, 대중, 웹상 정보 사이의 복잡한 관계 파악이 선행되어야 현실의 편견, 차별, 혐오 등의 문제들과 관련한 사용자의 해명 책임accountability에 질문을 던질 수 있다는 지적이다(이지은, 2020, 7쪽).

네트워크 환경, 개인이 미디어 콘텐츠의 생산자가 된 UGC 플랫폼 환경에서 디지털 포스트휴먼의 논의는 인간이 가진 육체적 동질성의 한계를 얼마나 벗어날 수 있는지, 이종의 존재와 윤리적으로 접합하고 관계를 맺을 수 있는지, 이를 통해 새로운 디지털 포스트휴먼 주체성을 형성할 수 있을 것인지의 논의로 나아간다. 또한 이러한 가능성을 방해하는 다양한 병리 현상들을 살펴봐야 할 필요성을 제기한다.

개인, 네트워크, 디지털 쓰레기

개인이 미디어 생산자가 된 UGC 환경에서 정보의 흐름은 네트워크 아키텍처, 이용자 참여를 후원하는 기업에 의해 함께 생산되는 것이다(Burgess and Green, 2018, p. 1). 또한 알고리즘을 훈련시키는 것은 다수의 이용자, 플랫폼의 설계자 및 의사결정자 등의 인간에 의한 것이다. 인간-비인간의 설계, 실행, 반복 등의 작업은 타자들에 대한 편파적 지식을 적극적으로 생산하며(Braidotti, 2013, 42쪽), 그 과정을 체계화시키고 블랙박스화한다. 앞서 소개한 이지은의 연구는 구글에서 한국어로 '길거리'를 검색한 결과가 한국의 길거리에서 여성의 몸매, 외모를 관음증적으로 불법촬영한 사진들로 나타나며, 이 이미지들을 따라가다 보면 남초 커뮤니티의 '야짤'로 이어짐을 보여준다. 이는 유사한 감성을 공유하는 '동종 사회성'을 가진 네트워크에 의해 온라인 공간이 '오염'될 수 있음을 시사한다(이지은, 2020, 21쪽).

이희은은 미디어 생산의 주체로 개인을 강조하는 기존의 담론 지형에서는 개인, 1인 미디어 환경이 매스미디어와 대비되는 규모가 '더 작은' 미디어임을 강조하고, 산업화와 조직화에서 상대적으로 자유롭다는 의미에서 상업적인 목적이 덜하며, 널리 퍼뜨리는 것을 목적으로 하는 매스미디어의 운용 전제에 기대지 않는다는 점, 대중적이지 않아도 '혼자 용도의' 수용이 가능하다는 점을 강조해 왔다고 지적한다(이희은, 2019a, 93, 53쪽). 그러나 MCN 등으로 유튜브를 중심으로 한 사적 콘텐츠 생산 체계가 대형화, 조직화되고, 많은 구독자 수와 조회수에 기반해 '광고' 수익과 후원 수익을 얻는 인플루언서들이 증가하는 등 개인 미디어 환경은 새로운 셀리브리티의 장으로 기업화되고 있다. 또 매스미디어와의 접점이 많아지고, 개별 콘텐츠로 단독으로 존재하는 것이 아니라 유사 콘텐츠와의 연결성과 '흐름'flow 속에서 배치된다(이희은, 2019b, 10쪽).

자기와 비슷한 사람들끼리 모여 일정 정도의 팬덤을 통해 수익화를 추구하는 전략도 존재한다. 예컨대 '여성혐오'는 온라인 공간에서 남성 공동체의 공통 화폐일 뿐만 아니라, 유튜브 환경에서 일정 정도의 수익을 가져오는 주요한 전략이 되고 있다(김지수·윤석민, 2019, 49쪽). 로버츠 또한 인종주의적, 스테레오타입화된 콘텐츠와 교환된 바이럴리티 virality는 수익성 좋은, 셀리브리티 콘텐츠가 될 수 있음을 지적한다. 또 인종주의적, 성차별적 혐오표현의 이미지 및 콘텐츠는 이용자 표현의 자유 보호라는 수사와 상업적 이윤 추기 동기에 의해 유통되기도 한다. 인종주의, 식민주의, 성차별주의 등 근대적 주체에 의한 타자성의 배격은 플랫폼, 기업, 개인의 이윤 추구 동기와 기술적 배치, 동종성을 강화하는 네트워크 문화를 통해 체계적으로 이루어진다.

그러나 언론에서는 알고리즘 문화와 대중의 정보 생산 및 유통 질서에 대한 비판이나 체계적 분석보다는 유튜브를 통해 '일반 직장인 수입의 몇 배를 한 달에 벌어들이는' 수익 관련 담론이 미디어에 지배적이다. 아동이 주인공인 유튜브 채널의 경우 아동 학대 논란 등 내용 측면에서 사회적 논란이 있었으나, 유튜브 운영으로 가족들이 강남의 95억 원대 빌딩을 매입한 것이 더 화제가 되었다(김소연, 2019). '얼마를 벌어들이느냐'는 경제 담론이 모든 것을 압도하게 되었을 때 유튜브 콘텐츠의 윤리나 아동 보호, 알고리즘 문화에 대한 비판적 성찰은 설 자리가 없게 된다.

블랙박스 열기: 디지털 쓰레기의 생산, 유통, 소비의 과정

라투르Bruno Latour는 인간과 비인간이라는 이분화된 근대적 인간관과 경계 기준을 허물고 다양한 행위자들의 연결망인 네트워크 형성에 관심을 갖는다. 대상의 본질보다는 "네트워크 생성, 성장 소멸 등의 '과정'"을 더 중요시하는데 네트워크가 안정되어 하나의 대상물이 된 것을 '블랙박스'black-box라 부른다. 블랙박스는 네트워크가 확장, 소멸의 운동성을 갖지 않고 닫힌 상태가 되어 사용 자체에만 관심을 갖게 되는 경우를 말하는데, 이렇게 되면 기술의 네트워크는 비가시화된다(박은주, 2014, 7~8쪽).

로버츠는 상업적 콘텐츠 관리 과정을 둘러싼 다양한 행위자들의 네트워크를 가시화하며 기술과 인간, 산업 사이의 블랙박스를 해체해 보여준다. 그 과정에서 자본의 글로벌 네트워크와 위계, 제3세계의 인력 착취, 표현의 자유와 규제 및 검열로 환원되지 않는 다양한 행위자와 기술의 배치에 의한 상업적 이윤 추구 등을 드러낸다. 로버츠는 CCM 노동이 제3세계 국가 노동력에게 저렴한 임금을 지급하는 단순 노동처럼 보이지만 그렇지 않다고 주장한다. UGC가 분당 100시간 동영상 분량으로 업로드되는 현실에서 해당 콘텐츠가 특정한 플랫폼에서 가능한지 여부를 판단하는 것은 알고리즘이나 소프트웨어의 판단과 인간 모더레이터의 고도의 인지적 기능과 문화적 능력을 필요로 한다. 로버츠에 의하면, 인간 모더레이터들은 사이트 이용자들의 취향의 공동체를 이해하고 문화적 지식을 갖춰야 하며 언어능력, 관련 법 및 가이드라인, 플랫폼의 방향성 등을 이해해야 한다. 로버츠는 디지털 쓰레기 개념을 통해 물질적인 것과 비물질적인 것, 육체적 위험과 심리적 위험, 역사와 정치경제적 배치에서 이익을 얻는 과정과 실천들 사이의 연결성을 고려해야 한다고 지적한다(Roberts, 2014b, p. 6). 또한 이 개념은 플랫폼에서 유통되는 콘텐츠가 생산, 유통, 소비 과정에서 인간, 기술, 자본, 생태, 세계와 매우 긴밀한 상호작용을 하면서 '네트워크'로 구축되고 있음을 드러낸다.

디지털 병리 현상은 주로 문제 콘텐츠를 만든 개인의 도덕의식이나 책임, 윤리의 문제로 귀결되거나 플랫폼 기업들의 적극적인 삭제, 차단 책임, 혹은 인터넷 공간에 대한 규제 강화 및 법제화를 부르는 강한 동기가 되어 왔다. 그런데 플랫폼 환경에서 병리적 콘텐츠는 단지 특정한 콘텐츠의 생산으로만 끝나는 것이 아니다. 시간이 지난 후에 특정 콘텐츠가 다시 유통되거나 유행하는 역주행의 방식, 타자를 희화화하고 비하하는 콘텐츠를 공유하는 식으로 공동체의 공통 화폐로서 유통되는 방식 등 다양한 맥락과 상황에서 열린 결말 속에 놓여 있다.

디지털 쓰레기는 다양한 기술적 장치에 의해 일차적으로 걸러진다. 이 과정에서 기술개발자 집단, 의사결정권자 집단의 편향bias이 컴퓨터 시스템과 기술 디자인에 들어가는 방식이 비판받고 있다. 길레스피Tarleton Gillespie는 플랫폼에서 일하는 정규직 근무자들이 압도적으로 남성이고 고학력자이며 자유주의자들이고 기술을 중시하는 세계관을 가졌음을 지적한다. 이러한 구성은 마이너리티의 관점을 무시할 수 있게 하는 인적 구성이라는 것이다. 플랫폼 정책 자체가 매우 맥락 의존적이고, 기계-인간 중 누가 최종 결

정자인지의 문제가 야기될 수 있으며, 어느 경우든 플랫폼
은 해당 사안에 최종적 책임을 지지 않게 되는 결과가 야
기될 수 있다.

기술적 장치들은 혐오표현 콘텐츠가 더 잘 유통되도록
가시화하는 역할을 한다. 좋아요, 공유, 댓글 및 추천 등의
메커니즘은 특정 콘텐츠가 더 잘 가시화되게 하는 이용자
반응을 강화하고 독려하는데, 여기서 자극적이고 선정적인
콘텐츠가 더 많은 초기 반응을 끌어내고, 이것이 연관 검
색어, 관련 콘텐츠, 추천 콘텐츠 등의 '흐름으로 이용자를
특정한 '반향실'echo chamber에 가두게 된다.

앞서 언급한 대로, 콘텐츠가 바이럴viral 단계에 들어가
면 이는 더욱 대중을 유인하게 된다. 어느 정도의 선정성은
이렇게 이용자를 끄는 재정적 수단이 되기에, 플랫폼의 이
윤을 고려하면서도 콘텐츠가 수위를 넘지 않도록 판단하
는 것이 CCM 노동자들의 일차적 임무이다. 로버츠는 미국
대중문화의 재현 관습과 맥락에서 유머로 유통, 소비되어
온 인종주의적 혐오표현, 흑인 비하 등이 온라인에서도 연
속선상에 있음을 지적한다. 명백히 혐오표현이지만 표현의
자유와 상업적 사이트로서의 이윤 추구라는 동기가 '블랙
페이스'나 여성혐오적 표현에 대해 어느 정도 관용하게 한

다. 이러한 표현들은 연관 콘텐츠, 추천 알고리즘 등을 통해 더 큰 인기를 끌게 된다(같은 글, p. 5).

디지털 쓰레기는 근대적 주체 개념에 근거해 전통 미디어 환경에서 주로 대상화되어 왔던 3B[Beauty, Baby, Beast], 즉 여성, 아동, 동물 등을 타자화하면서 발생한다(남종영, 2020). 앞서 살펴보았듯이 디지털 공간에서 여성에 대한 타자화는 구글 등의 거대 포털과 남초 커뮤니티 등을 통해 체계적으로 발생한다. 예를 들어, 아동은 유튜브에서 아동 특유의 귀여움, 장난, 돌발 행동 등으로 인기를 끌고 있음과 동시에 서구 선진국 중년 남성들에 의한 개발도상국 여아 성착취라는 양상으로도 나타나고 있다. 동물 대상화 또한 주요 이슈가 되는데, 유튜브 모니터링을 실시한 동물권 행동단체 〈카라〉는 유튜브에서 인기를 끌기 위해 반려동물에게 도전을 시키거나 놀라게 하는 영상, 강압적인 훈련 내용을 담은 영상 등이 많았고, 동물 안전보다는 '희화화' 목적의 영상이 다수인 것으로 분석했다(카라, 2020). 이러한 사례들은 디지털 쓰레기로 분류되지는 않지만 유튜브상에서 이윤 추구를 위해 타자를 손쉽게 대상화하는 이용자들의 욕망을 보여준다.

시민 상호 간 '신고'[flagging] 시스템 또한 문제를 안고 있다. 이는 디지털 쓰레기의 효율적 처리를 위한 방식이기도 하지만 플랫폼 기업들이 문제가 되는 콘텐츠의 삭제를 결정하기 위한 수사학적 명분이기도 하다. 신고는 커뮤니티 가이드라인의 준수 여부를 시민들이 상호적으로 고발하는 시스템으로 이용자와 플랫폼, 인간과 알고리즘, 사회규범과 규제 구조 사이의 복잡한 상호작용이라 볼 수 있다. 그런데 신고 수단은 매우 "좁고 얄팍한 어휘"narrow and thin vocabulary로 제시되어 (부)적절한 콘텐츠 기준과 가치에 대한 사회적 토론을 차단하는 역할을 하기도 한다(Crawford and Gillespie, 2016, p. 418).

신고 시스템은 사회적 소수자에게 더 불리하게 작동할 우려를 제기한다. 예를 들어, 여성 공인에게 가해지는 공격의 일환으로 '신고'가 집단적으로 적극적으로 이용되는 경우가 있다. 이 경우 가해자는 새로운 이름으로 활동을 재개할 수 있게 되지만, 피해자의 경우 계정을 폐쇄하는 등 소수자가 디지털 미디어 이용을 중단하는 사례로 나아간다.

이처럼 디지털 쓰레기의 유통을 둘러싼 블랙박스는 플랫폼에서 일상적으로 일어나는 인간-비인간의 상호작용을 확인하게 한다. 또, 인종주의, 호모포비아, 여성혐오 등의 편향적 구조가 인간-비인간의 상호작용 속에 녹아 있음을 폭로한다.

디지털 포스트휴먼의 미래

코로나19라는 신종 바이러스에 의한 팬데믹 상황은 사람들의 불필요한 이동을 제한하게 하여 가정에 머무는 시간을 늘렸으며, 미지의 바이러스에 대한 두려움과 공포는 뉴스 소비에 대한 필요성을 증가시켰다. 소셜 플랫폼을 통한 뉴스 소비가 급증하였으나 가짜뉴스 유통 또한 증가하였고, 코로나19와 관련한 잘못된 정보, 확진자의 인종, 국적, 성별, 연령, 성적 지향 등과 관련해 혐오표현이 급증하였다. 플랫폼 품질 유지를 위한 콘텐츠 모더레이션은 이렇게 더욱 방대해진 데이터의 양 때문에도 필요하지만 섬세한 판단 때문에도 필요한데, 대다수 테크 기업들은 자동화된 기술을 활용한 모더레이션에 더욱더 의존하고 있다.

또한 팬데믹과 관련하여 새로운 유형의 콘텐츠에 대한 관리가 AI 기술만으로는 어렵다는 점도 문제로 제기된다. 예를 들어 유튜브에서 고가의 안면 마스크나 사기성 백신 및 치료법을 광고하는 많은 동영상들을 자동화 시스템이 걸러내지 못하고 있다. AI 기반 모더레이션의 많은 오류들은 콘텐츠와 관련한 의사 결정에서 사람의 판단이 중요하다는 것을 강조한다.

규제의 주체는 플랫폼 기업이 되고 있다. 이용자 관리가 플랫폼 책임의 일환이 된 만큼 특정한 유형의 콘텐츠를 삭제하거나 차단하는 방식 외에 '수익화'를 막는 등의 방식으로 규제가 이루어지고 있다. 그런데 이러한 방식이 오히려 대중적이지 않은 콘텐츠의 출현을 막거나 소수자의 표현을 억압하는 결과로도 나타나기도 한다(홍남희, 2018, 159쪽). 코로나19 팬데믹 이후 유튜브는 코로나19로 고통받는 사람들을 영상에 담은 경우, 의학적 거짓 정보를 유통시키는 경우(특정 국가 정부가 생화학 무기의 일환으로 코로나바이러스를 확산시켰다, 5G 테크놀로지를 통해 코로나19가 퍼졌다 등), 코로나19와 관련한 장난이나 챌린지를 하면서 행인들의 반응을 살피는 영상 등을 수익화 불가 사례로 제시했다(Google, n. d.).

앞서 제시한 구글의 '길거리' 검색 사례나 팬데믹 이후 유튜브의 신종 콘텐츠 유형들은 '언어 중심'의 현행 규제 체계가 갖는 맹점을 드러낸다. 배제와 비하의 용어는 혐오표현의 목록을 업데이트하는 만큼이나 빠르게 다른 용어로 대체되어 가고 있다. 또 영상 중심의 유튜브 시대에 언어 표현 중심의 법 규제 체계는 제대로 된 대응을 하지 못하고 있다.

디지털 쓰레기는 미국 중심의 빅 테크 기업들이 플랫폼의 적절한 품질 관리 및 유지, 그리고 지속적 사업을 위해 반드시 처리해야 할 사안이 되고 있다. 디지털 쓰레기의 처리를 위한 아웃소싱, 내부 인력 고용, AI의 배치 등의 활동에 주목하고, 거기서 이루어지는 알고리즘 작동방식, 이용자들의 비켜가는 행위들, 플랫폼 수익을 위해 내버려 두는 쓰레기들 등을 면밀히 살펴보아 오늘날 신종 권력으로 떠오른 플랫폼 자본과 현명한 줄다리기를 할 수 있어야 한다. 이를 위해 기술의 배치 방식뿐 아니라 활용 방식 등 구체적 방식에 초점을 둬야 한다.

이 글은 하나의 가능성으로서의 디지털 공간이 어떻게 근대적 질서에 기반한 기술과 인간, 산업의 주요 활동에 의해 식민화되었는지, 디지털 포스트휴먼의 가능성이 알고리즘을 훈련시키는 다수의 대중에 의해 어떻게 좌절되어 가는지 디지털 쓰레기의 논의를 통해 드러내고자 했다. 미디어 생태학의 시각에서 미디어를 환경으로 바라보고, 인간 행위자와 기술 장치, 알고리즘, 소프트웨어, 인간의 행위를 유발하는 기술과 그것을 고안한 플랫폼 기업 등의 비인간 행위자를 드러내면서 다양한 행위자들의 연결과 상호작용에 의해 디지털 쓰레기가 생산되고 유통되고 소비되어 왔다는 점을 밝히고자 했다.

웹을 채우는 콘텐츠를 둘러싼 다양한 행위자들을 가시화하고, 일상적으로 발생하는 타자화와 그로 인해 발생하는 디지털 쓰레기가 권력화된 인간-비인간 네트워크에 의해 발생하는 것임을 드러내는 것은, 이후의 대안을 마련하는 데 있어서 유용하다고 본다. 특히 개인 간 커뮤니케이션과 데이터 및 정보 유통을 핵심 사업으로 삼는 플랫폼 미디어 환경에 대한 개입을 위해 기술의 블랙박스를 열어젖히는 작업이 필요하다.

중요한 것은 이러한 디지털 쓰레기의 처리를 둘러싼 플랫폼의 가시적·비가시적 시도들을 파악하고, 알고리즘과 기술, 인력의 편향성 등의 불의를 개선하기 위한 요구가 사회적으로 개진될 필요가 있다는 데 있다. 플랫폼의 책임 강화가 갖는 우려의 지점들도 충분히 고려되어야 한다. 이러한 부정의injustice의 개선 없이 플랫폼이 많은 권한을 갖게 된다면 이들은 사회적 소수자를 더욱 배제하고 선정적이거나 인종주의적이고 성차별주의적인 표현의 유통을 장려하는 결과를 야기할 수 있기 때문이다.

이뿐만 아니라, '개인'은 연결되어 있다는 감각, 타자를 상상할 수 있는 상상력을 통해 나와 다른 존재, 공동체에 대한 나의 행위의 영향력을 성찰할 수 있어야 한다. 나의 자유로운 표현이 디지털 공간에 남아 누군가에게 상처를 줄 수 있다는 것을 기억하는 것, 배려와 공감, 상상을 통해 이종의 행위자들과 선의의 '관계'를 맺는 작업이 시급한 시점이다.

:: 참고문헌

김소연. (2019년 7월 23일). 보람튜브, 월 37억 명암 … 아동학대 논란도. 『한국경제신문』.

김선희. (2009). 미디어 생태학과 포스트휴먼 인문학. 『인간연구』, 17.

김수아. (2020). 지식의 편향 구조와 혐오 : 국내 위키 서비스 '여성혐오' 논란을 중심으로. 『미디어, 젠더 & 문화』, 35(1).

김재희. (2014). 우리는 어떻게 포스트휴먼 주체가 될 수 있는가?. 『철학연구』, 106.

김지수 · 윤석민. (2019). 인터넷 개인방송에서 혐오발언은 어떻게 비즈니스가 되는가? : 유튜브 및 아프리카TV 토크/캠방 방송에서의 여성혐오발언을 중심으로. 『한국방송학보』, 33(3).

남종영. (2020년 5월 12일). 동물단체, 동물 유튜버 감시한다. 『한겨레』.

박선희. (2019). 포스트휴먼의 젠더화와 관계론적 소외. 『한국언론정보학보』, 94.

박은주. (2014). 기계도 행위할 수 있는가? : 브루노 라투르의 행위자네트워크 이론(actor-network theory)을 중심으로. 『교육철학연구』, 42(4).

브라이도티, 로지. (Braidotti, Rosi). (2015). 『포스트휴먼』. (이경란 역). 아카넷.

손영준 · 허만섭. (2020). 코로나19 확산 후 소셜 미디어 이용과 무력감 · 외로움 체감에 관한 연구. 『한국디지털콘텐츠학회 논문지』, 21(11).

이동후. (2015). '뉴'미디어의 이해 : 미디어 생태학의 지적 실천과 함의. 『한국방송학보』, 29(5).

_____. (2013). 『미디어 생태이론』. 커뮤니케이션북스.

이지은. (2020). "한국여성의 인권에 대해 알고 싶으면, 구글에서 '길거리'를 검색해 보라" : 알고리즘을 통해 '대중들' 사이의 적대를 가시화하기. 『미디어, 젠더 & 문화』, 35(1).

이희은. (2018). AI는 왜 여성의 목소리인가?. 『한국언론정보학보』, 90.

이희은. (2019a). 디지털 미디어 환경에서의 '개인'의 의미에 대한 탐색적 연구. 『한국언론정보학보』, 93.

_____. (2019b). 유튜브의 기술문화적 의미에 대한 탐색. 『언론과 사회』, 27(2).

카라. (2020년 7월 30일). [모니터링 결과 1] 유튜브 413개 동물 영상 모니터링했습니다!. 〈동물권행동 카라〉. https://www.ekara.org/activity/education/read/13310.

홍남희. (2018). 디지털 플랫폼에 의한 '사적 검열(private censorship)'. 『미디어와 인격권』 4(2).

Braidotti, Rosi. (2013). *The Posthuman*. London : Polity. [『포스트휴먼』. (이경란 역). 아카넷. 2013.]

Burgess, J. and J. Green. (2018). *YouTube : Online video and participatory culture*. Cambridge : Polity Press.

Crawford, K. and T. Gillespie. (2016). What is a flag for? Social media reporting tools and the vocabulary of complaint. *New Media & Society*, 18(3).

Google. (n.d.). Monetization update on COVID-19 content. 〈Youtube Help〉. https://support.google.com/youtube/answer/9803260?hl=en

Human Rights Watch. (2020, May 12). Covid-19 fueling anti-Asian Racism and Xeno-phobia worldwide. https://www.hrw.org/news/2020/05/12/covid-19-fueling-anti-asian-racism-and-xenophobia-worldwide.

Noble, S. U. (2018). *Algorithms for Oppression*. New York : New York University Press. [『구글은 어떻게 여성을 차별하는가』. (노윤기 역). 한스미디어. 2019.]

Roberts, S. (2016a). Commecial Content Moderation : Digital Laborers' Dirty Work. *Journal of Mobile Media*, 12.

_____. (2016b). Digital Refuse : Canadian Garbage, Commercial Content Modera-tion and the Global Circulation of Social Media's Waste. *Media Studies Publica-tions*, 14.

Wagner, C. E. Graells-Garrido, D. Garcia and F. Menczer. (2016). Women through the glass ceiling : gender asymmetries in Wikipedia. *EPJ Data Science* 5.

감염병 재앙 시대 포스트휴먼의 조건

인터넷과 사회적 감각 밀도의 공진화

이광석

오늘의 인터넷 상황은 1990년대 중반 존 페리 바를로우 John Perry Barlow를 위시한 디지털 자유주의자들이 「사이버 스페이스 독립선언문」을 작성하던 시절의 처연함을 새삼 떠오르게 한다.[1] 자본 욕망과 국가 통제로부터 벗어나 형제 애와 협력의 온라인 커뮤니티 공간을 지키려 했던 이들의 자유주의 선언은, 마치 오늘 인터넷이 어찌 될지 예상했던 전주곡 같아 보인다. 현실 권력에 잘 숙성되어 거대 잡종의 괴물처럼 커버린 동시대 인터넷은, 비정한 자본의 연장처럼 보일 정도로 어디서부터 어떻게 손을 써야 할지 감조차 잡 기 어려워 보인다.

이 글은 1990년대 이래 일군의 철학자와 창작자들이 '포스트미디어'란 미사여구를 동원해 대중매체 이후에 태 동한 초기 인터넷을 바라보며 내렸던 낙관주의적 경솔함 을 바로잡고자 한다. 우리는 인터넷이 인류에게 줬던 역사 적 카타르시스의 혁명적 격정이 그저 아득한 역사의 유적 처럼 느껴지는 시대를 살아가고 있다. 가령, 멕시코 라깡도 나 정글의 사빠띠스따 민족해방군EZLN이 벌였던 '말의 전 쟁' 혹은 인터넷 게릴라전, 이집트 등 소셜 미디어를 매개한

1. https://ko.wikipedia.org/wiki/사이버스페이스_독립선언문 참고할 것.

재스민 혁명, 어린 미선·효순 학생이 미군 장갑차에 압사된 것에 분노해 일렁거렸던 촛불시위에서 광우병 파동, 그리고 최근 광화문 촛불혁명에 이르는 인터넷 행동주의의 사회문화사, 이념의 깃발이 스러진 유럽에서 예술 창작자와 운동가를 중심으로 일었던 '전술미디어'tactical media 운동 등이 모든 네트의 행동주의는 이제 인터넷 역사의 박물관에 박제될 처지에 놓였다.

마크 피셔Mark Fisher의 책 『자본주의 리얼리즘』식으로 본다면(피셔, 2018), 우린 기술숭배와 자본주의 욕망에 허우적거리면서 그 바깥을 사유할 시나리오는 아예 머릿속에서조차 담을 수도 없는 그런 우울한 '자본주의 리얼리즘' 현실에 살고 있다. 첨단 테크놀로지로 매개된 현실은 비결정의 살과 기계가 혼성인 인간 조건, 즉 포스트휴먼의 새로운 존재론적 질문과 조건을 던지는 듯 보이지만, 어찌 보면 한 움큼의 자율적 삶도 호사일 수 있는 새로운 '예속' 상황들을 동시에 노정하고 있다. 이를 '인터넷 리얼리즘'이라고 좁혀 해석해 보면, '자본의 인터넷' 말고는 도무지 그 바깥을 찾기 어려운 절망의 온라인 격자망으로 둘러싸인 현실이 우릴 마주하고 있는 듯하다. 게다가 2020년 신종 코로나바이러스감염증(코로나19) 국면은, 물리적 접촉의 두려움과 공포로 인해 사회적 감각을 대신해 '비대면(언텍트)'과 비접촉을 강조하는 기술과잉된 현실까지 만들어내고 있다.

이 글은 1990년대 중반 이후 인터넷의 상용화 이래 이용자들이 미디어기술과 관계 맺어왔던 사회적 감각 밀도의 변천 과정을 잠시 되짚어보는 데 그 의의를 두려 한다. 그 목적은 물론 혼돈의 세계 속 또 다른 대안의 실재로 나아가거나 동시대 자본주의에 균열을 낼 수 있는 사회적 감각의 회복이자 발굴이다. 즉 이 글은 최근까지 미디어기술을 매개한 인간의 사회적 감각 밀도의 변화, 특히 스마트 기술 국면 이후 퇴행의 지점들을 찾아 읽고 그것이 뜻하는 바를 의미화해 보려 한다. 나는 이 글을 통해 피셔가 책 부제에 썼던 질문을 또 다시 복기하려 한다. 이 지독하게 오염된 네트워크 리얼리즘 사회의 한가운데서 정말로 '대안은 없는가'라고.

범용 미디어기술의 병참학적 기원

역사적으로 미디어가 군사적 용도나 국가 통제적 목적에 그 탄생의 기원을 두고 있다는 점은 다시 봐도 흥미롭다. 키틀러는 독일에서 "텔레비전이 오락방송으로 시작하지 않았다. 먼저 정부가 텔레비전 시스템을 이용한 전국적인 원격 범죄 수사법을 배웠고, 이것이 괄목할 만한 검거 성과로 이어졌다"고 언급한다(키틀러, 2011, 323쪽). 1920년대 독일 제국경찰 산하 범죄수사국은 지명수배서와 지문을 스캐닝해 멀리 떨어진 경찰서로 발송 변환하는 시스템을 구축하기 위해 텔레비전 기술을 적극 사용했다고 전한다. 또한 키틀러는 "소니사의 첫 번째 비디오 레코더는 원래 가정용이 아니라 쇼핑센터, 감옥, 그 외 권력 핵심부의 감시 목적으로 개발됐다"고 덧붙인다.[2]

통신 미디어의 역사도 예외가 아니다. 과거 전화의 기능이 개인을 연결하는 사적인 통신수단이었지만, 요시미 순야吉見俊哉의 '국가장치로서의 전신·전화'에 언급된 메이지 시대 일본도 그렇고 박정희 시대의 전화는 처음에 전국 단위에서 군사·경찰이 국민을 관리하는 신체 '감시미디어'로 적극 활용됐다(요시미, 1995[2005], 186~97쪽). 프랑스 인터넷의 전사로 언급되던 미니텔의 경우도 흡사하다. 국가가 애초 대민 계몽과 의식 통제를 위해 프랑스 시민들에게 제공하

---

2. 같은 책, 337쪽. 키틀러가 미디어의 태동을 대체로 군사기술학, 이를테면 무기기술학, 전쟁학, 군사학, 범죄학, 탄두학, 전쟁심리학, 항공술 등에서 가져온 것은, 폴 비릴리오의 이론적 영향력을 보여주고 있다.

던 컴퓨터 단말기를 시민들이 사적인 전자 소통과 통신상의 은밀한 밀담을 주고받기 위한 전자 장비로 전유하면서 원래의 계몽과 통제의 최초 맥락이 탈각됐던 것이다.

2019년, 인터넷 웹의 역사가 30주년을 맞았다. 다른 범용 미디어의 역사처럼 인터넷의 진화 과정도 순탄치 않았다. 인터넷이 냉전 시대 구소련의 핵미사일 침공에 대한 미군사 통신 방어 시스템이자 알파넷ARPANET 프로젝트의 소산이었던 것은 이제 삼척동자라도 아는 상식에 속한다. 하지만 군사 기술로써 인터넷 매체가 안착하는 과정은 다음과 같은 진화 래퍼토리에 속한다. 최초 군사용 인터넷 기술이 학술기관의 네트워크로 확장되다 결국 1990년대 중반 이래 미국을 중심으로 한 '닷컴' 체제에 편입된다.

국제적으로 당시 인터넷의 상업화와 대중화 국면을 이룬 가장 큰 공은 다름 아닌 월드와이드웹WWW이라는 새로운 인터페이스 환경의 구축이었다. 팀 버너스 리가 전자 공간에 이용자 친화형 환경을 구축하면서 대중은 그래픽 유저 인터페이스GUI 아래 네트를 경유해 쉽고 광범위하게 전자 소통을 시작하게 됐다. 무엇보다 이는 온라인을 매개한 자본의 상거래 활로를 보장했다. 소위 미국 서안 실리콘밸리 지역의 '보헤미안 부르주아지'(일명 보보스, 신흥 디지털 자본가계급)의 '캘리포니아 이데올로기'는 이즈음 번성하기 시작한다. 웹의 출현과 함께 이미 인터넷은 애초 군사적 기술의 목적은 사라지고, 자본의 온라인 식민 기획이 소리 소문 없이 진행되기 시작한다.

전자 네트워크와 사회적 감각의 접합

자본은 가상의 인터넷 프런티어에 대한 '기술물신'techno-fetishism의 코나투스(충동)를 일으켜 세우면서도, 동시에 사람들의 사회적 관계와 민주적 소통을 새롭게 확장하기도 했다. 전통적인 '전기' 미디어 시대에 유선 전화를 통한 소통의 방식이 주로 원격의 물리적 '접촉'接觸에 의존했다면, 초기 인터넷의 '접속'接續은 물리적 현실로부터 온라인계에 이르기 위한 전자적 연결 과정으로 묘사된다. 예컨대, 온라인사설게시판BBS과 피시PC 통신 등 초창기 전자공간에서 성장했던 '정모'(정기 모임)와 '번개'(비정기 모임) 등 온·오프라인 회합의 커뮤니티 문화는, 새로운 전자 연결과 접속을 통해서 개인이 지닌 기존 현실계의 물리적 관계망을 확장하는 데 중요한 기여를 했다. 사회적 관계와 정서 확장을 위해 가상의 공간은 익명의 평등한 새로운 땅, 즉 '프런티어

(개척지)' 구실을 했던 것이다.

1990년대 중후반은 '상업 인터넷'의 도래와 인터넷의 대중화 시기를 알리기도 했지만, 우리의 초고속 인터넷이 온라인과 오프라인의 양계兩界 사이 밀도를 높이고 익명의 전자적 사회관계의 층위를 새로이 확장하던 시점이기도 했다. 인터넷은 상업적 웹의 성장과 함께 단순히 온·오프라인 양계의 거리감을 좁힌 것뿐만 아니라 민주적 의사소통의 관점에서 이 두 세계가 긍정적으로 연동되어 사회적 감각을 고양하는 '결속'結束의 시기로 볼 수 있다. 결속은 곧 '타자-되기'becoming-other이다(베라르디 '비포', 2013, 68쪽). 다른 말로 하면, 사회적 타자에 대한 관심과 연대가 강화되던 시점에 인터넷이 자연스레 전자 소통의 미디어로 연동되었다. 이 '포스트미디어'의 황금기는 다중의 정치적 고양을 효과적으로 흡수하고 발산할 수 있는 전자 미디어로서 인터넷의 진가를 확인할 수 있게 했다. '결속'은 정치·사회적 관계와 소통의 가치 지향을 갖고 움직였던 인터넷을 가정한다. 가령, 역사적으로 미선·효순 사건 촛불시위, 광우병 반대 촛불시위 등 굵직한 정치사적 사건과 대중적 저항이 당시 인터넷의 민주주의적 소통 매개체적 역할과 긴밀히 연관되어 있다. '결속의 인터넷' 시대는 온라인의 정치 토론장과 오프라인 현실 저항을 위한 촉매이자 매개 역할이 특징적이다. 이 점에서 '결속'의 인터넷 시기란, 현실계의 정치 고양과 온라인 정치 광장의 성장이 맞물리고, 현실의 시국 시위 현장과 인터넷 매개형 사회·정치 커뮤니티의 만개가 함께 이뤄졌던 때를 상징한다.

인구 밀집도가 높은 대도시 지역들에서 가정용, 업소용, 공적 용도의 다층적 와이파이존이 구축되면서, 대도시 전체 어디서든 움직이며 초고속 인터넷이 가능한 환경을 구축했다. 소위 '무선 인터넷'의 구축은 또 한 번 전자적 소통을 '가속'加速의 양질전환에 이르게 했다. 전자미디어로 매개된 정치적 결속이 한층 확대된 질적 국면인 가속의 시기를 만들어냈다. 사회적 결속의 매개체로서 인터넷이 와이파이(무선인터넷) 기술과 결합하면서, 현실계와 가상공간의 관계적 결속 능력이 더 촘촘해지고 그 양쪽의 경계조차 흐릿해지는 지점까지 이르렀던 것이다. 달리 보면, 이는 사회사적 사건 현장들에서 누리꾼들 대부분이 실시간 인터넷 방송, 1인 게릴라 미디어, 시민 저널리즘 등을 매개로 마치 그곳에 있는 듯 시대 감각적 현존성을 얻는 '가속'의 감각을 획득하는 것과 유사하다. 2008년 광우병 반대 촛불 시위는 이와 같은 가속적 역할이 돋보인 역사적 선례라 볼 수 있다. 온라인 광장 정치는 당시 24시간 실시간으로 대중 행동주의를 온라인 생중계했고, 누리꾼들 스스로 바로 온 라인 공간에서 현장 시위에 영향을 미치기도 했다. 가속의 시기는 결속의 인터넷보다 더한층 강화된 전자적 속도감과 편재遍在, 양계의 심리적 혼동 등이 일반적인 전자미디어 감 각으로 떠오르던 시점이면서 동시에 정치적 역동성이 함께 감지되던 때로 볼 수 있다.

네트워크 사회 감각의 퇴행

2010년경 아이폰이 국내에 상륙하고 '소셜'미디어가 대 중화하면서 인터넷은 또 다른 변곡점에 이른다. 연결, 단절 과 분절의 파열음이 요동치는 또 다른 새로운 인터넷의 진 화 국면에 이른다. 기계적으로 보면 스마트미디어가 인터넷 의 소통 형식을 크게 대신하는 시기다. 이보다 앞선 때에 는 주로 미디어와 사회 관계 밀도의 선순환적 측면이 보였 으나, 스마트 국면 이후로 온·오프라인의 연결망은 대단히 양가적으로 바뀐다. 현실 사회의 '실제'the real 감각을 잃은 스마트폰 주체들은 그저 자신과 감정적으로 유사한 또래 집단과의 취향 맺기와 복제된 욕망을 주조하는 데 익숙하다. 그러면서 낯선 상대(사회적 타자와 약자)와 공적인 세상과의 유대감에 담을 쌓고 단절하는 '타자성에 대한 과잉 차단'이 특징적으로 나타난다. 각자의 취향이란 것도 데이터 알고리즘 기술이 우리 신체로부터 흘러나온 '데이터 부스러기'를 채집해 주조하는 새로운 자본주의의 한 양태라는 점에서 대단히 편향적이다.

스마트 네트워크 환경은 점차 '단속'斷續적 특징을 주로 띠고 있다.[3] 최근까지 인터넷은 타인과의 연결보다는 단절과 불연속적 끊김과 데이터과잉과 전자 소음의 사회관계를 크게 야기하고 있다. 트위터와 페이스북 등 소셜웹의 발생 시점에는 미디어 소통 양식의 (촉)감각적 재구조화는 물론이고, 기존 '가속'의 시기에서 보여줬던 대중의 정치사회적 역량이 좀 더 강화하는 듯 보이기도 했다. 초창기 트위터 등 소셜웹의 대중적 활용은 현실의 사회적 타자와 약자와 맺는 사회적 감성의 연대망으로서의 일부 역할로 인해 꽤 낙관적으로 보이기도 했다. 하지만 취향 너머의 '사회적' 유대 없는 오늘의 '소셜' 웹 현실과 댓글알바와 가공된 가짜정보의 범람은 가상공간의 건강성과 멀어져 간다. 예전

---

3. 엄기호(2014, 71쪽)는 우리 사회를 '단속사회'(斷續社會)라 명했는데, 인터넷 특성을 표현하기 위해 그의 개념을 차용하고자 한다.

에 그 흔하던 사회적 결속의 흔적은 대부분 사라지고 사사로움만이 넘쳐나는 것이다. 이탈리아의 미디어이론가 프랑코 베라르디는 다음처럼 비관적으로 단속의 인터넷을 바라보고 있다.

매일 아침 지하철에 앉아 있는 사람들을 생각해보자. 그들은 도시의 산업지대와 금융지대로, 불안정한 조건들 속에서 노동이 이뤄지는 직장을 향해 가고 있는 불안정한 노동자들이다. 모두 헤드폰을 쓰고 있고, 모두 자신의 휴대용 기기들을 들여다보고 있다. 모두 혼자 조용히 앉아 있으며, 바로 옆에 앉아 있는 사람들을 결코 바라보지도 않고, 그들에게 이야기를 건네거나 미소를 짓지도 않으며, 어떤 종류의 신호를 교환하지도 않는다. 그들은 보편적인 전기 흐름과의 외로운 관계 속에서 홀로 여행하고 있다. … 감각적 공감 능력을 상실(한 채) … 자본주의가 부과하는 착취, 감수성을 가진 신체정신과 기능적 실존 사이의 분리로 고통받고 있는데도 불구하고, 이들은 인간적인 소통과 연대를 할 수 없어 보인다. 요컨대 이들은 그 어떤 의식적인 집단적 주체화 과정도 시작할 수 없어 보인다. (베라르디 '비포', 2013, 69쪽)

소통 과정의 디지털화는 한편으로 에두르고 느릿느릿한 생성의 지속적 흐름에 대한 감각을 감소시키고, 다른 한편으로는 코드, 상황의 급작스러운 변화, 불연속적인 기호들의 연쇄에 민감해지게 만든다. 베라르디는 이렇게 단속의 시기에는 "의식과 감수성 사이의 관계가 변형되고, 기호의 교환이 점점 탈감각화되는 과정을 겪게 된다"고 본다(같은 책, 68쪽). 즉 '결속'과 '가속'의 시기에 발휘되던 전자적 소통 확장 능력이 '단속' 상황이 오면서 인간 주체의 감수성과 공감 능력에 이상 징후가 발생한다고 볼 수 있다. 기술적으로 타인과의 거리감이 완벽히 제거되는 테크노소통이 극점에 이르긴 하지만, 반대로 사회 정서나 밀도에서는 타자와의 결속과 공감 능력이 점차 퇴화하는 양상을 보여준다.

탈진실 시대 사회적 감각의 혼돈

'단속'의 네트워크 시대와 더불어, 또 다른 난제는 무엇보다 데이터 정서 약호가 범람하는 온라인 현실로 말미암아, 가짜fake 뉴스, 즉 진실과 가짜를 구분하기 어려운 혼돈의 시대가 도래하는 데 있다. 대중의 일상 속 데이터 배설과 오정보, 노이즈 등으로 정보 쓰나미가 몰려오는 상황에서는 사실상 정확하고 객관적인 사실이나 감각의 인지가 불가능하고 세상의 진실을 온전하게 이해하는 것은 더욱 불투명해진다. 한 미술이론가의 '포스트– 혹은 탈–진실post-truth'을 살고 있는 오늘 우리의 현실에 대한 언설은 그리 지나치지 않아 보인다.

> 합리성과 이성주의는 네트워크의 어둡고 실체 없는 공간에서 길을 잃었으며, 민주적이고 도덕적인 주체는 가짜 뉴스들의 뒤에 몸을 숨긴 전체주의와 포퓰리즘의 쉽고 뒤탈 없는 먹잇감이 되었다. 진실은 '진실보다 더 진실한' 거짓에 패했으며, 우리 모두는 이처럼 소생 불가능한 진실의 최후를 수긍하고 방치하는 '포스트 진실'의 시대를 살게 된 것이다. (최종철, 2018, 41쪽)

가령, 2012년 대선 댓글 알바 의혹, 싸드 배치 '전자파' 유해 논쟁, 4·16 세월호 유가족 비방 댓글, 2016년 최순실 태블릿PC 검찰 조작설, 2019년 조국 사태 등에서 보는 것처럼, 이들 사회사적 핵심 사건들은 대중에게 특정 이데올로기를 심어주거나 확산하는 방식에서 효과를 얻기보다는 대중의 정치적 판단을 호도하고 마비시키면서 특정 권력의 알리바이를 묵인하거나 옹호하는 기제로 활용되고 있다. 최근 사회사적 사건에 대한 노이즈(소음)의 왜곡 데이터들은 주어진 사건과 역사에 대한 정보를 얻기 위한 소재이거나 특정의 이념을 강화하는 역할을 하기보다는, 사실과 진실을 흐리는 사악한 '더미dummy(허수)로 기능한다. 각종 이미지, 정보, 영상 데이터에 의한 대중 여론 조작이 범람하고 '펙트 체크'가 일상인 흐릿한 현실을 앞으로 우린 살아가야 한다. 이들 데이터의 자의적 왜곡은 진실 값을 뒤흔든다. 가짜는 진실이 존재하고 진실이 밝혀지더라도 진실의 공신력에 위해를 입힌다. 그것이 가짜 약호들이 범람하는 이유이기도 하다. 대중은 과잉 정보의 피로감에 진실에 대한 판단 자체를 대부분 유보하고, 현실로부터 진실을 찾는 행위를 쉽게 포기한다. 오늘 '탈진실'의 목표는 자본주의 사회 현실로부터 누군가 기꺼이 행하는 진실 찾기와 사회적 감각의 연대 행위를 무기력하게 만드는 일이다.

"리얼리티에 더 가까이 다가간 것 같을수록, 영상들은 그만큼 더 흐릿해지고 더 흔들린다"(슈타이얼, 2019, 14쪽). 히토 슈타이얼Hito Steyerl이 적절히 지적한 바처럼, 사건을 얘기하는 수많은 영상과 이미지 정보나 뉴스들은 마치 사태의 정확성을 얘기하는 듯 보이지만, 오히려 우리가 '진실의 색'을 읽을 수 있거나 판단할 수 있는 능력을 갉아먹는 효과를 낸다. 모든 역사적, 진본적, 사회적인 가치들의 자명한 질서를 불완전하고 비결정적인 지위로 두고자 하는 것이 동시대 자본주의 권력의 새로운 패착이다. 오늘날 상징 조작 권력은 특정의 가치와 담론을 자명한 질서로 내세워 강요하기보다는, 혼돈 속 여러 가짜들을 알고리즘으로 자동 생성하거나 댓글알바를 고용해 만든 가짜 더미 속에 진실의 가치를 뒤섞는 데 골몰하는 것이다.

탈진실의 가짜 시대에는 노이즈를 대거 발산하는 쪽이 승산이 있다. 이를테면, 누군가에 대한 흑색선전이 법리적으로 '근거 없다'는 판결에도 불구하고 계속해서 비상식적으로 비방과 악플이 계속해 진행되는 것은 이와 같은 연유에서다. 기호 과잉의 질서는 특정의 사안에 대한 진실이 저 멀리 사라지고, 수많은 다른 가짜 해석들에 다중들을 노출시키면서 어떤 사안에 대한 진실에 우리들 스스로 탐색하는 것을 불안정하고 어렵게 만든다.

데이터과잉을 통해 대중의 진실에 대한 판단을 유보하게 하는 행위는, 결국 자본주의 권력이 이데올로기적 호명의 장에서뿐만 아니라 우리 마음속 깊숙이 가라앉은 욕망, 정서, 정동, 선호에 대한 흐름의 조절과 통제에 직접 개입하고 있음을 뜻한다. 정보와 상징 과잉의 질서 속 이성적 판단이 불가한 탈진실의 상황에서, 그다음 대중이 판단할 수 있는 선택지는 본능이다. 합리적이고 비판적 추론에 따른 진실 찾기 과정이 점차 힘들어지고, 진실의 지위 또한 흐릿해진다. 대중은 사회 정의나 진실보단 생존과 본능에 친숙해진다. 인터넷에서 수없이 흐르는 감정과 정서의 흐름과 패턴들에 관심을 지닌 동시대 권력은 그 성공 여하에 상관없이 이미 여론 이전의 여론, 즉 입소문과 비공식적 '뒷담화'까지도 집요하게 관리하는 수준에 이르렀다. 가짜 기호들의 범람과 이의 특정한 변조는 권력의 전통적 이데올로기 작동 층위와는 별개로, 대중 정서적 차원에서 또 다르게 권력의 자장을 넓히는 새로운 '테크닉스(기술권력)'가 되어가고 있다. 오늘날 자본주의 알고리즘 기계 장치는 편견과 이데올로기의 때 묻은 세계를 순수한 과학의 오류 없는 숫자의 세계인양 포장하기도 하지만, 동시에 수많은 가짜 약호들을 퍼뜨리며 판독 불가능한 현실 질서를 공고히 한다.

감염병 재앙과 비대면·비접촉 시대

탈진실과 단속의 인터넷은 또 다른 국면을 맞이하면서

더 악화된다. 자본주의 욕망과 지배력 과잉이 지구 물질대사에 크나큰 균열을 일으켜 쉽게 되돌릴 수 없는 상황에 이르고, 급기야 코로나19라는 감염병 팬데믹 상황이 일어나면서 체제로서 자본주의의 무기력을 '리얼하게' 마주하게 만들고 있다. 코로나19라는 바이러스 감염을 막기 위한 전 세계 '사회적(물리적) 거리두기'의 슬로건은 갈수록 감염 공포와 타자혐오를 증폭하고 있다. 현실의 신체 격리만큼 각자의 디지털 격자 안에 갇히는 상황을 또 다시 강화하고 있는 것이다. 우리 일상 속 미디어 기술의 쓰임새와 의미 또한 코로나 발생 이전보다 더 비접촉 소통 방식을 강화하는 쪽으로 선회한다. 자연스레 물리적 대면보단 마스크 착용과 '물리적 거리두기'가 바이러스 감염을 막는 필수요건이 되고 있고, 그 어느 때보다 스마트 기술로 매개된 '언택트(비접촉)' 관계가 점점 자연스러워지고 있다.

'인포데믹'이라 불릴 정도로 온갖 바이러스 공포 조장과 인종 혐오에 기댄 탈진실 시대 가짜뉴스 또한 이전처럼 확대 재생산되고 있다. 코로나 감염의 여파로 공공장소에서의 집회가 전면 금지되면서 시민사회는 온라인 회합으로 돌아선 지 오래다. IT기업이나 전문 직종 중심으로 재택노동도 늘고 있다. 초·중·고등 학교는 물론이고 각급 대학들은 개학이 늦춰지면서 온라인 수업이 필수가 되고 교육자와 학생들 모두 원격화상 회의와 온라인강의 플랫폼에 익숙해지고 있다. 감염병으로 인해 이처럼 물리적 비접촉과 격리가 일상이 되면, 이전보다 더욱 스마트한 기술로 매개된 일상이 중심에 설 것이다.

감염병 재난은 약자에게 가혹하고 감염의 공포가 약자의 차별로 번지는 경향이 크다는 사실을 확인해줬다. 바이러스 감염이 국적과 지위를 초월한다고는 하나, 그 피해의 영향력은 그 누구보다 가난한 이들과 소외된 곳들에서 좀 더 치명적이었다. 대구의 신천지 청년들과 구로구 콜센터 집단감염은 이의 극적 사례들이다. '모범 방역국'의 지위에 대한 강박에 확진(의심)자의 동선 추적과 관리를 강화하는 과정에서, 다양한 원격 감시 기제들이 사회적으로 도입되고 지능화하면서 인터넷 정보인권 침해도 늘고 있다. 혹자는 감시전체주의 사회가 도래하리란 경고까지 내놓는다. 게다가 비대면·비접촉 온라인 소비와 배달·유통 시장까지 활황이다. 온라인 쇼핑몰, 통신 및 문화 콘텐츠, 화상회의, 택배 배송, 플랫폼 노동, 음식 배달앱 시장 등이 확대일로에 있다. 그에 따라 플랫폼 배달노동, 택배노동, 일용직노동 등이 '사회적(물리적) 거리두기'의 간극을 메우기 위해 동원되면서, 위태로운 노동자들 자신이 감염 위험과 과중한 배송업무의 '이중고'에 점점 노출되는 형국이다.

코로나19의 확대와 함께 기술의 방향은 비대면 온라인 유통과 소비, 위치 및 동선 추적 장치, 인공지능 자동화, 자원 중개 플랫폼 기술 등에 무게감이 실리고 있다. 2020년 5월부터 우리 정부가 추진하는 공식적인 국내 경기 타개책인 '한국판 뉴딜'에도 이들 기술을 활성화하자는 대표 슬로건이 나부끼는 정도니 말이다. 문제는 '비대면' 접촉을 강화하는 기술들을 도입할수록, 일용직 노동, 플랫폼 배달노동, 온라인 택배 배송 업무 현장에서 혹독한 과로와 확진 위협에 노출된 '유령노동자'들의 일상을 쉽게 목도하게 된다는 사실이다. 방역 모범국가의 성과를 낳고 '비대면' 안전 소통을 논하는 배경에는, 휴대폰 주문 콜에 의지한 채 '잠시멈춤'조차 불가능한 노동 약자들이 더욱더 빈번하게 물리적 '컨택'을 강요받는 현실이 도사린다. 비접촉의 청정 소비와 비대면 소통이란 청정 지대에는, 아이러니하게도 부단히 대면 접촉을 행해야 하는 현장 유령노동자들이 언제 어디서든 쉽게 동원될 수 있어야 유지된다. 비대면이 강조될수록, 감염병에 취약한 약자들은 더 곤경에 처한다(이광석, 2020 참고).

비대면·비접촉 기술의 성장은 일면 인터넷 문화 속 단

속의 감각과 인포데믹 상황을 완화시킬 수 있는 원격문화의 활성 변인처럼 보인다. 하지만, 매체 감각의 흐름에서 본 것처럼, 오늘날 형식적으로 고도의 자동화 비대면 기술들의 출현이 곧장 현실의 사회적 감각으로 이어지고 있진 않고 있다. 원격 접속과 비대면 연결이 필연적으로 사회적 결속을 강화하고 사회적 감각의 확장에 직접 연결되어 있지 못하다. 일상에서 기술은 감염병으로부터 소외될 수 있는 이들과 사회적으로 연대하고 결속하려는 정치학에 기여해야 한다. 하지만, 오히려 사회적 결속을 약화하는 사회적 문제 징후들로 불거지고 있다. 게다가 정부가 추진하려는 비대면·디지털 SOC 시장 주도의 '한국판 뉴딜' 성장론은 시장 논리만을 염두에 두고 있다. 쉽게 유추할 수 있는 것처럼, 주류 비대면 기술의 성장 이면에는 결속과 연대의 감각을 키우는 장치나 현실과의 연결고리는 아예 부재하다. 앞서 2000년대 인터넷 결속과 가속의 시대에서 우리는 현실 세계의 정치적 고양과 함께 공진하면서 일으켰던 사회적 감각 확장의 계기들을 포착했다. 그에 반해 오늘날 비대면 기술과잉 현실과 미래는 그 어떤 사회적 감각의 고양과 무관하게 움직인다는 점에서 불운하다.

단속과 비대면의 인터넷, '대안은 없는가'

단속의 스마트폰으로 매개되고 비대면 전자 연결이 강조되는 오늘날 네트워크 사회는 인간 신체 내부에 틈입해 신체감각을 재구성하면서, 오늘날 대부분의 인간관계의 물리적 공감대 형성보다는 주로 온라인 공간에서 휘발성 강한 이모티콘 다발의 감정 상징들을 모아 심적 카타르시스로 배설하고, 코로나 감염 공포까지 겹쳐 더욱 각자 물리적 격자 속에 그 스스로를 움츠러들게 할 확률이 높아졌다. 오늘날 '단속'과 '비대면'의 전자적 관계망적 특성은 그래서 사회적 결속으로 충만했던 초창기 인터넷과는 많이 다른 전자 소통의 사회적 퇴행성을 보여주고 있다. 이런 네트워크 세계에서는 실제계가 사라지고 가상계만 살아남는다. 가까운 이들과의 감정 과잉의 반복적이고 중복적인 '소셜' 관계망 구조는 스마트 공간의 특유한 일상이 되고, 아주 정말 가끔씩 이들 네트워크 주체는 현실계를 마치 딴 세상 보듯 동정의 눈길로 바라보며 '좋아요'와 '화나요' 등 정치적 무력감을 소극적으로 표출하는 '클릭주의'slacktivism로 서로 위로하며 그 자리에 꼼짝 않게 된다. 게다가 탈진실의 혼돈이자 비대면 기술로 가득 찬 현실에서, 사회적 감각의 후퇴와 위축이 거듭될 공산이 크다.

동시대 인류의 '포스트휴먼' 조건이자 새롭게 마주하고 있는 기술적 '곤경들'(브라이도티, 2015, 118쪽), 즉 비대면에 의한 사회적 감각의 후퇴와 산노동의 피폐화, 의심과 불신과 혐오의 '인포데믹', 인간의 신체와 의식을 분할하고 통제하는 플랫폼 질서, 그리고, 알고리즘 자동화에 기댄 사회적 포섭의 위세, 우리의 뉴노멀이 된 인수공통 감염병 재난 등이 한꺼번에 우릴 휘감고 있다. 극도의 자본주의적 피로감을 느끼도록 하는 이들 '기술예속' 현실 앞에서, 우린 피셔의 명제로 다시 돌아갈 필요가 있다. 과연 전자 네트워크를 매개해 사회 감각의 밀도를 다시 회복할 '대안은 없는가'?

다행히도 대중이 만들어내는 데이터 정동들은 자본과 권력의 자장 안에서 작동하기도 하지만, 일부는 여전히 다중의 욕망과 감정의 역동으로 살아 움직이며 누리꾼 '떼' 기억과 기록의 발생적이고 관계적인 맥락으로 흘러들기도 한다. 달리 말해, 누리꾼들의 데이터가 일차적으로 인지자본에 의해 불쏘시개로 포획될 '빅데이터'로 분류될 운명이기도 하지만, 역으로 사회적 공감과 결속의 네트워크 전이로 인해 바로 그 권력을 내파하고 특정 사회적 이슈에 따라 거대한 정념의 우발적 파동을 일으키기도 한다. 다중들이 일시에 모여 '떼'로 덤비며 생성되는, 일종의 디지털 정동의 전염 현상이 그것이다(크라비츠, 2019).

인터넷의 '소셜'미디어 국면은 이전과 달리 데이터로 군집을 이룬 정동 덩어리, 즉 데이터 '정동'의 공동 접합체인 '관계적 집합 주체'condividuals/superjects를 불러온다는 점에서 간혹 전복적이다. 들뢰즈가 현대 개인individual이 네트워크상에서 가분체 데이터dividuals로 갈가리 찢기고 분리되어 플랫폼 자본의 용광로로 이끌리는 데이터 정서 덩어리가 되는 통제사회의 미래에서, 일부 다중의 정동 데이터는 특정의 사회적 의제를 위해 함께con- 빠르게 이합집산하며 권력에 대항하는 전자적 연대의 활력이 되기도 한다. 마치 핏속 이물질의 침범을 막으려는 항체들 사이 협력의 네트워크가 굳건히 구축되는 순간처럼 저항의 가분체들은 네트워크상에서 그렇게 움직인다.

온라인을 매개해 벌어지는 현장 르포르타주 등 잡문과 웹 링크, 역사적 사건의 당사자, 현장예술가, 사진가, 그리고 시민활동가들이 공동으로 협업해 벌였던 사회사적 사건의 기록 작업(4·16 시민 기록저장소), 소셜웹 기반 특정 사회사적 사건의 '떼' 사회미학적 흐름과 재해석(주요 사회사적 사건들에 반응해 보여줬던 누리꾼들의 온라인 가상 시위와 저항들), 미투운동으로 대변되는 여성들의 온라인 자율 흐름, 홍콩 시위대의 물리적 바리케이드 시위 공간 내 레이저와 가면 저항 전술 등은, 1990년대 신자유주의에 저항하는 사빠띠스따 민족해방군의 '말의 전쟁' 이후 새롭게 생성 중인 전자 대항력 생성의 현장 사례들이다. 이들 사례가 중요한 까닭은 그들 스스로 대항 기억과 전자 결속을 구성하고 다중의 새로운 사회-기술 연동의 새로운 정치 감각을 드러내고 있기에 그러하다.

코로나19 국면 속 '접촉' 공포로 인한 비대면 기술의 기능적 역할을 경계하고, 오히려 전자적 소통을 매개해 사회적 타자로의 결속을 확대하는 노력을 강구해야 한다. 이미 캐나다 토론토 등지에서는 지역 온라인 커뮤니티와 해시태그를 활용해 코로나19로 위기에 처한 동료 시민들의 도움 요청을 받고 이를 돕는 시민 자발의 돌봄 네트워크가 늘고 있다고 한다. 이른바 코로나19 '돌봄 자원자들'caremongers이 지역사회에서 급속히 늘고 있다. 우리 또한 재난 난민과 약자와의 공생공락을 위해 전국 각지에서의 시민들이 보여준 '커먼즈'적 연대 행위도 사회 감각의 확장과 크게 멀지 않다고 본다. 대감염 상황이 장기 국면에 접어들면, 자연스레 인간 상호 신뢰와 관계의 밀도를 약화시키는 경향이 늘 것이다. 장기화된 감염과 방역의 피로감으로 인해 쉬 놓칠 수 있는 사회적 약자들을 돌아보는 공생과 연대의 방법론 마련이 필요하다. 비대면 자동화 첨단기술의 홍수 속에서 우리는 과연 신기술의 '가속주의적'Accelerationist 잠재력을 억누르지 않으면서 어떻게 사회적 결속의 감각을 회복할 수 있을까를 고민해야 한다.[4] 여전히 인터넷을 매개한 사회적 감각과 밀도를 확장하려는 희망을 거둘 수 없는 이유다.

---

4. 가속주의자들은 이제까지 과학기술의 생산력을 폐기하지 않으면서 기존 생태 모순과 파국의 논리를 제거하고 우리에게 가장 이로운 방식으로 과학기술의 '가속'을 추구하는 슬로건을 제시한다. (Williams and Srnicek, 2013 참고.)

:: 참고문헌

베라르디 '비포', 프랑코. (Berardi "Bifo", Franco). (2013). 『미래 이후』. (강서진 역). 난
장.

브라이도티, 로지. (Braidotti, Rosi). (2015). 『포스트휴먼』. (이경란 역). 아카넷.

슈타이얼, 히토. (Steyerl, Hito). (2019). 『진실의 색』. (안규철 역). 워크룸.

엄기호. (2014). 『단속사회』. 창비.

요시미 순야(吉見俊哉). (1995[2005]). 『소리의 자본주의: 전화, 라디오, 축음기의 사회
사』. (송태욱 역). 이매진.

위키백과. (2021년 2월 17일 수정). 사이버스페이스 독립선언문. 〈위키백과〉. https://
ko.wikipedia.org/wiki/사이버스페이스_독립선언문.

이광석. (2020). 『디지털의 배신』. 인물과사상사.

최종철. (2018). 포스트 진실, 포스트 미디어, 포스트 예술. 『뉴스, 리플리에게』.
2018.10.30.~2019.2.24. 서울시립미술관.

크라비츠, 리 대니얼. (Kravetz, Lee Danial). (2019). 『감정은 어떻게 전염되는가: 사회
전염 현상을 파헤치는 과학적 르포르타주』. (조영학 역). 동아시아.

키틀러, 프리드리히. (Kittler, Friedrich). (2011). 『광학적 미디어: 1999년 베를린 강
의 ─ 예술, 기술, 전쟁』. (윤원화 역). 현실문화.

피셔, 마크. (Fisher, Mark). (2018). 『자본주의 리얼리즘: 대안은 없는가』. (박진철 역).
리시올.

Williams, Alex and Nick Srnicek. (2013, May 14). #ACCELERATE MANIFESTO
for an Accelerationist Politics. *Critical Legal Thinking*.

:: 수록글 출처

우리는 어떻게 포스트휴먼 주체가 될 수 있는가? (김재희)
이 글은 『철학연구』(철학연구회) 제106집 (2014년 09월)에 실린 논문의 재수록이며 저자 소속과 약간의 참고문헌 변경이 있음을 밝혀둔다.

포스트휴먼 신체와 공생의 거주하기 : 정동체로서 포스트휴먼 신체 (김은주)
이 글은 『시대와 철학』 32-1호(2021)에 실린 「포스트휴먼 신체와 공생의 거주하기 ─ 우리는 어떻게 포스트휴먼이 되었는가?」에서 부제를 바꾸고 내용을 수정, 보완, 확장하여 실었다.

한국 혼합현실 서사에 나타난 '디지털 사이보그' 표상 연구 : 웹소설을 중심으로 (유인혁)
이 글은 『사이間sai』 2020년 5월호에 실렸던 동명의 논문을 일부 수정한 것이다.

자본주의 리얼리즘 시대의 호모데우스와 사이보그 글쓰기 (이양숙)
『한국문학과 예술』 31집 (숭실대학교한국문학과예술연구소, 2019년 9월 30일).

디지털 도시화와 사이보그 페미니즘 정치 분석 : 인정투쟁의 관점에서 본 폐쇄적 장소의 정치와 상상계적 정체성 정치 (이현재)
이 글은 『도시인문학연구』 10권 2호에 실린 논문을 수정, 보완한 것이다.

포스트휴먼과 관계의 인문학 (이중원)
이 글은 『안과밖』 47호(영미문학연구회)에 실린 「인공지능시대 인문학의 새 화두들」의 일부 내용을 발췌하여 수정 보완한 글임을 밝힌다.

디지털 포스트휴먼 시대의 윤리 : 플랫폼, 개인, 그리고 디지털 쓰레기 (홍남희)
이 글은 2020년 5월 23일 서울시립대학교 도시인문학연구소 주최 국내학술대회 발표문을 바탕으로 수정, 보완한 것이다.

감염병 재앙 시대 포스트휴먼의 조건 : 인터넷과 사회적 감각 밀도의 공진화 (이광석)
이 원고는 『미술세계』 2019년 5월 '월드와이드웹 30주년' 기념호를 위해 쓴 짧은 특집

에세이 글로 시작해, 2020년 5월 23일 서울시립대 도시인문학연구소 주최 학술대회 '디지털 포스트휴먼의 조건들 : 매체와 감각' 발표를 위해 크게 확대되고, 이번 총서 게재를 위해 수정된 내용이다.

김은주

서울시립대학교 도시인문학연구소 연구 교수로 있다. 이화여자대학교 철학과에서 들뢰즈와 브라이도티에 관한 연구로 박사 학위를 받았다. 포스트휴먼의 윤리학과 페미니즘 그리고 시민권의 문제에 관심을 두고 있다. 저서로 『생각하는 여자는 괴물과 함께 잠을 잔다』, 『공간에 대한 사회인문학적 이해』(공저), 『정신현상학: 정신의 발전에 관한 성장 소설』, 『여성-되기: 들뢰즈의 행동학과 페미니즘』, 『21세기 사상의 최전선』(공저) 등이 있고, 역서로 『변신』, 『트랜스포지션: 유목적 윤리학』(공역), 『페미니즘을 퀴어링!: 지금 우리에게 필요한 페미니즘 이론, 실천, 행동』(공역) 등이 있다.

김재희

을지대학교 교양학부 교수. 서울대학교에서 베르그손의 무의식 개념에 대한 연구로 박사학위 취득. 이화여대 이화인문과학원 HK연구교수와 성균관대 학부대학 초빙교수 역임. 현대프랑스철학, 포스트휴머니즘, 기술철학, 정보철학 등 연구. 저서로 『시몽동의 기술철학: 포스트휴먼 사회를 위한 청사진』, 『베르그손의 잠재적 무의식』, 『물질과 기억: 반복과 차이의 운동』, 『현대프랑스철학사』(공저), 『현대 기술·미디어 철학의 갈래들』(공저), 『포스트휴먼이 몰려온다』(공저) 등이 있다. 역서로 질베르 시몽동의 『기술적 대상들의 존재양식에 대하여』, 앙리 베르그손의 『도덕과 종교의 두 원천』, 자크 데리다와 베르나르 스티글레르의 『에코그라피 — 텔레비전에 관하여』(공역), 가라타니 고진의 『은유로서의 건축: 언어, 수, 화폐』 등이 있다.

유인혁

동국대학교 국어국문학과 졸업. 서울시립대학교 도시인문학연구소 연구교수. 한국 근대 문학에서 웹소설에 이르는 다양한 서사 형식에 나타난 공간적 실천 양상을 분석하고 있다. 주요 논문으로 「한국 근대문학의 용산」, 「한국 웹소설은 네트워크화된 개인을 어떻게 재현하는가」 등이 있다.

이광석

서울과학기술대학교 IT정책대학원 디지털문화정책 전공 교수로 일한다. 비판적 문화연구 저널 『문화/과학』 공동 편집인으로 활동하고 있다. 주요 연구 분야는 기술문화연구, 플랫폼과 커먼즈 연구, 인류세, 포스트휴먼, 비판적 제작 문화 등에 걸쳐 있다. 저서로 『디지털의 배신』, 『데이터 사회 비판』, 『데이터 사회 미학』, 『뉴아트행동주의』, 『사이방가르드』, 『옥상의 미학노트』 등이 있으며, 기획 및 편저로는 『사물에 수작부리기』, 『불순한 테크놀로지』, 『현대 기술·미디어 철학의 갈래들』 등이 있다.

이양숙

현재 서울시립대학교 도시인문학연구에서 부교수로 재직하면서 디지털도시문명과 도시공동체, 도시인의 감정과 친밀관계 등을 연구하고 있다. 저서로 『한국 근대문학과 동아시아 2 : 중국』 (공저), 『임화문학연구 5』 (공저), 『현대소설과 글로벌폴리스』, 『1930~40년대 경성의 도시체험과 도시문제』 (공저), 『서울의 인문학』 (기획편찬), 『'조선적인 것'의 형성과 근대문화담론』 (공저) 등이 있으며, 논문으로 「디지털 시대의 경계불안과 포스트휴먼」, 「한국소설의 비인간 전환과 탈인간중심주의」, 「김광주 소설에 나타난 탈경계의 의미」, 「대도시의 미학과 1990년대 한국소설」, 「한국문학과 도시성」 등이 있다.

이중원

서울시립대학교 철학과 교수로 재직 중이며, 서울시립대학교 인문대학 학장 및 교육대학원장, 교육인증원장을 지냈고, 한국과학철학회 회장을 역임하였다. 현재 한국철학회 회장직을 맡고 있다. 공저로 『인문학으로 과학 읽기』, 『서양근대철학의 열 가지 쟁점』, 『과학으로 생각한다』, 『욕망하는 테크놀로지』, 『양자·정보·생명』, 『인공지능의 존재론』, 『인공지능의 윤리학』 등이 있으며, 역서로 카를로 로벨리의 『시간은 흐르지 않는다』가 있다.

이현재

2008년부터 서울시립대 도시인문학연구소에 재직하고 있다. HK사업 '글로벌폴리스의 인문적 비전'을 통해 도시인문학의 기초를 확립하는 일을 함께 해 왔으며 현재는 인문사회연구소 사업 '디지털폴리스의 인문적 비전'에 참여하는 등 도시인문학의 지평을 넓히고 있다. 특히 최근에는 몸, 섹슈얼리티, 젠더 등을 신유물론의 관점에서 재구성하는 일에 관심을 기울이고 있다. 저서로 『여성혐오, 그후 : 우리가 만난 비체들』, 공저로는 『공간에 대한 사회인문학적 이해』 등이 있다. 공역서로 에드워드 소자, 『포스트메트로폴리스 2』, 낸시 프레이저 외, 『불평등과 모욕을 넘어』 등이 있다.

홍남희

서울시립대학교 도시인문학연구소에 소속되어 있다. 디지털 미디어 환경을 중심으로 미디어 문화 및 역사, 미디어 병리 및 미디어 리터러시에 대해 연구하고 있다. 저서로 『SNS 검열』, 『AI와 더불어 살기』(공저) 등이 있으며, 논문으로는 「젠더 평등과 미디어」, 「언택트 시대 넷플릭스와 영화」, 「유동하는 청년들의 미디어 노동」, 「미투 운동(#Metoo) 보도를 통해 본 한국 저널리즘 관행과 언론사 조직 문화」(공저) 등이 있다.